Patrick Porter

［英］帕特里克·波特 著

姜一丹 译

周丽娅 校

自由秩序的虚假承诺

# THE FALSE PROMISE
# OF LIBERAL ORDER

Nostalgia, Delusion and the Rise of Trump

上海人民出版社

致我的简
感谢她所为我付出的一切

致休·亚历山大·波特
欢迎回家

许多作家都曾幻想过与现实生活毫无相似之处的共和国与王国。

——尼可罗·马基雅维利

# 目　录

# 致　谢

我很感谢波利蒂（Polity）公司的路易丝·奈特（Louise Knight）说服我写作这本书，也特别感谢伊内斯·博斯曼（Inès Boxman）帮助我度过这段时光。同样，我很感谢克里斯·普雷布尔（Chris Preble）说服我接受了本书的第一版，卡托研究所（Cato Institute）非常友好地出版了第一版，并允许我们引用其中内容。感谢泰勒弗朗西斯出版集团（Taylor & Francis）、《华盛顿季刊》（*The Washington Quarterly*）、丹尼尔·伊默瓦尔（Daniel Immerwahr）和乔什·希夫林森（Josh Shifrinson）为我提供转载内容的许可。我十分感激，感谢我的妻子简·罗杰斯（Jane Rogers）和我们的第一个孩子休（Hugh），感谢我的家人布赖恩（Brian）、缪里尔（Muriel）、埃米莉（Emily）和帕特里克（Patrick），感谢弗朗西斯·罗杰斯（Frances Rogers），感谢他们默默守护着这个家。

本书源自与朋友、同事和值得尊敬的对手的多次谈话。在此，我要感谢戴维·布莱格登（David Blagden）、珍妮·莫尔菲尔德（Jeanne Morefield）、罗伯特·桑德斯（Robert Saunders）、

1

乔舒亚·希夫林森（Joshua Shifrinson）、塔尼沙·法扎尔（Tanisha Fazal）、迈克尔·马扎尔（Michael Mazarr）、罗塞拉·卡佩拉·杰林斯基（Rosella Cappella Zielinski）、瑞安·格劳尔（Ryan Grauer）、阿普拉提姆·萨海（Apratim Sahay）、贾斯汀·洛根（Justin Logan）、约翰·比尤（John Bew）、劳伦斯·弗里德曼（Lawrence Freedman）、詹妮弗·林德（Jennifer Lind）、罗伯特·卡根（Robert Kagan）、约翰·伊肯伯里（John Ikenberry）、丹尼尔·德德尼（Daniel Deudney）、科里·沙克（Kori Schake）、杰克·沙利文（Jake Sullivan）、约翰·米尔斯海默（John Mearsheimer）、斯蒂芬·沃尔特（Stephen Walt）、巴里·波森（Barry Posen）、查尔斯·格拉泽（Charles Glaser）、托马斯·怀特（Thomas Wright）、戴维·阿德斯尼克（David Adesnik）、哈尔·布兰兹（Hal Brands）、吉尔·巴恩多勒（Gil Barndollar）、彼得·希钦斯（Peter Hitchens）、马尔科姆·查默斯（Malcolm Chalmers）、马特·费伊（Matt Fay）、迈克尔·林德（Michael Lind）、丽贝卡·利斯纳（Rebecca Lissner）、米拉·拉普-胡珀（Mira Rapp-Hooper）、阿萨夫·西尼弗（Asaf Siniver）、杰米·加斯卡思（Jamie Gaskarth）、戴维·邓恩（David Dunn）、马克·韦伯（Mark Webber）、蒂姆·霍顿（Tim Haughton）、亚当·奎因（Adam Quinn）、迈克·斯威尼（Mike Sweeney）、斯蒂芬·沃特海姆（Stephen Wertheim）、丹尼尔·尼克森（Daniel Nexon）、塔拉克·巴卡维（Tarak Barkawi）、杰罗德·拉伯（Jerrod Laber）、戴维·埃德尔斯坦（David Edelstein）、丹尼尔·贝斯纳（Daniel Bessner）、克里斯·普雷布尔（Chris Preble）、约翰·格拉泽（John Glaser）、埃里克·戈麦斯（Eric Gomez）、艾玛·阿什福德（Emma Ashford）、杰拉德·休斯（Geraint Hughes）、詹姆

斯·戈德盖尔（James Goldgeier）、乔纳森·科什纳（Jonathan Kirshner）、兰迪·施韦勒（Randy Schweller）、安德烈亚斯·本克（Andreas Behnke）、马克·克雷默（Mark Kramer）和丹·德雷兹纳（Dan Drezner）。

每一位撰述国际秩序问题的人总会对赫德利·布尔（Hedley Bull）和罗伯特·吉尔平（Robert Gilpin）致以默默的感激之意。我虽未曾有幸亲眼见过他们二位，但是我也希望他们能够肯定本书的价值。我们还要感谢两位"约翰"的智慧——米尔斯海默和伊肯伯里。在柏林墙倒塌后，是他们搭建了理论的平台，方才使我们其他人能够登台起舞。第一位约翰帮助夯实了现实主义传统，并启发了写作本书的灵感。对于第二位约翰，虽然我质疑他的观点，但如若没有他开创性的思想体系，此书是不可能问世的。

关于美国，我还有最后一言：接下来的大部分时间都将是寒冬。这种寒冷并非来自外界的敌意。相反，它源于一种"严厉之爱"的精神，以团结那些认为事情已经变得非常糟糕的美国人以及他们的盟友。而在 21 世纪，阿谀奉承已致共和国一事无成。

# 导言　怀念末日荣光

在科马克·麦卡锡（Cormac McCarthy）的黑色西部小说《老无所依》中，一位令人尊敬的警长亲眼目睹他所生活的小镇陷入突如其来的暴力泛滥之中。在困苦中，他开始怀念逝去的骑士时代。在他的想象中，那是一个淳朴的、连警察都不佩枪的时代，一个从来不存在的世界。面对难以言喻的邪恶，这种想象带给他慰藉，让他在坚守中维系了尊严。但沉湎于梦境也使他无能为力，面对混乱，他只能成为一个不幸的见证者。如果将小说中无法无天的西部边陲看作当今世界的一个象征，警长所对应的则是外交上的保守主义者，面对充满混乱的时代，他们的反应如出一辙，震惊于这个世界的脱节。随着特朗普势力的崛起，以及民粹主义煽动者和国外危险的威权政权势力的不断扩大，他们哀叹，当今世界秩序摇摇欲坠，美国正在失去曾经的主导地位。回望辉煌的过去，就像小说中那位警长一样，他们意识到末日已经到来。同样，他们对逝去时代的怀念也不能使之重现。诉诸一个想象的过去反会使历史变得贫乏，还会使我们失去在暮日之下面对危机时行动的力量。

本书将探讨那些委婉的政治话语。将委婉话语用修辞美化事物本身，使人们在讨论的同时避免了直面残酷的现实。在这个动荡的时代，人们总是回望过去以寻求安慰，从模糊的记忆中想象出一个逝去的世界，一种所谓"自由秩序"（liberal order）。诸如"领导力"（leadership）和"基于规则的国际秩序"（rules-based international order）等修辞在当今国际关系纷争加剧之时被反复提及。但在这场争论中最重要的问题其实是：我们是怎么走到了如今这种境况？我们此时应该做什么？正如我所说，所谓自由秩序的概念只会误导我们，幻想重回秩序亦是徒劳无用的。建立"秩序"和霸权的行径往往充斥着暴力，美国也不例外。如果我们想建立一个新秩序来取代特朗普将推动的未来，不能仅靠幻想来实现。唯有正视历史的黑暗，我们才能面对今天的选择。

"秩序"是由强者建立的等级体系，并按照他们的需要来维持和平，历史上曾有很多国家创造过这种秩序，包括罗马、拜占庭、中华帝国、奥斯曼帝国、印度莫卧儿（Mughal）王朝、西班牙、法国和英国。这些国家的制度也往往带有帝国性质，毕竟，人类历史大多数时候都是帝国的历史，帝国即一种对其所属社会行使最高控制权的权力形式。大国用"秩序化"的方式改造世界，不仅通过制度和规范，有时也采用胁迫之术。秩序看似倡导某种礼节，但归根结底是基于武力威胁而存在的礼节。一旦相对弱小的国家忘记这一点，占主导地位的大国就会立刻警示它们，例如1956年，德怀特·艾森豪威尔总统威胁英国停止在苏伊士运河的军事冒险，否则他们就将面临经济危机。可想而知，在秩序的缔造者看来，他们用秩序改造世界，建立规范，摆脱混乱，使国际交流加强理解、和平和安全。[1]霸权者在建立围绕自己的世界秩序时,会使用高尚的修辞讲述其所建立的秩序,以缓和霸权的现实。委婉的话语其实反映了他们的自负,仿佛他们是独一无二的秩序之源,从未发生过混乱,一切为了共同利益。那些更具掠夺性的霸主,如日本帝国,为其奴役计划加以"大东亚共荣圈"(Greater East Asia Co-Prosperity Sphere)等荒谬的美化。美国号称迄今为止最温和的霸权,也忍不住使用各种美化之词:把战争称为"治安行动",把镇压叛乱称为"反暴动",把鼓吹造势称为"信息战",把酷刑称为"强化审讯"。罗马历史学家塔西佗(Tacitus)曾反思他所处时代的(帝国)秩序,以及这种形式与实质之间的差距,他曾在一次演讲中借古苏格兰国王之口指出,罗马所建立的秩序,其实质是暴力:他们所到之处变成一片荒芜,却美其名曰"和平"。[2]

美国在第二次世界大战结束前后建立起新的世界秩序,当下正走向衰落。对其大多数拥趸而言,美国所建立的秩序是不同的,是一种所谓自由秩序,也就是说是在自由、共识与平等的基础上建立的。在他们看来,主导自由秩序的大国并非传统意义上的帝国,而只是一个相对温和的"霸权"(hegemon)。"霸权"这个词源于古希腊语,意思是"领导者"。其本意是,有史以来第一次,地球上最强大的国家放弃了帝国扩张的道路,而以一种开明的方式建立一个和平的民主世界,为经济自由和人的解放创造了环境。依靠财富、情报、军事力量等硬实力和一大批同盟伙伴,美国取得了前所未有的巨大影响力。虽然这位巨人年轻有力,但美国让自己与其亲手设计的国际体系牢牢绑定,这种制度化的自我限制为美国赢得了更为广泛的权威。与早期的大国秩序不同,这是一个真正全球化的世界体系,它基于规则建立,打开了曾经封闭的世界,通过确立公海自由、稳定的货币体系等为各国实现公共利益。像过去所有的霸主一样，美国认为自己的地位不仅合法，而且神圣。[3]

一些国际安全专家和政策实践者相信这是一种良性的分配体系，并且在过去的 70 年间，世界一直按照此体系运行。他们普遍认为，自由主义原则与美国主导地位，或者说与美国霸权之间的结合久经考验，由此美国和世界都能享受到最佳的利益。在其崇拜者看来，这一新的设计或许并不完美，但却十分高尚，它标志着一种和平秩序，一个没有帝国霸权的体系，而我们有机会重返那个旧体系。他们现在担心的是，唯一的可能性或许是倒退与混乱。

鉴于这一体系的崩溃似乎主要源于内部，其捍卫者面对肉眼可见的衰退感到越发痛苦。美国建立的世界秩序并非被外部侵略者征服，而是自我造成的毁灭。由于对这一点缺乏正确认识，丧失制度信心的西方民众在蛊惑人心的政客和别有用心的外国势力的鼓动之下，成了激烈对抗的牺牲品。正如欧洲理事会主席唐纳德·图斯克（Donald Tusk）警告的那样："基于规则的国际秩序正在遭受挑战，这种挑战并非来自我们一贯所担心的方面，而是来自这个秩序的主要缔造者和维护者——美国。"[4]约翰·伊肯伯里（G. John Ikenberry）是持此观点的主要学者之一，用他的话来说，这就如同一个顽强不屈的罗马人亲手拆除了他们自己的城市。对于一个所谓非帝国主义的超级大国来说，这种比喻确实令人不安。

我们可以说这是一个美国主导的秩序。但能够将其称为自由秩序吗？我们应该对此种说法保持警惕。每种秩序都有其阴暗的一面，美国也不例外。其虚伪矫饰和武力威胁的一面远远超出了自由主义原则的范畴。无论这种威胁是明目张胆的还是悄无声息的,无论是精明算计的还是天真幼稚的,霸权者都将拥有自己的特权。这就意味着他们会一边要求其他国家开放市场,一边又对自己的市场加以保护;一边突袭其他国家的后院,一边又要求自己的主权得到尊重;一边谴责别国选举受到了干预,一边又出手干预别国选举。可见,赫德利·布尔(Hedley Bull)把霸权解释为"彬彬有礼的帝国主义"(imperialism with good manners)绝非空穴来风。[5]

从人们对重回秩序的种种渴望,以及自由主义野心和帝国的密切关系中,都可以隐约发现伍德罗·威尔逊总统(1913—1921)的幽灵。人们一定还记得,威尔逊曾试图将第一次世界大战的胜利转化为新的国际秩序,他设想了一个法治的世界,一个逐步走向民主的世界,一个"权力共同体"(community of power)。但他也显露出了美国的霸权主义倾向,即通过为其他人设定规则,自己掌控游戏,以更好地保持领先的优势地位。新的霸权将取代旧的霸权,并行使它的特权。威尔逊在1916年谈到英国时说:"我们要建立一支比英国更强大的海军,然后我们就能够为所欲为了。"[6]像大多数声称自己有着为世界带来和平使命的大国一样,威尔逊也时常挑起战争。从拉丁美洲、加勒比地区到后沙皇时代的俄国,威尔逊打击弱势敌手、扩大自由主义版图的做法明显带有帝国主义特征,哪怕他当时并没有意识到这一点。他在起草一份演讲稿时,声称"美国人不应向别国发号施令",而他的国务卿在空白处补充道:"海地、多米尼加、尼加拉瓜、巴拿马。"[7]在这方面,作为超级大国的美国并不例外。

需要明确的是,这里所针对的并非最低限度的"底线"主张,所谓美国主导的秩序至少优于其他方案。曾经的确是这样。在美国代表民主世界对抗极权主义时,对世界来说,美国总好过那些极权主义敌人成为主导力量,虽然美国在发挥主导力量时的种种行为也起伏不定。但随着霸权主义的发展,美国还是凭借决定性的优势成为那个看起来最为温和的大国。它曾经是20世纪对抗极权主义的堡垒;也曾经囊括了一半以上的诺贝尔奖,开创了爵士乐,帮助重建了欧洲,发明了脊髓灰质炎疫苗,还将人类送上了月球。与欧洲殖民者、第二次世界大战轴心国相比,美国的霸权看上去没有那么残暴,而且还更具有建设性。有些人可能已经忘记了,美国在缔造这一秩序的过程中也经历过痛苦的妥协。若无强权政治,仅凭它在道德层面的相对优势,并不能解释美国的崛起,同样也无法阻止自身的衰落。而当它自认不可或缺时,更会加速这一衰落。古希腊时代的雅典城邦相比后来波斯的独裁统治更加开放和自由,但这并不能阻止它的自我毁灭。将思想停留在"美国治下的和平"(Pax Americana)总不是最差的这种想法中寻求自我安慰,就如同在宣扬美国历史的时候忽视边境大屠杀和内战。

这里针对的是那些更为雄心勃勃的主张,即认为美国在践行霸权时不带有帝国主义色彩;美国见证了一场"世界历史性"变革,在主权、人权和自由贸易等领域,规则占据主导地位并由此确立新的国际体系;美国在这一体系中表现出了积极的克制态度;这一秩序带来的"好事"都是源于自由主义实践;而当下危机的源头则来自这一秩序之外。这样描述所谓自由秩序既不符合历史事实,也有违国际权力关系的本质,完全无法阐明当下的问题。错误地认识过去,所以对未来也没有指导意义。

即使是美国最辉煌的成就——打着自由主义的旗号——也并不是以自由主义的方法获得的干干净净的贸易盈收,而是依靠强权优势,且往往是以残酷方式取得的优势。美国获益最大的恰恰是通过非自由主义的手段取得的,比如黑色交易、威逼胁迫,以及使数百万人丧生的非正义战争。如果不熟悉美国做过的各种行径,根本就无法理解美国的治国方略。种种政变、地毯式轰炸、封锁和"黑牢"都并非孤案,也不是一时的错误,而是美国维持世界秩序的强权手段的一环。繁荣的背后其实带来了大规模的污染。即使如今美国一再表示会自我限制,也不再热衷于插足对手国家的内政事务,它仍然几乎每天都在轰炸其他国家,其中最常用的手段就是经济制裁。当然这只是一种委婉说法,实际上则是严重的经济惩罚,有时甚至以经济封锁或是"极限施压"的方式波及全体民众,而且大多数时候并不能起到解放的效果。在我们这个"开放"的世界,大约有三分之一的人口所生活的国家都正遭受着某种经济战。[8]

但是,从另一面来看,美国同样也有它的情怀,它拥有纯粹的自由主义理想,这种理想是美国外交思想的支柱。对于大多数亲近权力的人来说,怀揣这种理想并非别有用心,也不是用普遍正义的外衣来掩饰狭隘的物质利益。扎根于他们内心并驱使他们的信念是,美国肩负着领导世界的重任。但很多时候,对理想的满腔热情会带来意料之外的不良后果。进入 21 世纪,随着外部约束力量逐渐减弱,强权意识和野心不断增强,美国加快了武装霸权的步伐,坚信自己具有更高远的视野,竭力鼓吹和建立一个更具冒险精神的全球资本主义体系。为了传播自由之光,美国费尽了全力,从几乎已经被遗忘的后苏联时代俄罗斯所经历的资本主义休克疗法,到旨在重塑大中东地区的一系列战争,再到全球金融体系的松动,以及在海外煽动的民主革命,这些行径已激起了历史的愤怒。发生在华尔街、莫斯科或巴格达的这些种种灾难背后,隐藏着一种怀旧心态,这种心态坚信,只有某

个国家才是这个世界的主角,这个国家的一举一动影响着世界
稳定与和平,无所作为才是唯一值得担心的危险。把这段历史
改写为一种发展和进步的叙事,或任何类似的叙述,都是在重蹈
使我们走到今天的覆辙。但对于历史的讲述往往会走向虚无的
幻想。[9]

　　支撑这种自由秩序的理念中缺少一种正义叙事。更多的是
对昔日荣光的怀念,哀叹秩序的垮塌,抑或为复兴挥臂高呼,但
都不愿承认这一秩序如今的困境是源于自我毁灭。不知何故,
"美国治下的和平"曾经强大到足以变革现代生活,但面对如今
的失败结局却撇得干干净净,一切错误都归咎于他人。或是错
归于那些信心不坚定的政要,或是怪罪民众失去信念。然而美
国自由秩序的错误在于,它自认为美国的力量及其自由主义不
仅是好的,并且从根本上便是正确的,其所代表的一切从本质上
来说是善良而又明智的,至于那些破坏性的出格行径才是偏离
之举,因此失败必定是另有他因。这种怀念为过去的失败找到了
各种借口,比如邪恶的民粹主义者以及一系列"主义"(isms)——
民粹主义(populism)、威权主义(authoritarianism)、保护主义
(protectionism)、种族主义(racism)——才是真正的罪魁祸首。
这种怀念也会导致对当下局势的简单化认识,从而走向一些站
不住脚的二元对立的选择:不是全球主义(internationalism),就
是孤立主义;不是领导世界,就是退出世界;不是继续主导全球,
就是在后美国时代被全球孤立。这只会损害我们今天面对重重
限制的适应能力,而审慎的国家治理既需要力量投射,也离不开
力量紧缩。

　　人们能在这位前副总统和总统候选人拜登身上清晰地看到
所有自负的影子。他曾在 2019 年 2 月的慕尼黑安全会议上高

呼"这一切都会过去",立刻引起全场起立鼓掌。[10]这些掌声反映了人们的渴望,渴望回到特朗普挥动他的"破坏球"(wrecking ball)之前的世界秩序。[11]拜登把特朗普称为一个短暂的反常现象(passing aberration),并向世界宣布:"美国回来了,就像过去一样,肩负道德、正直、诚信⋯⋯支持我们的盟友,等等,一切美好事物。"[12]这里的"美好事物"意味着对历史的清洗。毋庸多言,这样的说法表明他们确信特朗普及其反叛是这一秩序的异类,可以迅速地扑向无尽的黑夜。同时也敦促人们,此时所需要的就是坚定信念,等待沉睡的国王归来。这也正是民主党普遍认同的,他们对外交政策的新思想没有太多争论,能否获得选举胜利才是实质问题。但是,如果拜登错了怎么办? 如果是秩序本身存在缺陷,并引发了这些反抗怎么办? 如果政治危机无法通过一张选票来解决,又该怎么办?

事实上,这样的自由秩序不仅从未真正存在过,而且也不可能存在。无论是美国还是历史上的任何强权,都不是通过道德、正直、诚信或支持盟友获得霸主地位的,而是用尽了一切黑暗手段才达到的。换言之,在一个充满反抗的世界中,若某个超级大国一味地追求权力,狂热于成为救世主,那么它的帝国历史只会变得更加血腥和暴力。这种霸权往往伴随着对规则的随意蹂躏与践踏,一边建立制度,一边又逃避制度的约束,为了保住自身的优势地位,反过来胁迫、欺骗和背弃自己的盟友。当其过分鼓吹自己所肩负的世界历史使命的时候,却反而被这一观念裹挟而导致出现意料之外的社会混乱和反抗,国内的自由主义价值观也随之遭到了破坏,结果往往就是一败涂地。再委婉的说法也无法否认这段历史,但会对我们的记忆造成修改。这使我们无法了解这个世界的秩序从过去到现在究竟发生了怎样的变化,当然也无法明白这个"秩序"代表了什么,因此只会使人们忽视当下的困境。

如果您也有这些疑问,请继续读下去。如果您有所信仰并坚持保留不同的意见,也不妨读一下此书,让我试着以自由宽容的精神来说服您。

# 背　　景

在 21 世纪的第二个十年,突如其来的各种变化不容乐观,动摇了旧有的国际体系。怀有敌意的修正主义国家已经开始有所行动:俄罗斯夺取克里米亚,朝鲜已掌握了发射核武器的军事能力。在中东地区,不同宗教派别之间流血冲突不断,战争及其相生的一系列人道主义危机和难民问题困局,使安全竞争日趋紧张。就在最近,"伊斯兰国"(Islamic State)的黑色旗帜还在摩苏尔上空飘扬。"阿拉伯之春"的革命阴影也在其他国家蔓延,或转向专制,或陷入严重内乱。经济方面,保护主义再次抬头。与此同时,危机的酝酿也伴随着英国脱欧(EU)的余波,欧洲、亚洲和拉丁美洲民粹主义运动的相继爆发,以及独裁"强人"(strongmen)的出现。尤其是美国动荡的政局和唐纳德·特朗普当选为美国总统,使得本就焦虑的时评人士开始哀叹,自 1945 年之后建立的以制度为基、规则主导、开明领导的世界体系正在崩塌。随着纷争不断加剧,带来了很多看似无形却有形的灾难,如气候危机的出现等现象,愈发令人生畏。

面对世界范围内的动荡不安,越来越多的跨大西洋安全事务官员、专家学者、官僚政客、军事政要、商业财阀,以及公共知识分子不断表达着他们对于过去时代的怀旧之情,并开始谈及所谓政治的终结。[13]他们中有些人警告称,以规则为基础的自由世界秩序正处在岌岌可危的边缘,还有一些人则干脆已经为其敲响了丧钟。我们正在见证"人人所熟知的那个西方世界的终结",曾经的"长期霸主"(long-time champion)不再享有"全球领导地位"(global leadership),一个"黑暗时代"(Dark Age)即将到来。最近,《外交事务》(Foreign Affairs)向 32 位专家提出了一个问题:"自由秩序是否正处于危险之中?"其中,有 26 人非常确定地给出了肯定回答。[14]

这种新的混乱引发了各方的积极表态。在 2019 年慕尼黑安全会议(Munich Security Conference)上,会议主席伊申格尔发表了《原则宣言》(Declaration of Principles),重申了以"民主、自由、公平、开放市场、法治"为基础的战后秩序。[15]似乎大笔一挥就驱散了历史的黑暗,一个充斥差异与不平等的世界被描述为一个处于较高发展程度的历史阶段,忽略了冷战的残酷斗争和各自为政的独裁权力,也不存在战后漫长的重商主义。在瑞士滑雪胜地达沃斯(Davos)举行的世界经济论坛(World Economic Forum)也秉持同样的历史态度,提出了完全无视历史的劝诫性口号。[16]2018 年 9 月,美国参议员约翰·麦凯恩(John McCain)的葬礼宛若一场"抵抗集会",人们为暴力武装的自由主义事业赞不绝口,为旧秩序的逝去而哀悼,麦凯恩的去世似乎变成了该秩序的退场乐章。[17]许许多多的文章已然写就,对自由秩序不吝溢美之词。除了个别令人敬佩的直言者,曾经的自由秩序叙事完全是赞美之辞、歌颂之章。而由于他们的理想受阻,这些自由主义的信徒愈发紧紧抱在一团,逐渐变成了一种宗派信仰。他们奉行维护正统,即支持自由贸易、扩大联盟、主动采取军事行动、拥护美国的全球领导地位,并谴责异端邪说,即反对保护主义、军事克制、不干涉主义,以及对敌缓和政策。

如果自由主义的核心是许诺人们摆脱暴政、获得解放,那么以上赞美之词试图证明,美国是在借助自由主义的话语重塑世界(或大部分世界),并以一种开明之举维护了世界安全。美国制定的规则不断对外产生影响,美国倡导的社会经济秩序在国际事务上开始发挥作用。[18]由于其自身的自由主义属性,这个超级大国,作为战胜国,不仅行使权力,更发挥其全球领导力和深度参与能力,推动建立了促进和平的机构。美国以其无可比拟的实力为该体系保驾护航,同时也受到该体系的约束。新秩序不是基于蛮力强权,而是构建于规则与秩序之上。"美国治下的和平"摒弃了以全面战争、种族灭绝、帝国统治、残酷的地缘政治、土地掠夺、势力划分、关税保护主义集团、经济自给自足、零和博弈和暴力民族主义等为代表的旧的治国之术。不同于帝国的野蛮统治和发号施令,作为新主宰者的美国霸权则是一种基于合议治国(rule by consent)和合法权威(legitimate authority)的权力,能够提供公共产品和"灵活的强制规则"。[19]作为世界的"第一公民"(first citizen),美国要服从于现有的世界规则、框架和协议,同时,它又是一个利维坦式的独裁巨兽(Leviathan),依赖自我约束,并借此树立权威。新秩序并不完美,它的追随者们也认同这一点。其机构需要革新和重塑。但是,新秩序还是带来了前所未有的相对繁荣,并阻止了大规模战争的发生。他们坚信,随着"丛林"卷土重来,这个世界必将陷入战争。[20]

知识界也表达了类似的观点。2018年7月,43位国际关系教授在《纽约时报》[21]发布一份反对特朗普的联合宣言,随后,该领域数百名知名人士在线签署请愿书。[22]相比其他颂扬之词,这份宣言比较克制,它将自己的主张视如不言自明的真理,诉诸权威,并描绘了一幅经过美化的历史图景,即美国作为负责任的世界公民,服从于它所创建的制度。

他们主要认为,在一个开明的全球体系下,世界可以再度恢复秩序,由一个有远见卓识的超级大国为着人类的共同利益主导运行,并自愿约束自身以维护秩序的合法性。那些憧憬自由秩序的人们建议华盛顿重新修复遭到破坏的传统,承担起经济和安全责任,并推广自由价值观。他们提出警示,如果仅仅因为一时的失望,就要去调整美国的正统地位,不免有些反应过度。这份宣言详细阐明了像特朗普、普京这些不同角色的人对世界构成威胁的原因,但是其中的论断对它所论述的对象的态度也具有明显的武断性。假定基于规则的体系(rules-based system)是真实存在的、从一开始就值得去捍卫,正如英国外交事务特别委员会(Foreign Affairs Select Committee)的所作所为,完全可以看作历史的起点。[23]

这种政治修辞已经成为一种咒语,而且在近些年显得更加突出。这是一个新词,但它描述的其实是大西洋西海岸几代人所一直追求的理想。一位观察员指出:"当实际的自由国际秩序越来越不像其早期巅峰时期的情况,就越发有必要为其命名。"[24]并且随着国际局势越来越恶劣,这个"咒语"更加被反复提及,仿佛不断重复念出它就能召唤失落的世界重回人间。随着克里米亚、"伊斯兰国"在中东惹起事端,"基于规则的秩序"(rules-based order)这个概念在英国2015年的《国家安全战略》中重复使用多达30次,在澳大利亚2016年《国防白皮书》中重复了 38 次。但是，到目前为止，这种反复强调并没有起到实际作用——既不能缓解目前的混乱局面，也不能改变离心的选民，更不能抑制美国竞争对手的野心。不同地区的民调显示，自由秩序的概念让他们感到困惑和不知所措，而大多数退伍军人与公众的想法基本一致，即美国在阿富汗、伊拉克、利比亚和叙利亚的战争是一种浪费。[25]对于那些持怀疑态度的听众而言，这个概念更像是一种说教之辞，内容空洞乏味。[26]

声称美国建立的秩序是一种例外、强调霸权和帝国并不相同，正呼应了曾经那些强权大国的例外主义主张。这是一种古老的幻想，至少可以追溯到 19 世纪的英国，当时也是对自由主义和帝国关系产生了激烈的争论。维多利亚时期的历史学家和银行家乔治·格罗特（George Grote）用类似的非帝国霸权的幻想来解读古典希腊，认为雅典对联盟的温和领导与波斯霸主的压迫性统治是有区别的。然而，希腊人经常互换使用"霸权"和"帝国"这两个词，[27]因为他们认为，即使是国际关系中的朋友，他们之间的利益最终也会有所分歧。这时，即使是温和的大国也要靠实力说话。

用委婉的政治修辞美化权力，这种世界观根本经不起质询。它忽视了历史上许多相反的例子，过分强调美国秩序下的和平中心西欧和东亚地区，这一秩序正是在权力竞争最激烈的地区确立了自己的地位。但它却无法解释战后在美国公共生活中影响最深的越南战争。与所有霸权国家一样，美国在很长一段时间里放松了自我约束，为挽回面子、展示信用、维持权威而肆无忌惮，无视规则。

然而，关于自由秩序（liberal order）的讨论仍在不断发散，已经成为大西洋安全领域的"通用语言"。这就显示出这些国家语言的一致性和统一性,通过在阿斯彭、达沃斯、慕尼黑、哈佛、布鲁金斯学会或外交关系委员会举行的秘密会议,以及智囊团、政府、基金会、大学和媒体评论之间的"旋转门"(revolving door),他们之间保持紧密的社交网络。这些呼吁自由秩序回归的人所组成的联盟,本身就属于同一个阶层,拥有自己的一套语言体系。[28]

在我们这个复杂的重组时代,秩序问题也跨越了旧的界限,建立了新的联盟。鹰派的国际主义共和党人和民主党人共同反对特朗普和自由秩序的敌人。[29]致力于一个英雄般的伟大美国的新保守主义者在自由主义问题上分为了两派,一派同两党一起抵制特朗普,另一派则加入了他的政府。[30]这个问题甚至在特朗普一派内部也产生了分歧。国务卿迈克·蓬佩奥宣布要打造基于国家主权原则(principle of national sovereignty)的自由主义新秩序,随即就出现了一个新的口号,"我们是美国,贱人!"(We're America,bitch!),把美国的至高无上展现得更为赤裸裸。[31]总统的一些部长对自由秩序的某些特点(如坚守制度)感到非常恼火,并企图让他们反复无常的老板回归美国霸权领导的正统观念。这样一来,事情就不那么简单了。

"自由秩序"的拥护者们坚信,"自由秩序"是有益的,且值得被捍卫。[32]他们认为,这个战后在美国领导下建立的秩序涵盖了一系列"贸易、制度和社会目的"[33]。占主导地位的美国凭借其有利的地理、经济优势和人口规模以及军事优势,制定了"国际政治的游戏规则,各国遵循的认知框架,以及判断行动是否合法的标准"。[34]对于其崇拜者来说,这项工程将世界重新连接起来,具有深远的意义。他们将之断代为一个自 1945 年盟军取得胜利以来断断续续持续了 70 多年的时代。美国创造了一种宪法秩序，它反对不受约束的权力，一种从根本上讲是一致的、良性的和开放的制度。这一秩序之所以长久、稳定、具有吸引力，是因为它以自由主义的意识形态为基础。这个体系达成了一种利益上的和谐，既有利于美国，也有利于世界。

尽管传统主义者们基于类似的历史背景和政治逻辑都在使用"秩序"这一词，但他们所指的含义有时候各不相同。有些人比较宽泛地用它来指代美国至高无上的仁爱精神，也有人使用这个词来具体表达对美国辉煌历史的雄心抱负。但是，他们都捍卫自由秩序，认为正是这一秩序把世界从经济萧条、极权主义、世界大战和种族灭绝中拯救了出来，创造了历史。大多数人主张这一秩序成为未来的世界模式，并期盼其他人也能认同他们的愿景。他们的悲观情绪也各有不同。一些人认为，随着美国的"衰退"和国内外野蛮势力的崛起，秩序正在崩溃，我们最多只能尽可能地去挽救；也有人希望，即使西方内部分裂，美国建立的秩序也能比它的主要缔造者存活更长久。

与此同时，也有很多怀疑者。[35]他们大多数认为，自由秩序是一项虚假的承诺，这个概念更多阻碍而不是帮助人们在混乱中找到出路。他们注意到，这种怀旧幻想与真实历史之间存在偏差，并且认识到战后的世界从来都不是一个真正的"整体"。也许存在"自由秩序的岛屿，但它们漂浮在完全不同的海洋中"。[36]大多数人更赞成一种更为克制的"大战略"（grand strategy）——少一些军事化、多一些包容、不那么具有扩张性。还有些人属于孤立主义者，主张美国把海外的责任转移回本土。本书作者并不属于这一类。怀疑论者主要是反对中间派的正统观念，但这一群体的成分又十分复杂，包括现实主义学者、反战保守派和进步左翼国际主义者，尽管也有一群原教旨主义者认为美国仍应在国外谋求主导地位，但不应该花费太大代价输出民主资本主义。共同之处在于，他们挑战自由秩序的愿景，这种愿景将自由秩序视为一个曾经实现过的历史，而完全可以谋求回归。这些记忆完全不符合历史事实，因此无法解决当前的困境。事实上，他们正是问题的一部分。人们对自由秩序的错误记忆往往被当作"神话历史"，用来解释历史起源、用作行动指南，但却掩盖了强权政治的内涵。当强权沉浸在自己编织的神话中，这会让人们忽略了它可能导致的后果。我们的任务不应该是去调整、革新、重振、重新包装或重塑这一愿景。正是这一愿景使美国陷入如今的境地：背负着不可持续的债务，被过度和不负责任的国家权力所扼杀；在多次失败的战争阴影中挣扎；与欧洲、中东、亚洲和拉丁美洲的竞争对手不断陷入冲突；以及特朗普的当选。这时候所要采取的谨慎做法是去纠正或至少抑制其缺陷。

除了在上述基本问题上的讨论，怀疑论群体十分多元。对于是否真的存在自由秩序以及自由秩序是否能存在下去的问题，他们意见不一。有些人坚信，这种秩序存在过，至少在美国曾经不受约束、横行霸道的单极化时代是这样的。也有人为自由主义的进步而庆祝，但声称这与美国霸权无关。还有一些人抱怨美国本应该创造这样的秩序，但却没有。他们呼吁美国践行其曾宣扬的理念，同时，遵守那些他坚持要求别人遵守的规则，似乎在暗示，如果能够破除虚伪，我们就能拥有这样的秩序。[37]因此，在怀疑论者阵营内部，对于自由秩序是否可取、是否可行，仍存在争论。

人们对秩序的理解非常关键，往往具有重要的政策含义。正如物质力量能影响或剥夺人们作出某些选择一样，思想也会制约和限制一个国家的重大战略决策。实际上,那些哀叹自由秩序堕落的人想表达的是,有些想法就是不合理的,根本不用考虑。他们担心民粹主义和孤立主义会危及传统的主流观念,导致美国放弃在海外的各项承诺。他们呼吁恢复旧秩序,也是为了保持美国的主导地位。相比之下,我认为,导致当前危机的帝国神话之一,正是人们过于夸大自由秩序这一概念,而且夸张地认为它即将崩溃。

当今的政治是一种复辟政治(restoration politics),企图恢复失去的秩序。一些政治强人,或是善于蛊惑人心的民粹主义者,他们声称要为真正善良的人民发声,反对非法的外来精英,发誓要恢复失去的秩序,以此寻求权威。他们号称要"让美国再次伟大"(make America great again),"收回边界控制权"(take back control),或者恢复就业、重振经济、加强主权边界和提升民族自豪感。[38]而且,他们并不是唯一想要带人们回到过去的人。自由秩序的支持者认为,他们坚持的事业是向前看的,而那些选民和政治现实主义者则相反。[39]然而,他们也传达出强烈的怀旧情绪。乔治·帕克(George Packer)曾在追忆已故外交官、"美国治下的和平"秩序的"设计师"理查德·霍尔布鲁克(Richard Holbrooke)时提到,这位英雄在1949年观看音乐剧《南太平洋》(South Pacific)时,由于深感那个"我们无所不能"的时代已一去不复返,痛心而泣,那是一个"我们曾走到地球最遥远的角落,拯救世界文明"的时代。[40]这些人一方面告诫人们不要"向后看",但同时又呼吁复兴70年前建立的体系,这种体系所建立的基础是当时战后特殊且短暂的时间窗口、各国权力分配不均衡的现实,以及美国的技术官僚"创新和解决问题"能力的例外主义。[41]前参议员、国务卿和总统候选人希拉里·克林顿（Hillary Clinton）也指责特朗普选民"向后看"。但她也呼唤那段浪漫的过去，即"两党长期以来领导全球的传统，偏好合作而非单方面行动、在实际开战前使用大量外交手段、与老对手化解建立盟友关系而不是到处树敌"。[42]克林顿称赞的这一历史实际上要复杂得多。从历史上看，美国经常单方面采取行动，草率发动预防性战争（或考虑这么做），包括2003年克林顿也投下支持票的伊拉克战争，以及与古巴的菲德尔·卡斯特罗、伊朗的阿亚图拉长期保持敌对状态。[43]

有时，自诩为自由传统主义者的人怀旧得可笑。鹰派公共知识分子马克斯·布特（Max Boot）的著作就展示了一种怀旧式的帝国主义转向。布特拥护"自由秩序"，斥责共和党同僚说："怀旧并不是一种外交政策。"但他也建议华盛顿要从维护边界安全的历史战役中寻找战时灵感，他借用拉迪亚德·吉卜林（Rudyard Kipling）的一首短诗之名，强调美国要承担起"白人的责任"（white man's burden）。[44]布特对帝国的崇拜、对复仇的渴望，以及他对于种族灭绝行径和其研究对象种族特征的漠视，都显示出极端的麻木不仁。这还揭示了一个尴尬的事实——而这一点通常被遗忘在各类历史记录的角落——即历史并不仅仅只有温和的领袖和充满感激之心的被领导者，这也是一部关于反抗与压迫的历史、一部关于武力讨伐的历史。霸权为了征服这个世界，频繁实施暴力，这才是历史的核心问题。

许多自由主义秩序的支持者并不像布特那样热衷于血腥的扩张，他们认为自己是和平、守法的，他们提倡的武力是为了创造更好的和平局势。但在实践中，他们表现出的自由主义秩序具有某种军国主义（militarism）倾向。以联合国为代表的战后秩序，其建立初衷更多的是从原则上限制使用武力——"战争的祸害"——而不是赋予它许可。然而，以大西洋主义者为代表的自由秩序狂热分子经常主张在美国的领导下进行军事行动，而且往往未经联合国安理会（UNSC）的正式授权，假以有效执行规则的名义违反规则，以难以宽恕的方式侵犯其他国家。2013年8月，倡导自由主义的《经济学人》（*The Economist*）刊发文章谴责英国议会投票否决对叙利亚进行空袭以惩罚其使用化学武器（CW）暴行的决定，作者认为轰炸是强化底线和维护规则为基础的国际秩序的必须手段。[45] 反战者们担心肆意的军事行动会违反规则或正当程序，而且可能会在无意中反而帮助了宗教叛乱分子，因此，他们往往被视为狭隘的反动派。然而，在现行国际秩序中，所谓禁止化学武器的原则至高无上、凌驾于其他一切因素之上的主张并不符合历史，例如美国此前就曾支持伊拉克使用化学武器对抗伊朗。而到了叙利亚事件中，自由主义的良知再一次被唤醒，使他们坚信空袭可以被用作一种道德行动的工具，并谴责其他保守的怀疑论者。他们又一次要求特事特办，无视其他秩序概念。自由主义再一次变得不那么自由。

关于国际秩序的讨论很难形成富有成效的结论，因为这里面混淆了一些令人担忧的概念，例如：内涵丰富而又历史复杂的自由主义问题、"国际间"问题，以及美国应该如何塑造国际关系的问题；还有对"秩序"的各种冲突观念。自由秩序是一个不断变化的目标，它通常表达的并非一个可证伪的假设（a falsifiable hypothesis），而是一项信仰，一种混淆了手段和目的的关于美国国际主义的愿景。正如达蒙·林克（Damon Linker）指出的，这个概念有正反两面：

自由主义国际秩序鼓励遵守规则和谈判,促进各国和平与繁荣,这是我们的成果,就如同我们在全球培育的民主世界。那些反对我们捍卫这一秩序的人都是邪恶的……我们会揭穿他们曾经做过的每一件坏事,暴露他们背信弃义、恶意狠毒的本质。换句话说,我们是理想主义者,讲究道德、心怀善意、遵纪守法、以身作则。

但这只是自由主义的一个侧面。美国可能保持着优良的道德传统,但我们对待世界的丑陋现象也很强硬、无情、冷酷和现实,这就好比一位警长要在一个无法之地建立一个脆弱的温和秩序。在这样的世界里,为了达成目的往往可以不择手段。在与敌人斗争时,我们需要不惜一切代价取胜。我们别无选择……坏人的每一个不道德的行为都应该被作为他们邪恶的例证,我们那些看似恶意的行为却被视为少数的例外,在这个本就充满悲哀的堕落世界面前完全可以得到原谅。[46]

正是由于坚信秩序的理想与稳定,赞誉之辞往往掩盖了对危机的警示,更多的是反复强调,秩序能够解决一切自身问题,秩序带来的利益可以完全弥补它出现的问题。[47]秩序的捍卫者提供了技术官僚式的补救措施:精细化的机构、新鲜的消息或是创造新的项目。即便秩序会消亡,也不是自身的内部缺陷所造成的。由于对危机的忽视,这一秩序变得十分脆弱,总是遭受中伤诋毁。这就决定了,无论是为它写讣告悼念,还是控诉"失败主义者",抑或开展复兴运动、期待那些已经感受到幻灭的人们能够重新回到这一旗帜下,都是无济于事的做法。如果这个世界确如怀旧者们所坚信的那样在发生着深刻的变化,我们需要做的是探寻问题，而不是自我开脱。

## 论　　辩

　　与自由主义不同，这里我们要讨论的命题是自由秩序：自由主义是一个内涵丰富、不断重塑的传统；自由秩序则是关于一种主导力量如何主宰世界的方法。我认为这个概念是自相矛盾的。世界充满了太多危险、冲突，根本不可能被"自由地"统治，如果过分执着于在国外传播民主，则会使民主在内部遭到摧毁。历史表明，即使在建立共识性的体系和对话方面，也存在着不自由和强制性的成分。这些黑暗面，即权力的虚伪，并非例外，而是整个体系的必要组成部分。这种秩序一部分是帝国主义逻辑驱动的等级统治，另一部分是无政府主义逻辑下的安全竞争，以及反复出现的自由主义冲动。[48]后者既代表着重商主义，也象征着"自由"。它更多地依赖于特权而不是规则。它就如同是一个自由主义的卡米洛特神话，背后是一种更深层次的神话，即相信存在不强制的强权政治，也相信存在摆脱帝国主义的帝国政治。

　　这些问题的根源主要不是美国的政治文化，而是国际社会的悲剧性。在一个本身就不安全的世界里，建立秩序是一个不自由的过程，一个暴力和强制的过程，它迫使自由价值观和残酷的强权政治之间达成妥协。即使是最高尚的海外项目也需要与非自由主义势力合作，无论他们是独裁者、狂热分子还是犯罪分子。即使是跨大西洋地区最令人刻骨铭心、最令人感怀的事件，即在第二次世界大战中击败轴心国，也是通过对斯大林领导下

22

的苏联采取了绥靖政策才得以实现的。

建立秩序本质上是一种帝国行径。所谓"帝国"，依我所见，是指其或直接或间接地对另一个国家的内政行使支配和权力主导。美国的治国之道不仅追求自由解放，也满怀掌控之欲，就如同一个"十字军"国家，不光要解放其他国家，还要按照美国的方式决定它们的道路。[49]这种统治并不是真正的吞并，美国的独特之处在于，它是一种非正式的帝国模式，但它能够产生长期、持续、稳定的影响，与间接统治没有太大区别。一旦出现一方感到契约中的某些不公平因素而拒绝，或一方迫于巨大代价的压力而不断妥协，那么两者之间的关系实际上就变成了统治者和被统治者之间的关系。[50]

在世界上建立秩序，就意味着其他人要接受领导，如果不听劝诱，则强行使其服从。要求他人服从和遵守规则的秩序权力也将保留其不受约束的特权，因为它是"特别的"。正如伊肯伯里所描述的，这就是我们所说的帝国逻辑。在对乔治·W. 布什（George W. Bush）总统的外交政策表示不满时，伊肯伯里指出："布什的外交政策为世界提供了一个美国统治世界，但美国可以不遵守规则的体系。这实际上就是'帝国'行径。"[51]事实确实如此。然而，这也勾勒出了美国一直以来的霸权主义。

自由秩序的主张，本应有助于建立信任、削弱无政府主义的力量，但它低估了安全困境的问题。因为在采取措施增加安全性的同时，也会加剧不安全感，这本身就是一个悖论。即使是最善意、温和的世界秩序，在对手和潜在对手看来也带有敌意和威胁。新兴大国所追求的利益和谐与一套道德上显而易见的做法，服务于不言自明的、永不过时的共同利益原则，但在其他一些人看来，为了自我利益而采取强制手段，是披着"道德普世主义"(moral universalism)外衣的利己主义行为。曾经经历过掠夺和被掠夺历史的竞争对手和敌人,都担心霸权一边强调规则秩序,一边又赋予自己特权,通过改变或破坏规则来巩固自己的优势,极力避开协议的束缚,肆意打击报复。从美国的对手长期以来的遭遇来看,很难辨清美国到底是仁慈霸权(benevolent hegemony)还是邪恶霸权。霸权国家可能真的相信自己的主张——认为它并不实行"势力范围"、扩张或贸易保护主义等丑陋的强权政治。但这会使情况更加糟糕,因为霸权国家会无意识地实施扩张,而表面上的温和一旦遭到了抵抗,它们便会感到意外和震惊。

自由主义秩序在战争方面也存在问题。它创始之初的信条是"独裁和军国主义国家发动战争;民主国家制造和平……这是威尔逊主义的基石,更广泛地说,也是自由主义的国际传统"[52]。然而,这种信条带有好战的倾向。所谓为民主创造一个安全的世界,很容易演变为使世界民主化。它很容易进一步陷入自负的幻想,即"我们的"行动本质上是和平的,好战的根源在于其他外界力量。问题不是来自悲剧性的相互作用,而是来自邪恶的外部力量,它们结集在一起针对美国这个善良的英雄国家。反过来,这种逻辑为以正义之名使用武力提供了理由。严格按照自己的意愿来维持永久的世界秩序,就需要常规的军事行动,偶尔也会提升到暴力的强度。那些支持回归自由秩序的人通常要求更多的力量投送、更强有力的联盟承诺,以及更广泛的军事存在,而不是减少。尽管这些狂热者不断大肆鼓吹军事部署、军事联盟、联合军事演习、军事理论和军事能力,批评那些放弃军事力量的做法,但他们明显羞于提及那些以理想名义发动的战争和由此导致的后果。这种通过对外投送军事力量来维持国际秩序的做法已经给美国带来了非自由主义的后果,例如国家权力的集中和宪法的失衡。20 年的战争侵蚀了美国的自由和制度,也削弱了美国的国家偿付能力。

在传统主义者看来,美国作为世界秩序的霸主,应当占据单极化主导地位,这是不言而喻的。这主要是源于这些崇拜者仍怀念世界政治中那些短暂的、无法延续的时刻。作为世界秩序管理者的美国渴望获得最强大的全球领导地位,这种雄心壮志往往会夸大其力量和知识。从历史上看,这使美国陷入了很多本可以避免的浪费和不幸。自由秩序的梦想会滋生一种好战的正义感,本能地认为混乱是由于权力的缺失,而根本不考虑审慎的紧缩或调整措施。这事实上局限了我们的想象力和选择权,把外交政策简化为“领导”与“孤立”之间的二元对立。对他们来说,历史的教训是清晰明确的,而且几乎都来自一个特殊案例得出的认识,即两次世界大战之间的孤立主义和绥靖政策是完全失败的。美国一方面将自己塑造成一个具有特殊全球角色和历史使命的自由主义利维坦,但无意中又将自己变成了一个雅各宾派国家(Jacobin state),永远寻求扩大其势力范围,推动政权更迭和革命。一直以来,美国都将问题归咎于美国霸权还远远“不够”。如果我们要树立另一面旗帜来反对特朗普“重返伟大”的诱人承诺,这面旗帜不一定要在旧秩序的基础上修修补补。许多人已经体验过那种秩序:脱离民众的机构,跨国的、非人的资本主义,以及无休止的战争。

如果美国治国之道的终极目的是确保共和体系,包括它的制度、自由生活方式,以及有限政府和宪政体系,因为这不仅对美国本身有益,还可以作为世界的典范,那么美国的现实主义传统做法便是更好的选择。虽然这些也需要特别小心谨慎。正如本书所谈论的一些人很容易感怀过去一样，我们所有人都是如此。在观察这种政治中的怀旧问题时，我们不能预设过去的意识作为行动指导，相反，挖掘历史、试图为未来寻找某种指导意义的过程应该更加丰富，探索更广阔的可能性。

对自由秩序持批判态度的还有学术界的马克思主义、批判主义和后殖民派。[53]特别是，珍妮·莫尔菲尔德（Jeanne More-field）认为，那些宣扬并捍卫自由秩序的文学作品，其核心充满着帝国的矛盾，而且还在试图转移人们对这种不可调和性的注意力，其借口就是，无论自由主义采取的权力会导致什么错误、犯罪和灾难，美国总能返璞归真。[54]莫尔菲尔德的批评与我的观点相似，尽管措辞不同，但都是反对那些提倡秩序却没有足够重视"秩序"的真正历史含义的人。文学批评致力于解放思想。莫尔菲尔德希望通过揭露"秩序"论点的虚伪，为这场批评注入智慧之火，使世界远离帝国主义和国家至上主义（raison d'etat），建立一个崭新的人文主义秩序。

与之不同，这本书并非如此。在古典现实主义的传统中，撕掉委婉的政治话术外衣，目的不是改造，而是揭示无政府世界的残酷现实和制约，以及它所强加的艰难权衡。如果在这种悲观的传统中无法实现解放，如果一些虚伪和残暴是不可避免的，如果国家和它们的统治者无法变"好"，它们至少可以变得更明智、更有自知之明。它们可以培养一种审慎的能力，实行一种更为克制、更有自知之明的强权政治，珍惜权力而不是挥霍它，实施阴谋和竞争，但要避免过度残暴，即便发动战争，也不要摧毁国家，对于美国来说，就是不要破坏共和制度。

在本书第一章"自由秩序的理念"中，作者试图尽可能准确地对自由秩序这一假说进行界定，并对其进行检验，揭示这一假说的实质,指出那些自由秩序的言辞暴露了对帝国的吸引—排斥模式。第二章"黑暗显现"为本书的论点提供了实证基础。通过回顾"秩序"的历史,提出批评观点。作者旨在让大家看到,创造秩序是一个必然带有帝国性和强制性的过程,而这并不符合支持者所留恋的那种以一致性和连续性为特点的强制规则和遵循规则。第三章"粗暴的猛兽",指出唐纳德·特朗普总统代表的更多是秩序的顶点,而非意外的偏离。虽然在主观上,他和他的反对者将他视为战后传统外交政策的反面,但特朗普反映了两种长久以来存在的趋势:长期战争和寡头政治。第四章"马基雅维利时刻",展望未来。华盛顿必须考虑其制度如何在日益敌对的世界中生存,而且需要意识到,与自由秩序的主张正好相反,它并不能将世界同化于它的自由价值观。和以前一样,美国将不得不做出艰难的妥协,防止一个更具竞争力的世界破坏它的共和制度。

接下来,我们会首先把自由秩序看作一种对过去的假设、对现在的不满和对未来的药方。

## 注　释

1. Richard Ned Lebow, *The Rise and Fall of Political Orders*(Cambridge: Cambridge University Press, 2018), pp.7—8.

2. Tacitus, *On the Life and Character of Julius Agricola*(ad 98).

3. Robert Gilpin, *War and Change in World Politics*(Cambridge: Cambridge University Press, 1981), p.24.

4. "Remarks by President Donald Tusk before the G7 Summit in Charlevoix, Canada", at https://www.consilium.europa.eu/en/press/press-releases/2018/06/08/remarks-by-president-donald-tusk-before-the-g7-summit-in-charlevoix-canada/.

5. Hedley Bull, *The Anarchical Society: A Study of Order in World Politics*(London: Macmillan, 1977), p.209.

6. 转引自 Phillips Payson O'Brien, *British and American Naval Power: Politics and Policy, 1900—1936*(Westport, CT: Praeger, 1998), p.117。

7. Warren Zimmerman, *First Great Triumph*(New York: Farrar, Straus and Giroux, 2002), p.476.

8. UN Special Rapporteur on Unilateral Coercive Measures, "Sanctions on Iran and Cuba Need Phasing Out, Says Expert", 29 July 2015, at https://news.un.org/en/audio/2015/07/602872. 在这一点上,我很感谢尼古拉斯·马尔德(Nicolas Mulder)。

9. Stephen Kotkin, "Why Realism Explains the World", *Foreign Affairs* 97:4(2018), pp.10—15: p.10.

10. Michael Burke, "Biden: 'The America I see Does Not Wish to Turn Our Back on the World'", *The Hill*, 17 February 2019.

11. "Democrats and Foreign Policy: There's Something Happening Here", *The Economist*, 4 May 2019.

12. Julio Rosas, "Joe Biden Says He Wants to Make America Straight Again", *Washington Examiner*, 25 April 2019.

13. Anne Applebaum, "Is This the End of the West as We Know It?" *Washington Post*, 4 March 2016; Patrick M. Stewart, "Trump and World Order: The Return of Self-Help", *Foreign Affairs* 96:2(March/April 2017), pp.52—57; James Kirchick, *The End of Europe: Dictators, Demagogues, and the Coming Dark Age*(New Haven, CT: Yale University Press, 2017).

14. "Is the Liberal Order in Peril?" *Foreign Affairs* (online), n.d., at https://www.foreignaffairs.com/ask-the-experts/liberal-order-peril.

15. Statement of Former Swedish Prime Minister Carl Bilt, promoting the Declaration of Principles for Freedom, Prosperity and Peace, at https://www.atlanticcouncil.org/programs/brent-scowcroft-center/fsr-initiative/declaration-of-principles.

16. Klaus Schwab, "Globalisation 4.0: The Davos 2019 Manifesto", at https://www.rappler.com/thought-leaders/220862-davos-2019-manifesto-globalization; Adam Tooze, "Framing Crashed", at https://adamtooze.com/2019/02/09/framing-crashed-10-a-new-bretton-woods-and-the-problem-of-economic-order-also-a-reply-to-adler-and-varoufakis/.

17. Susan B. Glasser, "John McCain's Funeral Was the Biggest Resistance Gathering Yet", *New Yorker*, 1 September 2018; Ishaan Tharoor, "Trump, McCain and the Waning of the Liberal Order", *Washington Post*,

27 August 2018.

18. Charles A. Kupchan, "Unpacking Hegemony: The Social Foundations of Hierarchical Order", in G. John Ikenberry, *Power, Order and Change in World Politics* (Cambridge: Cambridge University Press, 2014), pp.19—61: pp.25—27.

19. Patrick O'Brien, "The Pax Britannica and American Hegemony: Precedent, Antecedent or Just Another History?", in Patrick O'Brien and Armand Clesse, eds., *Two Hegemonies: Britain 1846—1914 and the United States 1941—2001* (Aldershot: Ashgate, 2002), pp.3—64: pp.3—4.

20. Robert Kagan, *The Jungle Grows Back: America and Our Imperilled World* (New York: Knopf Doubleday Publishing Group, 2018).

21. "Why We Should Preserve International Institutions and Order", *New York Times*, 23 July 2018.

22. "Petition: Preserving Alliances", July 2018, at https://docs.google.com/forms/d/e/1FAIpQLSesHdZWxpp13plS4nkLOSMHv4Dg1jaksBrCC6kWv6OfVAmO5g/viewform.

23. Foreign Affairs Select Committee, *China and the Rules-Based International System: Sixteenth Report of Session 2017—19* HC 612, 4 April 2019.

24. Adam Garfinkle, "Parsing the Liberal International Order", *The American Interest*, 27 October 2017.

25. Centre for American Progress, "America Adrift: How the US Foreign Policy Debate Misses What Voters Really Want", 5 May 2019, at https://www.americanprogress.org/issues/security/reports/2019/05/05/469218/america-adrift/; Ruth Igielnik and Kim Parker, "Majorities of US Veterans, Public Say the Wars in Iraq and Afghanistan Were Not Worth Fighting", *Pew Research Center*, 10 July 2019, at https://www.pewresearch.org/fact-tank/2019/07/10/majorities-of-u-s-veterans-public-say-the-wars-in-iraq-and-afghanistan-were-not-worth-fighting/.

26. Damir Murasic, "Making up Monsters to Destroy: The Illiberal Challenge", *The American Interest* 14:5(2019).

27. Perry Anderson, *The H-Word: The Peripeteia of Hegemony* (London: Verso, 2017), pp.1—4.

28. Joseph Nye, Condoleezza Rice, Nicholas Burns, Leah Bitounis and Jonathon Price, *The World Turned Upside Down: Maintaining American Leadership in a Dangerous Age* (Aspen, CO: Aspen Institute, 2017); Kurt

Campbell, Eric Edelman, Michèle Flournoy, et al., *Extending American Power: Strategies to Expand US Engagement in a Competitive World Order* (Washington, DC: Centre for a New American Security, May 2016).

29. Kenneth P. Vogel, "Concerned by Trump, Some Republicans Quietly Align with Democrats", *New York Times*, 24 May 2018; 也参见 the American Enterprise Institute and the Centre for American Progress, "Partnership in Peril: The Populist Assault on the Transatlantic Community", at https://www.americanprogress.org/issues/security/reports/2018/07/31/454248/part-nership-in-peril/。

30. Stephen Wertheim, "Return of the Neocons", *New York Review of Books*, 2 January 2019.

31. Julian Borger, "Trump is Building a New Liberal Order, says Pompeo", *Guardian*, 4 December 2018; Jeffrey Goldberg, "A Senior White House Official Defines the Trump Doctrine: We're America, Bitch", *The Atlantic*, 11 June 2018.

32. G. John Ikenberry, *After Victory: Institutions, Strategic Restraint, and the Rebuilding of Order After Major Wars* (Princeton, NJ: Princeton University Press, 2001); "The Plot Against American Foreign Policy: Can the Liberal Order Survive?" *Foreign Affairs* 96:3(2017), pp.2—9; (with Daniel Deudney), "The Nature and Sources of Liberal International Order", *Review of International Studies* 25(1999), pp.179—196; James Goldgeier, "The Misunderstood Roots of Liberal Order, And Why They Matter Again", *Washington Quarterly* 41:3(2018), pp.7—20; Ivo H. Daalder and James M. Lindsay, *Empty Throne: America's Abdication of Global Leadership* (New York: Public Affairs, 2019); Richard N. Haass, "Liberal World Order: R.I.P.", *Project Syndicate*, 21 March 2018; Robin Niblett, "Liberalism in Retreat: The Demise of a Dream", *Foreign Affairs* 96:1(2017), pp.17—24; Kori Schake, *America vs The West: Can the Liberal World Order Be Preserved* (Penguin: Lowy Institute Paper, 2019); Eliot A. Cohen, *The Big Stick: The Limits of Soft Power and the Necessity of Military Force* (New York: Basic Books, 2016); Paul D. Miller, *American Power and Liberal Order: A Conservative Internationalist Grand Strategy* (Washington, DC: Georgetown University Press, 2016); Hal Brands, *American Grand Strategy in the Age of Trump* (Washington, DC: Brookings Institution, 2017); "America's Global Order Is Worth Fighting For: The Longest Period of Great-Power Peace in Modern

History Is Not a 'Myth'", *Bloomberg*, 14 August, 2018; David H. Petraeus, "America Must Stand Tall", *Politico*, 7 February 2017; Joseph S. Nye Jr, "The Rise and Fall of American Hegemony from Wilson to Trump", *International Affairs* 95:1(2019), pp.63—80; Robert Kagan, "The Twilight of the Liberal World Order", in Michael O'Hanlon, ed., *Big Ideas for America* (Washington, DC: Brookings Institution, 2017), pp.267—75; Edward Luce, "The New World Disorder", *Financial Times*, 24 June 2017; Bonnie S. Glaser and Gregory Poling, "Vanishing Borders in the South China Sea", *Foreign Affairs* 97:3(2018); Daniel Drezner, "Who Is to Blame for the State of the Rules-Based International Order?" *Washington Post*, 5 June 2018; Gideon Rose, "What Obama Gets Right: Keep Calm and Carry the Liberal Order On", *Foreign Affairs* 94:5(2015), pp.2—12; Marc Champion, "International(Dis)Order", *Bloomberg*, 26 September 2018; Hans W. Maull, "The Once and Future Liberal Order", *Survival* 61:2(2019), pp.7—32; Michael Fullilove, "The Fading of an Aging World Order", *Financial Times*, 23 October 2015. 一种更偏向不可知论的说法是 agnostic account is Rebecca Lissner and Mira Rapp-Hooper, "The Liberal Order is More Than a Myth: But It Must Adapt to the New Balance of Power", *Foreign Affairs* 97:4(2018)。

33. G. John Ikenberry, "The End of Liberal Order?" *International Affairs* 94:1(2018), pp.7—23: p.9.

34. Robert Jervis, "International Primacy: Is the Game Worth the Candle?" *International Security* 17:4(1993), pp.52—67: pp.52—3.

35. Charles L. Glaser, "A Flawed Framework: Why the Liberal International Order Framework is Misguided", *International Security* 43:4(2019), pp.51—87; John Mearsheimer, "Bound to Fail: The Rise and Fall of the Liberal World Order", *International Security* 43:4(2019), pp.7—50; Adam Tooze, "Everything You Know About Global Order Is Wrong", *Foreign Policy*, 30 January, 2019; George Friedman, "The Myth of the Liberal International Order: It's Dangerous to Pine for a Time That Never Really Was", *Geopolitical Futures*, 19 September 2018; Paul Staniland, "Misreading the 'Liberal Order': Why We Need New Thinking in American Foreign Policy", *Lawfare*, 29 July 2018; Graham Allison, "The Truth About the Liberal Order: Why It Didn't Make the Modern World", *Foreign Affairs* 97:4(2018), pp.124—133; Amitav Acharya, *The End of American World Order* (Cambridge: Polity, 2014); Stephen M. Walt, "Why I Didn't Sign Up to Defend

the International Order", *Foreign Policy*, 1 August 2018; Jeanne Morefield, "Trump's Foreign Policy Isn't the Problem", *Boston Review*, 8 January 2019; Stephen Wertheim, "Paeans to the Postwar Order Won't Save Us", *War on the Rocks*, 6 August 2018; John Mueller, "An American Global Order? Has the US Been Necessary?", ISSS—IS Annual Conference, November 2018; Christopher Fettweis, "Unipolarity, Hegemony and the New Peace", *Security Studies* 26:3(2017), pp.423—451; Patrick Porter, *A World Imagined: Nostalgia and Liberal Order*, CATO Policy Analysis Number 843(Washington, DC: CATO Institute, June, 2018); Naazneen Barma, Ely Ratner and Steven Weber, "The Mythical Liberal Order", *The National Interest* 124 (2013), pp.56—67; Andrew Bacevich, "The Global Order Myth", *The American Conservative*, 15 June 2017; Brahma Chellany, "Mirage of a Rules-Based Order", *Japan Times*, 25 July 2016; Michael Brendan Dougherty, "The Endless Hysteria about the Liberal World Order", *National Review*, 27 March 2018; Adrian Pabst, *Liberal World Order and Its Critics* (London: Routledge, 2018).

36. Naazneen Barma, Ely Ratner and Steven Weber, "The Mythical Liberal Order", *The National Interest* 124(2013), pp.56—67.

37. John Glaser, "The Amnesia of the US Foreign Policy Establishment", *Free Republic*, 15 March 2019; David C. Hendrikson, *Republic in Peril: American Empire and the Liberal Tradition* (Oxford: Oxford University Press, 2018), p.168.

38. Francis Fukuyama, "America: The Failed State", *Prospect*, January 2017.

39. Jake Sullivan, "More, Less or Different", *Foreign Affairs* 98:1 (2018), pp.168—175: p.173; G. John Ikenberry and Daniel Deudney, "Liberal World", *Foreign Affairs* 97:1(2018), pp.16—24: p.17.

40. George Packer, *Our Man: Richard Holbrooke and the End of the American Century* (New York: Knopf, 2019), p.5.

41. Michael Sherer, "Democrats Distance Themselves from Hillary Clinton's 'Backward' Claim", *Washington Post*, 13 March 2018.

42. Hillary Rodham Clinton, "Security and Opportunity for the Twenty-First Century", *Foreign Affairs* 86:6(2007), pp.1—18: p.3.

43. Marc Trachtenberg, "Preventive War and US Foreign Policy", *Security Studies* 16:1(2007), pp.1—31; William Burr and Jeffrey T. Richelson,

"Whether to Strangle the Baby in the Cradle", *International Security* 25:3 (2000—1), pp.54—99.

44. Max Boot, "Nostalgia Isn't a Foreign Policy", *Commentary*, 11 November 2015; "The Case for American Empire", *Weekly Standard*, 15 October 2001; "Why Winning and Losing are Irrelevant in Syria and Afghanistan", *Washington Post*, 30 January 2019; *The Savage Wars of Peace: Small Wars and the Rise of American Power* (New York: Basic Books, 2002).

45. Blighty, "The Vote of Shame", *The Economist*, 30 August 2013.

46. Damon Linker, "Elliot Abrams and the Absurd Paradoxes of American Foreign Policy", *The Week*, 15 February 2019.

47. Emile Simpson, "There's Nothing Wrong with the Liberal Order That Can't Be Fixed by What's Right With It", *Foreign Policy*, 7 August 2018.

48. G. John Ikenberry and Daniel H. Nexon, "Hegemonic Studies 3.0: The Dynamics of Hegemonic Orders", *Security Studies* 28:3 (2019), pp.1—27.

49. Walter A. McDougal, *Promised Land, Crusader State: The American Encounter with the World* (New York: Houghton Mifflin, 1997).

50. Daniel H. Nexon and Thomas Wright, "What's at Stake in the American Empire Debate?" *American Political Science Review* 101:2 (May 2007), pp.253—272: p.266.

51. G. John Ikenberry, *Liberal Leviathan* (Princeton, NJ: Princeton University Press, 2011), p.270.

52. G. John Ikenberry, Thomas J. Knock, Anne-Marie Slaughter and Tony Smith, *The Crisis of American Foreign Policy: Wilsonianism in the Twenty-first Century* (Princeton, NJ: Princeton University Press, 2009), p.10.

53. Perry Anderson, *American Foreign Policy and Its Thinkers* (London: Verso, 2013); Inderjeet Parmar, "The US-led Liberal Order: Imperialism By Another Name?", *International* Affairs, 94:1 (2018), pp.151—172.

54. Jeanne Morefield, *Empires without Imperialism: Anglo-American Decline and the Politics of Deflection* (New York: Oxford University Press, 2014).

# 第一章　自由秩序的理念

霸权的巨兽往往怀有一颗虚荣之心。一旦掌权,很容易患上"中央王国"(middle kingdom)综合征,幻想自己拥有超凡的智慧,是宇宙的中心,没有问题需要求教于他人。[1]以自我为中心的世界观远非美国所独有。从大流士一世时期的波斯、腓力二世时期的西班牙、到中国明朝、苏莱曼一世时期的奥斯曼帝国,再到拿破仑时代的法国,类似的自负拥有悠久的历史。霸权国家往往认为自己具有某种独特性,并自以为是地将本国利益视同于别国利益,将一己的成功视为天命所归,将遇到的逆境视为对信念的考验。这反过来会让它们放松对自己的约束,变得好战。霸主们实行中世纪时期的中国所称的"蛮夷之治"(barbarian management),丝毫不认为自己就是好战的根源。它们自我授权,在自我构建的体系之外指手画脚,同时绝不容忍任何其他人效仿自己,通过凌驾于制度之上的方式来维持制度。

随着美国的实力在世纪之交达到顶峰,美国的决策者们便以"地球领主"的身份自居。2002 年,一位美国总统高级顾问表示:"我们现在已经是一个帝国,当我们有所作为时,我们正在创造属于美国的现实。"[2] 2003 年 5 月 1 日,美国总统乔治·W. 布什从降落在亚伯拉罕·林肯号航空母舰上的维京式舰载机走下,宣告在伊拉克的主要军事打击任务完成,这向世界展示了美国将重新塑造世界的决心,并且能够取得最终的胜利。布什认为,自由市场民主(free-market democracy)就是人类的命运归宿,同时也是美国的神圣使命,以至于在引用《圣经》的时候,他经常会用"美国"(America)代替"上帝"(God)。[3] 随后接踵而来的军事和经济危机从来都无法打消美国领导人对历史的自信,就连自我定位为反对帝国主义傲慢行径的奥巴马总统,也曾重蹈其覆辙,他宣称道德世界的"弧线"终将倒向正义的一边,表明他假定历史是存在发展方向的,且他早已确定历史的终点。[4]

这并不是说所有霸权都是一模一样的"黑匣子"(black box)。一个由中国主导的亚洲不会简单地复制"美国世纪"(American Century)。不同霸权在许多细节方面会有很大不同:干预别国人民生活和宪法体系的意愿,以及扩张地区影响力的野心。而这些细节很重要,会有数百万人认为这些差异值得为之奋斗和牺牲。无论是对于接受权力统治的一方,还是对于操纵权力的一方来说,都很重要。而且这也影响到整个体系的可持续性。有些霸权自不量力,终将加速自我灭亡。

然而,在这里我更想强调的是,大多数霸权国家具有一系列潜在的共同特征:与众不同、独一无二的自我认知;对规则持有选择性的态度;好战的心态;以及,对自身作为秩序建立者和光明使者的荣耀感。随之凸显出的,便是一种刻意或是无意的虚伪。随着国力的增长,这些霸主特征也会越发明显。那些自由秩序的拥护者反对这种说法,他们认为美国的霸权不仅在程度上,而且在实质上也有所不同,因为它不仅仅是一种新秩序,还是一种前所未见的秩序。这里,"秩序"(order)不仅仅是指代结构或帝国的一个新词,而是一种性质完全不同的事物——一个由自由主义界定和维护的权力组织。在赫德利·布尔描述的传统中,自由主义建立了一种共同利益感、一些行为规则以及保证这些规则行之有效的制度。然而,这听起来就是一套霸权话语。

有关自由主义的讨论并没有那么神秘,它本质上是有关世界该如何发展的问题。一味推崇前特朗普时代的秩序只是对当前政治斗争的一种干预。这些赞美之词不过是紧急情况下炮制出的一种说辞,因为他们担心黑暗即将来临,而这种说辞可以肯定美国的使命感,提醒这个超级大国不要目光短浅、不要退缩、不要放弃道德导师(moral tutor)的责任。自由秩序也是在近些年才成了理论和历史研究领域的焦点话题。尽管自由国际主义可以追溯到很久以前,但由美国所主导的、以自由手段服务于自由目的、以自由为结果的秩序在人们心中达成普遍共识也就是在近几十年。用一个谱系图可以很清楚地描绘出自由秩序这一概念的起源和发展。通过谱系图这一方法,挖掘其思想根源,我们可以了解到为什么自由秩序这一表述和其具有神秘色彩的历史能够吸引某些思想阶层。通过探究其历史脉络,我们能准确得知自由秩序的发展经历了哪些历史变迁和问题阻碍,也能揭示自由秩序这一概念背后的沉默、矛盾和逃避。

如果我们深入思考一下,就会发现其中的问题。自由主义国际秩序没有真正明确其应该维护什么、反对什么。其对立面"非自由秩序"(illiberal order)是什么?自由秩序的概念通常用来将"美国世纪"区别于其他那些基于专断权力和帝国命令的霸权。然而,这种观点不仅仅在历史上受到质疑,即便在自由秩序拥护者内部也疑云重重。仔细观察就会发现,那些自由秩序的梦想家对帝国和霸权也很着迷,他们也渴望成为世界的君主。自由秩序的支持者认为,世界霸权可以在"胜利后"通过建立开明的制度来主动约束自己,从而赢得合法性,保持国际社会和谐。然而,他们也屡屡违背这一点,一方面淡化大国屡屡违反规则的历史行径,另一方面公开支持超级大国特权,放弃推动霸权与基于规则的秩序达成一致。他们还一再呼吁美国可以在规则之外行使自由裁量权,为追求自由目标而使用非自由手段的行为进行辩护。因此,自由秩序的愿景忽视了美国外交政策中长期存在的一个两难问题——一个不断追求海外统治地位和扩张的共和国呈现出的帝国形象。而这反过来会威胁到国内的自由。

在我们探讨这些问题之前,重要的是首先要尽可能清晰和客观地阐明自由秩序的理念。然而,这绝非易事。正如它一再被讲述和辩护的那样,这个概念本身难以捉摸。为了表达一种雄心壮志,它又重新回到历史的阴影中。就如同它所维护的秩序一样,这个概念不断地变化,扑朔迷离,难以深入审视。它犹如一只蝴蝶在空中飘忽不定,虽然不会像蜜蜂一样蜇人。

## 自由秩序的理论建构

有关自由秩序假说的讨论始终没有停止过,从杂志专栏到学术文章,从政治宣言到研究专著,体裁形式多样。其核心就是自由秩序神话般的历史,这种假说认为,正是由于美国在20世纪中叶赢得了胜利,才拯救了整个世界。美国创立了一种新型的国际关系体系,并遵循其规范。新的秩序体系健全完整,而且已经取得了巨大成功，其中的受益者各方可能已经忘记了它所带来的好处，但将来一定会怀念它。

自由秩序假说的发展进程伴随着 20 世纪中叶两股力量的交汇，一是美国借着竞争对手在世界大战中遭受重创的机会迅速崛起，二是自由主义逐渐盛行。自由秩序的故事桥段通常被认为始于"杜鲁门时代"（Truman moment），即美国总统哈利·杜鲁门所构想的"为防止地缘政治竞争而制定的以规则为基础的国际秩序蓝图"。[5] 事实上，关于这一秩序的理论构想出现在更早之前。它在一定程度上可以追溯到哲学家伊曼纽尔·康德（Immanuel Kant）关于世界和平的展望。在康德的观点中，各国只有服从于相应的原则与制度，才能共同维护世界和平。而早在第一次世界大战后，伍德罗·威尔逊（Woodrow Wilson）总统就提出了"合作国际主义"（cooperative internationalism），虽然这一努力在当时注定是失败的。在第二次世界大战的背景下，经由美国总统富兰克林·罗斯福和英国首相温斯顿·丘吉尔以理想主义而又讲求实际的手段，这一设想最终被锤炼成为可行的方案。其核心步骤是他们面向未来世界的战时宣言："四大自由"演说、1941 年《纽芬兰宣言》和《大西洋宪章》、《联合国家宣言》，以及布雷顿森林金融结算体系等新制度。此后，美国在英国的配合下，开始动作频繁：1946 年丘吉尔在密苏里州富尔顿发表"铁幕"演说；1947 年提出"杜鲁门主义"；1949 年成立北约组织，逐渐巩固了这一形成中的新秩序，并逐步扩大美国长期以来的国际主义事业。新的安全体系以欧洲的正式集体联盟和亚洲的双边联盟为基础。同时，世界贸易组织（WTO）、世界银行和国际货币基金组织（IMF）等全球性机构的建立为全新的政治经济框架奠定了基础。

对战后自由秩序的各种描述,虽然侧重点各有不同,但基本都有以下几个特点:法治和"规则"至上、符合人文主义精神的全球化进程和符合人道主义精神的发展、自由贸易、多边合作、主要基于永久性联盟的美国安全保障,以及通过倡导民主和市场改革来推进自由进程的承诺。在这个体系下建立的机构包括联合国、北约、北美自由贸易协定(NAFTA)、跨太平洋伙伴关系协定(TPP)、关税及贸易总协定(GATT)、世界贸易组织、国际货币基金组织和世界银行。这些描述极力强调这一世界秩序具有启发性和共识性的一面,肯定其连续性和连贯性,而不谈或少谈及干预、冲突和杀戮。

秩序的倡导者们认为,人们应该充分肯定自由秩序在避免大规模战争、刺激经济增长、减少贸易壁垒以及推动民主和自由市场改革浪潮等向好发展方面中作出的贡献。自由秩序代表着超越性的价值观,这也是 70 多年来美国治国方略中"最始终如一的主题",它代表着"以代议制政府和人权为形式的政治自由主义,以及其他自由主义理念,如互不侵犯、民族自决和和平解决争端等"。[6] 在他们建构世界的进程中,秩序的缔造者富有远见卓识、继承了启蒙传统,寻求并推进国家间共同利益,通过有效的治理机制,包括在海外的权力投射,首次实现了这一理想。支持者认为,这种秩序还体现了一种行为模式,一种基于"规范、制度和伙伴关系"的体系,在霸权的治理下,集体合作相比竞争显示出了相当的优势,而随着全球共识的普及,更多主权应该被出让,以维护集体行动的利益。[7] 也有人把这个秩序称为一种"内嵌式的自由主义"(embedded liberalism)体系,[8] 它拥有开放的市场和制度、合作性安全保障、民主共同体、渐进式变革、共同解决问题的机制、主权共享并且遵循法治。这一秩序还提供了宝贵的公共产品,如公海自由和全球公域。它创造了一个"开放的、以规则为基础的国际经济"。这些都是"世界历史性的进步"。[9]这种权力与社会目的的结合可以增强安全感,抑制自我扩张,并阻止霸权竞争。最终的逻辑是通过良性的扩张实现和平,"自由民主的资本主义国家越多,世界将会越和平、繁荣,人权越能得到尊重"。[10]

"自由主义者"并非"不切实际"。自由秩序的拥护者认为,这一体系的开创者绝非乌托邦主义者,而是脚踏实地、以开明利己(enlightened self-interest)为目标的理想主义者。这种自由秩序不同于 E.H. 卡尔等现实主义者所抨击的战前抽象和平理想主义(pacifistic idealism)。事实上,它的理论基础既有自由主义的一面,也有现实主义的一面。今天,自由秩序的捍卫者坚信,权力的实用主义运用是有效制度的必要基础,而有效的制度体系反过来又重新定义了国家之间的关系。[11]建立这一秩序的前提是各国能够在无政府状态下理性地进行合作,并通过集体努力将"无政府状态"转变为"社会"。美国的霸权地位展现的是一种领导力,而非专横的支配或统治,它创造了"一种基于对物质利益、趋同价值、亲和关系和身份认同精心考量的共识秩序"。[12]自由主义不排除胁迫或暴力,但至少可以约束和减轻暴力影响。因此,那些采用强制手段的人也不情愿地使用武力,因而很少使用,或极力克制,尽可能保证暴力行为不违反自由原则。

除了美国史无前例的物质实力和影响力之外,还有什么可以称为这个自由秩序的稳定基础?其中一个答案就是其本身的制度框架在发挥着作用。另一个版本的自由主义叙事,反映了新自由主义对于"自下而上"(bottom-up)模式的强调,认为超级大国国内的政治和宪法性质是决定性因素。[13]这种制度框架之所以是自由的,是因为它的主要建构者——美国——是自由的。如果一个稳定的霸权秩序需要一种足以使等级制度合法化的权威,那么自由主义国家无疑更善于获取这种权威,原因在于自由主义国家的宪法体制限制滥用权力,这使它们成为更值得信赖的国际社会统治者。在整个美国世纪里,秩序源于美国自身的自由主义政治本质,即一种有别于帝国主义的霸权主义和一种有别于帝国统治的领导力。[14]用一个自由秩序崇拜者的话来说:当代"基于规则的秩序"就是"一群志同道合的民主国家,基于一套明确的规则,企图'驯化'(domesticate)整个国际体系,将其打造成为一个国际社会,以此来阻止修正主义行为(revisionist behaviour)"[15]。到目前为止,这种尝试显然是成功的。在这一秩序中,美国给予了其他国家相应的权益,并通过重塑利益关系来逐步实现平衡。乐观主义者相信——或者说希望——自由秩序能够凭借这些特质对抗新兴敌对力量的崛起。[16]

因此,自由秩序也被其拥护者称为一种新的分配制度。它综合了仁慈的国际主义和后帝国主义秩序的权力优势来发挥作用,这种优势根植于各种制度性设计,但同时也依赖于一个超级大国的强权维系。随着美国的实力在制度层面的不断深入和扩大,那些具有好战传统的全球权力中心,尤其是欧洲大陆和东北亚地区,不再出现大规模的战争。各国更乐于借助贸易、外交、联盟和模式化"峰会"等解决方式,并且逐渐确立了一种长期的共识行为模式。实力较弱的国家也拥有了外交渠道和发声机会。尽管国家间有各种不同的意见,但在一般性提议上总能达成共识。他们认为,第二次世界大战之后,美国凭借自身权力和智慧开创了新的世界格局,创造了制度体系、永久联盟、开放市场、普遍共识、广泛合作，以及一般性规范与原则。反过来，这一体系也发挥了作用。比起早期更为暴力血腥的强权政治，它从根本上促进了国际社会的转型。支持者们将战后的每一个重大成就都归功于这一体系：没有发生重大冲突，核扩散得到了有效控制，经济不断增长，贸易更加自由，预期寿命逐步提高，以及全球南方的贫困问题得到缓解。他们认为，要想维持这个世界的文明进程，将永远离不开 20 世纪 40 年代后期建立的这一体系，而美国力量在其中肩负着世界领导者的使命，无与伦比，且无可匹敌——虽然他们也不确定这种影响力是否仍然可能继续存在。

这一切都提出了一个问题：非自由的秩序（illiberal order）会是什么样子的？自由主义本身具有矛盾性和多面性，它仅从所谓的对立面中寻求统一。我们今天所讨论的自由主义在 20 世纪 30 年代到 50 年代发展成了"西方的构成性意识形态"（constitutive ideology of the West），特别是在与轴心国和苏联的斗争中，自由主义被确立为与它们相对立的意识形态。[17] 自由主义开始与民主和摆脱暴政、追求自由的理想建立联系。在美国权力和引导的支持下，新秩序致力于构建一个具有民主启蒙精神和商业互联特点的世界，一个开放、合作和规范的世界。它标志着世界成功摆脱了旧的殖民帝国、贸易集团和势力阶层，而正是这些旧世界的产物助长了极权主义（totalitarianism）和种族灭绝罪行（genocide）。

非自由秩序想必与上述相反：政治和经济上分裂和封闭、专制、不合作、践踏自由、肆意压迫、不尊重规则和制度规范。它将是一种压迫性的称霸统治（overlordship）。这种观点源于那些敌对的独裁国家，以俄罗斯为首，包括伊朗，以及像朝鲜这类的所谓"流氓国家",它们在邪恶的意识形态驱使下,企图重新修订世界秩序。在世界上的民主国家内部,非自由主义也正在以国内叛乱的形式发展,它们携手掀起了一场反启蒙运动(counter-enlightenment)。但除了对美国的世界领导地位的敌意之外,它们还有什么共同之处?一个统一的说法是将19世纪描述为自由秩序的历史对立面,自由主义者声称他们已经否定和拆除了那个旧世界。这里存在着一种难以界定的敌对状况,姑且称之为"地缘政治"(geopolitics)[18]。其支持者声称,新的自由秩序不仅取代了强权政治,而且改变了强权政治的运行模式。一些美国官员的说法为人们勾勒了新自由秩序所取代的所谓前自由秩序的轮廓。据1992年美国总统候选人比尔·克林顿所说:"那些典型强权政治的自私算计……不再适应新的时代。"或者用乔治·H. 布什(George H. Bush)总统在海湾战争中宣布采取军事行动的话来说,美国寻求的是"一个用法律而不是丛林法则来管理各国行为的世界"。听起来,旧世界最明显的特点就是划定势力范围、寻求帝国主义或建立经济保护主义集团。而自由秩序则强烈反对这种将世界划分为由大国自由支配的不同区域的划定势力范围(spheres of influence)的行为。美国国务卿希拉里·克林顿鼓励格鲁吉亚加入北约(NATO),承诺支持格鲁吉亚的领土完整,并谴责俄罗斯在原苏联领土上建立"特权利益区"(zone of privileged interests)的行为。她坚称:"美国不承认这种势力范围。"奥巴马则断言"帝国和势力范围的时代已经结束"。美国国务卿约翰·克里(John Kerry)对俄罗斯在克里米亚事件中的行为也提出了类似的批评:"如今已是21世纪,你不能还采用19世纪的方式。"从某种程度上来说,人们对于行为的合法性和可预期性的共识已发生了根本性的、系统性的改变,例如,这在战后反对领土吞并的规则上表现得非常明显。[19]

针对美国在过去 70 多年中一手打造的"自由主义国际秩序"(the liberal international order),吉迪恩·罗斯(Gideon Rose)尤为赞扬这种"团队合作"(team sport)模式:

> (美国的使命是)巩固、保护和扩大美国在第二次世界大战后建立的自由主义国际秩序。回顾两次世界大战期间的梦魇,不受监管的市场以及毫无章法的应对措施导致了经济灾难和极具侵略性的独裁统治。20 世纪 40 年代,为预防此类问题再次出现,西方政策制定者开始构建一个全球体系,并取得了出色的成果。他们综合国内、国际事务,构建起一个统一、全面、灵活的体系,这个体系的持久性和产生的利益远远超出了他们的预期。[20]

作为一种赞美的修辞,各种关于自由秩序的文献往往会采用夸大化的概括性话语,保护其讨论对象免受指责。对于伴随这一霸权体系而生的各种灾难,如反恐战争、在俄罗斯实行的自由市场"休克疗法"和全球金融危机等,都被巧妙地解释为是对旨在防止危险的冒险主义和不稳定的金融手段的自由主义主导秩序的背离。

为了维护和强化这一秩序,这些赞誉之词鼓吹美国要继续保持武装霸权。既然这个秩序是由美国创建和支持的安全体系,那么它就需要美国始终保持其军事优势、打击力量和全球影响力,[21]这也反映了"美国至上主义者"(primacists)之间的共识,即美国显然需要保持绝对的军事优势和影响力。在萨曼莎·鲍尔(Samantha Power)、弗朗西斯·福山(Francis Fukuy-ama)、罗伯特·卡根(Robert Kagan)、尼尔·弗格森(Niall Ferguson)、约翰·伊肯伯里和查尔斯·梅尔(Charles Maier)等人合著的一本具有代表性的文集中,作者一致认为,"美国应该成为国际体系的领导者",且都不建议大幅削减军费开支,也不允许美国的优势地位被削弱。[22]即使是一个以合作为基础的体系,似乎其最终也取决于那个具有超强杀伤力和破坏力的国家实力。这将是我们观察的一种角度,因为如果同其他所有的霸权国家一样,这个国家的权威也依赖于武力强制手段,并频繁付诸使用,那么这个秩序的独特性就会受到质疑。

如果用自由秩序假说来衡量美国的治国之道,那么我们该如何认识它?标准是什么?是否可量化?首先是遵守规律。美国将基于国际法和国际体系来履行自己的义务,不仅要在大部分时间履行这个承诺,最重要的是,即使在不情愿的情况下,即使它的利益会面临着多种可能,它也必须这么做。我们将期望看到美国自我解除自由贸易壁垒,即使这可能不符合美国保持经济优势的期望,但美国要能够始终如一地为外国工商业争取一个公平的竞争环境。我们也将期望美国以不情愿的、针对性的、谨慎的态度使用武力,尊重自由的人道主义准则和遵守武装冲突规则。我们将期望美国在对待盟友时,就像一个理想的典型霸权国家那样,主动承担账单而避免使用武力胁迫,将它们视为具有高度"自治力、协调力的独立体,不论实力大小,在法律上享受平等的(地位、主权、权利和国际义务)"。[23]总而言之,如果自由秩序具有划时代的历史意义,那么它应该不只成为方便美国的工具,还会带来某些不便之处。很多情况下,超级大国也要服从于自由主义的要求,而不能一意孤行。如果这一切听起来像是一种豪言壮志,那么事实确实如此。在很大程度上,这只是自由主义者为自己设立的一个考验。

## 除此之外,别忘了还有*:沉默、疏忽与破裂

对其狂热的支持者来说,自由秩序的初衷主要是为了满足当今的政治需要,同样,我们对它的评论也是基于此目的。谈自由秩序,实际上是对抗关于美国霸权在世界范围行动的一系列历史叙述,而这些历史叙述有意回避了一些明显的历史问题。

那些支持自由秩序的人十分虔诚,甚至极端,他们认为秩序是神圣的,任何异举都是亵渎。由此,他们编撰出了大段的历史。直到最近的一些侵略战争爆发之前,我们一直被告知,美国支持“开放的边境和开放的社会”,[24]建立这一秩序的美国人,他们“对统治世界并不感兴趣,而是更想缔造一个基于规则的世界”,[25]尽管后者建立在前者的基础之上。芝加哥全球事务委员会(Chicago Council on Global Affairs)主席、美国驻北约前大

---

* 此处原文借用了美国俚语“Other than that,Mrs. Lincoln...”,它最早出自讽刺政治专栏“波托马克热”(Potomac Fever)的作者弗莱彻·克内贝尔(Fletcher Knebel),他在 1957 年评论中写道:“在南北战争时期,电视采访的样子大概是:‘好吧,林肯夫人,除此之外,你觉得这部戏怎么样?’”(Well,aside from that,Mrs. Lincoln,what did you think of the play?)1865 年 4 月 14 日,美国总统亚伯拉罕·林肯携夫人在福特剧院观看喜剧《我们的美国堂兄》(Our American Cousin)时被暗杀。这个经典的“病态笑话”自 1957 年开始流行,至今仍在以各种变体的形式流传,用以讽刺人们对他人的抱怨或不幸报以轻描淡写的回应。——译者注

使伊沃·达尔德(Ivo Daalder)给出了一个非常典型的论断,充满历史细节:70年来,美国一直领导全球努力促进民主、人权和法治。[26]然而这一论断却没有提及,美国在践行其人道主义承诺方面,至少可以说,表现出了一种多变性。不妨让拉丁美洲人听听这个说法,应该会带来不同的启发。

这就是被讲述的历史,以激发一种使命感,正如国务卿希拉里·克林顿在2014年回忆的那样:

> 第二次世界大战之后,这个曾经修建了横贯大陆的铁路、工厂装配线和摩天大楼的国家将注意力转向建构全球合作的支柱。许多人担忧的第三次世界大战没有发生。数百万人民摆脱了贫穷,第一次拥有了人权。这些都是美国两党领导人多年来打造的全球体系架构所带来的好处。[27]

在这个温和版本的历史叙述中,过去的黑暗正逐渐隐退。只有两场战争在讲述中会被提及:一场是在20世纪中叶取得胜利的世界大战,它往往被看作一段历史的结束,而非过程;另一场世界大战却不是这样。至于其他那些同样在建立秩序的过程中至关重要的战争,则在讲述中被完全边缘化。历史重点强调的是合作领导与和平创造,却极少提及美国对别国的胁迫,对此几乎闭口不谈。从针对美洲原住民的种族灭绝,到冷战时期的残酷斗争,历史上曾发生过的、那些粗暴的强权政治,在美洲大陆乃至全世界,通通都被抹去了。也有一些可能发生的问题随着历史的进程逐渐消散了:大规模战争虽然仍旧一触即发,但核威慑的阴霾避免了其爆发;国际机构不断积累资本,确立并扩大了援助方案,客观上减轻了贫困;国际政治中仍旧存在激烈的竞争。美国的崛起，则被巧妙地节略为一项温和而具有积极意义的工程。

并非只有政客才会为历史洗白，那些功成名就的公共知识分子也视其为一种标准信条。对于特朗普的当选，外交历史学家杰里米·苏里（Jeremy Suri）同样也提到了美国曾经繁荣兴盛的历史，并指责特朗普"破坏了真正让美国伟大的自由主义国际秩序"，使世界陷入了大倒退。这个秩序包括"一个多边贸易体系和各联盟机构，我们建立这个体系不仅是为了服务于美国的利益，也能吸引一批追随者加入我们的理念"。他解释说，"欧洲的北大西洋公约组织以及亚洲和中东的区域联盟网络""遏制了有侵略性的国家，团结了可靠的盟友，并在适当的时候促进了民主改革"。而"其他机构"，如"欧洲复兴计划（即马歇尔计划）、关税及贸易总协定（现为世界贸易组织）、国际货币基金组织和世界银行"，则使美国能够领导战后资本主义体系，这提高了全球生活水平，苏联解体，中国的经济体系发生了转变。[28]

就如同希拉里·克林顿对美国的称颂一样，在苏里所讲述的历史中，那些血腥场面也离奇地消失了。其中对冷战的历史以及超级大国及其代理人如何遏制苏联的实际操作进行了委婉的改写。凝固汽油弹、猪湾事件＊和康特拉斯（Contras）游击队＊＊的历史也都淡出了背景。一切压迫都消失了。同样消失的

---

＊ 1961 年 4 月 17 日，在中央情报局协助下，逃亡美国的古巴人在古巴西南海岸猪湾（猪猡湾、科奇诺斯湾，Bahía de los Cochinos）向菲德尔·卡斯特罗领导的古巴革命政府发动的一次失败的入侵。猪湾事件标志着美国反古巴行动的第一个高峰。——译者注

＊＊ 康特拉斯（Contras）是冷战时期美国前总统里根手下的一支尼加拉瓜雇佣军，任务是保护美国扶植的傀儡总统安纳斯塔西奥·索摩查·德瓦伊莱的独裁统治。——译者注

述有 1965 年印度尼西亚苏哈托将军领导下的反共产主义清洗
行动,在美国中央情报局和美国大使馆工作人员的积极配合下,
这场大屠杀导致了约 100 万人的死亡。在谈到拉丁美洲时,同样
只字不提美国支持的敢死队和秃鹫计划(Operation Condor)*,
以及美国如何为当地的安全部队在酷刑、勒索技术方面提供了
长达 25 年的培训。毫不冤枉地说,美国通常将其他利益置于民
主改革之上。在这样的历史中,反恐战争中的各种罪行消失了,
比如特殊引渡和酷刑。那些不可靠的盟友也在一次又一次的行
动中消失了,从萨达姆·侯赛因(Saddam Hussein)到叶海亚·卡
恩(Yahya Kahn)将军、阿富汗"圣战者"(Afghan Mujahideen)、
本杰明·内塔尼亚胡(Benjamin Netanyahu)总理,再到穆罕默
德·本·萨勒曼·沙特(Mohammed Bin Salman al Saud)。在
这位杰出的美国外交历史学家所讲述的历史中,旧的秩序变成
了充满诱惑力的美好愿景。

　　在有关自由秩序的讨论中,存在着一个时间与历史记忆的
问题。这一秩序已维系的生命周期是"70 年",这个数字正巧呼
应最近的北约 70 周年纪念日,而且还与《圣经》的完全数**不谋
而合。从 1949 年至今,在"美国治下的和平"中建立坚不可摧的
联盟这一提议很有吸引力。这也增强了这一秩序的神圣性和稳
定性。通过强调这一点,特朗普的半路杀出就被描述为扰乱了

---

　　* 秃鹫计划(Operation Condor)是一项在南美洲搜集情报和暗杀对手的
　　　政治迫害行动。它于 1968 年开始,于 1975 年在南美洲南锥体的右翼
　　　独裁国家正式实施,成员国包括阿根廷、巴西、智利、乌拉圭、巴拉圭和
　　　玻利维亚。它的目的是反对共产主义与苏联的影响,并抑制成员国政
　　　府的反对派运动。——译者注
　** 在《圣经》中,数字 7 表示完整完美之意。——译者注

天堂,而他们正身处一个遭受巨大而痛苦的破坏的时代,就如同在一个信仰天主教的盎格鲁人心目中,英国在基督教为国教的时代一片宁静祥和,却由于圣坛被毁陷入了混乱。如今,美国外交政策建制派(foreign policy establishment)将全球伙伴关系和国际体系几乎奉为神谕。在这一套话语体系中,北约曾是"美国领导下的自由世界秩序的核心",[29]时不时就能看到为之欣喜若狂的表述。国防部前部长阿什·卡特(Ash Carter)将特朗普和普京举行联合新闻发布会这一事件比作如同"目睹一座教堂轰然坍塌"。[30]随着特朗普入主白宫,自由秩序的狂热支持者希望将火炬传递给其他盟友,扮演开明国际主义的名义领袖。在2019年慕尼黑安全会议上,达尔德称赞德国总理安格拉·默克尔为"自由世界的领袖",她关于团结一致维护基于规则的秩序的必要性的演讲值得"雷鸣般的掌声"。[31]美国前外交官尼古拉斯·伯恩斯(Nicholas Burns)教授则称,就在最近,由于北约"在历史上第一次"遭遇了"缺乏强有力的、有原则的美国总统领导"的危险,这一伙伴关系正面临着巨大挑战。[32]但事实是,从艾森豪威尔到奥巴马,大多数美国总统曾对北约盟国进行过强有力的批判和恫吓,不知道伯恩斯本人如何看待这一情况。[33]特朗普只是在继续给予北约实质性支持的同时,表达了对盟友的公开斥责,如果这就是伯恩斯认为的不同之处,那么这一秩序的基石的确脆弱。

尽管北约经常被视为一个建立在共同自由价值观基础上的道德共同体,[34]因而夸张地声称美国对北约盟国的胁迫是前所未有的,但事实上,自北约成立以来,等级森严的强迫和施压始终是跨大西洋关系的一部分。1954年,美国国务卿约翰·福斯特·杜勒斯(John Foster Dulles)威胁欧洲要对联盟关系进行

"令人感到痛苦的重新评估"（agonizing reappraisal）。1963年，
约翰·肯尼迪总统以放弃伙伴关系为威胁，迫使西德总理康拉
德·阿登纳（Konrad Adenauer）支持美国的货币政策，以抵消
由于美国在欧洲的军事部署所造成的国际收支赤字。[35] 1973年
4月，理查德·尼克松总统和他的国家安全顾问亨利·基辛格
叫停了与英国在情报以及核武器研制方面的合作，以惩罚英国
在美国发起的《原则宣言》（Declaration of Principles）以及英国
在双边讨论以及其与欧共体之间进行意见交换时的隐私问题上
的不合作态度。在英美之间的"特殊"关系中，铁腕施压的桥段
屡见不鲜。1982年，美国总统罗纳德·里根对包括英国公司在
内的多家外国公司实施制裁，以回应它们借道波兰、修建苏联天
然气管道的行为。彼时的英国首相玛格丽特·撒切尔对此的回
复是，"感到被一个朋友深深地伤害了"。[36] 后来，在阿富汗和伊
拉克战争中，尽管英国付出了鲜血的代价，且耗费了大量金钱，
以表达对于反恐战争的支持，并巩固其在华盛顿的地位，但奥巴
马总统仍然直言不讳地威胁称，英国若退出欧盟，将失去在寻求
双边自由贸易协定中的有利位置。同时，美国也多次以放弃合
作为威胁来说服包括西德、日本在内的盟友和客户取消它们的
核计划。[37]

　　跨大西洋国家间的共同责任很容易产生等级操控，事实证
明，北约的主要加盟国已经开始对其成员国提出了明确的交易
条件，警告称，如果不能作出足够的贡献，就会（也应该会）导致
北约解体。自称大西洋主义者的安妮·阿普尔鲍姆（Anne Ap-
plebaum）面对跨大西洋联盟的逐渐瓦解，对此感到十分痛心。
与此同时，特朗普又在逼迫其成员国大幅增加会费，并威胁否则
美国可能退出。阿普尔鲍姆认为，"安全防御组织"（security

and defence organizations)是"特殊而不可侵犯的",一旦离开这些组织,美国将"不再是欧亚大陆的一股力量"。同时,美国军方也将难以在中东或非洲投射军事力量,而这会让中国占据主导地位,贸易条款的制定权也会易手中国。安全组织是"美国军事力量的基础,也是美国财富和繁荣的基础"。[38]然而,就在4年前,阿普尔鲍姆还认为,奥巴马总统"确实有能力重启西方联盟",因为他手握王牌——美国贡献了北约四分之三的预算——以及掌握根本矛盾:如果这个西方同盟无意自保,那么美国随时可以离开。值得注意的是,当时俄罗斯已经占领了克里米亚,并与乌克兰处于交战状态,所以促使阿普尔鲍姆改变立场的可能并不是来自东方的威胁。相反,这种批判带来的混乱局面反映了美国建立的跨大西洋秩序正处于紧张局势,这一联盟被视为神圣的,或者用奥巴马的话来说,"永恒的",但同时又在用苛刻的条件胁迫其他成员国。有人可能会反驳,奥巴马和阿普尔鲍姆不像特朗普,他们是为了维护北约才这么明目张胆地进行威胁。然而,这些威胁若想要达到目的,就必须说到做到,不可能是虚张声势。阿普尔鲍姆曾督促白宫,可以采用遗弃威胁(threat of abandonment)手段,让欧洲听话,但当白宫真的这么做时,她却退缩了。[39]

我们还可以来看看两位著名的自由秩序倡导者,美国驻北约前大使伊沃·达尔德和布鲁金斯学会的罗伯特·卡根,在特朗普时代,他们极力捍卫北约的存续和德国在欧洲大西洋共同体的特殊地位。由于担心该集团的瓦解,卡根强调"民主联盟,这是美国领导下的自由世界秩序的基石",[40]而达尔德却认为,各同盟国需要的是坚定的信心,他们想听到的声音正如奥巴马在乌克兰危机之后所表示的,第五条款

（Article 5）*"是一个坚不可摧的承诺，是不可动摇的，也是永恒的"。[41]然而事实并非如此。2004年，当德国政府拒绝向伊拉克派兵，坚持对这场战争的一贯反对时，卡根和达尔德一起表达了对盟国不服从的谴责，这听起来即使不是特朗普式的做派，也肯定是十分强制性的态度。[42]他们称北约成员国为"盟友"的口吻让人不寒而栗。他们坚称，如果欧洲盟国不尽心尽力，北约不参与伊拉克战争，这会让美国人不得不质疑北约存在的价值："那么'联盟'这个概念还有什么意义……如果法国和德国打算对美国说'不'，那么未来的美国政府，包括约翰·克里政府，将不得不重新考虑联盟的价值。"当美国这个超级大国面临着美索不达米亚地区日益加剧的内乱和抵抗之际，这两位大西洋主义者并没有像今天那样将北约描述为美国领导的自由世界秩序的基石，值得美国永远维护。在反恐战争进入白热化的时候，他们曾写道——彼时小布什政府最初的信心已逐渐褪去，取而代之的是人们担心重塑大中东地区秩序这种雄心勃勃的计划耗费太大，而且很难实现——这种负担必须由国际社会来分担。美国霸权正面临越来越大的挑战，即便自由秩序的狂热者也能看出，秩序的紧密程度完全有赖于等级胁迫（hierarchical coercion）。特朗普随后又借同样的理由公开谴责欧盟，并坚称美国的承诺是有条件的，这其实只是风格上的变化，而实质始终如一。

尽管在欧洲，北约是遏制和反对苏联的中坚力量，但北约自身的历史就与独裁主义纠葛不清。几十年来，北约不乏包括葡萄牙和希腊在内的一些独裁政权。处于弗朗西斯科·佛朗哥将

---

* 《北大西洋公约》第五条款：各缔约国同意对于欧洲或北美之一个或数个缔约国之武装攻击，应视为对缔约国全体之攻击。——译者注

军(General Francisco Franco)专制统治下的西班牙,尽管北约
成员国的身份曾遭到美国政府的否决,但它仍通过《马德里条
约》(Pact of Madrid)＊和一项基地协议,以非正式的方式加入
跨大西洋防御体系。土耳其日益加强的独裁政权,使所谓在北
约建立自由民主俱乐部的提议变成了一个经久不衰的笑柄。至
于北约东扩,显然没有给波兰或匈牙利带来自由化。北约自己
的军事行动也并不总是促进了自由主义的发展。在利比亚,北
约空袭引发的国内革命给当地带来的是经济崩溃、议会对立、酷
刑泛滥,以及露天奴隶市场的兴起。在巴尔干半岛,北约对种族
灭绝的干预无意中引起了多国反对其暴行的呼声。2000 年,科
索沃独立国际委员会(Independent International Commission
on Kosovo)在科索沃战争之后成立,根据该委员会的报告,北约
的国际存在并未能阻止科索沃解放军(Kosovar Liberation
Army)的报复性种族清洗。[43]北约的建立背后有多方面的因素,
包括对苏维埃共产主义的反对、对自由主义价值观的认同,也有
欧洲对于廉价安全的渴望,以及美国对跨大西洋主导地位的野
心。然而,这些因素之间并不总是协调一致的。因此,认为过去
70 年的秩序是以自由主义原则为基础、以北约等机构为保障而
持续稳定的说法,是站不住脚的。仿佛在"自由秩序"这一概念
被发明之前,世界犹如一片异域之地,而各国各行其是。

　　如果我们看一下自由秩序的谱系关系,就会发现一个更难
解决的问题,那就是自由秩序在很大程度上是对一个历史时期

---

　　＊ 依据上下文,此处《马德里条约》(Pact of Madrid)所指实为弗朗西斯
　　　科·佛朗哥领导下的西班牙与美国于 1953 年 9 月 23 日所签署的一项
　　　协定。其中,美国承诺向西班牙提供经济和军事援助,反之,美国也被
　　　允许在西班牙领土上建造和使用多个空军和海军基地。——译者注

的追溯性构想,其目的在于对当下的斗争进行干预。尽管自由秩序的支持者将其视为战后美国治下的和平的这一概念,并认为这种秩序的价值是先验的、普世的,但作为一种信仰,它的起源却并没有那么久远。正如亚当·加芬克尔(Adam Garfinkle)警告的那样,对看似有威胁的事物进行事后命名是一种扭曲的诱惑,因为它会"夸大被命名事物的优点,并消除任何令人讨厌的不和谐因素"。[44]

乔舒亚·希夫林森(Joshua Shifrinson)[45] 使用"Google Ngram"制作了一张图表,展示"自由国际秩序"这一概念从1800年到2008年间的使用情况。从这张图可以看到,"自由国际秩序"这一词汇使用频率的提高与冷战后期密切相关,之后更是呈现出巨幅增长态势。基于该词语的其他变体的搜索也呈现出类似的模式,例如,当"自由秩序"一词的使用率明显上升,"基于规则的国际秩序"的使用率增长则更为迅猛(见图1.1)。

因此,"自由秩序"这一短语,以及作为一种对于背离者的控诉,其使用可以追溯到思想史上的两个历史时刻。第一次显著增长的出现,同对于美国衰落的焦虑和对多极化趋势感到担忧的时代几乎完全一致。事实上,"自由秩序"概念的主要倡导者罗伯特·基欧汉(Robert Keohane)和约瑟夫·奈(Joseph Nye)也曾针对"自由国际体系能否在美国霸权衰落后继续存在"这一话题展开辩论。

就在最近,还出现了针对小布什政府和反恐战争的批评之声,希望将"自由"这一概念重新定义为一种光荣的美国传统,改变其在政治保守主义者眼中的肮脏形象。由伊肯伯里牵头发起的针对布什总统的声讨,其矛头直指他在任时推行的狂妄单边主义、蔑视盟友、废除国际协定,以及采用非常规引渡手段和施

图 1.1 1800—2008 年"自由秩序"和"基于规则的国际秩序"词语的使用情况

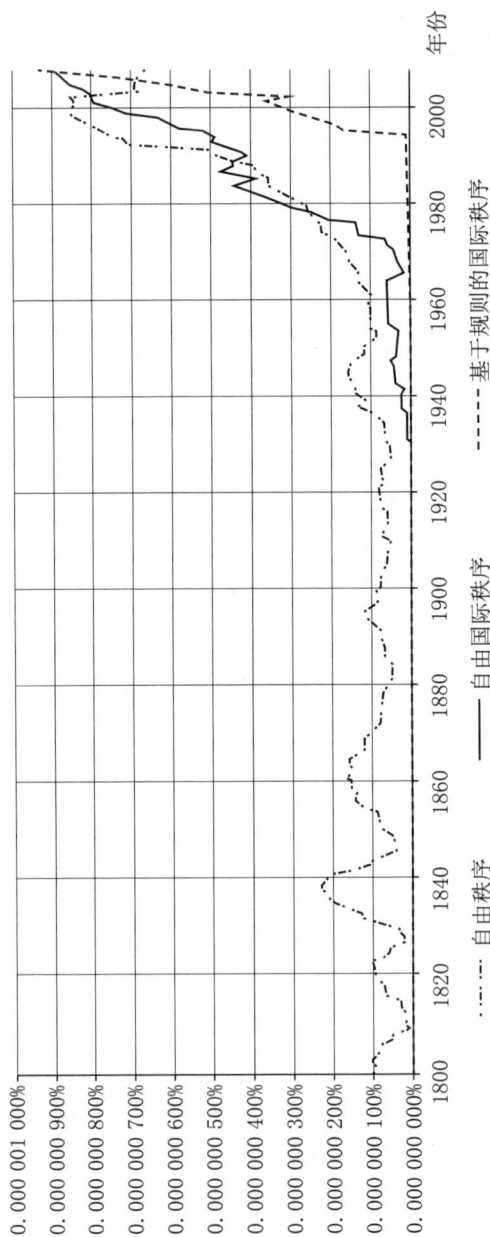

资料来源：该图由乔舒亚·希夫林森使用 Google Ngram Viewer 制作，经许可转载于此。

····· 自由秩序　　—— 自由国际秩序　　----- 基于规则的国际秩序

行酷刑等问题。所有这些批评家依据的就是自由主义和帝国主义秩序之间的显著差别。当时他们还认为,对于自由秩序而言,最大的干扰因素是反恐战争,而不是特朗普。但后来他们又自相矛盾地表示,是特朗普主义引发了前所未有的过失,而在此之前的 70 年间,这一秩序完整且紧密。

在记录冷战时期和冷战后"世界秩序"的文献中存在一个明显的不同之处。虽然这两个时期在讲到美国安全战略的时候,也都提到了美国对于"自由世界"的承诺以及认为美国具有独特使命的美国例外主义。但是,在论及其与苏联之间进行的长期安全竞赛时,对于美国领导的世界秩序的言论都带有明显的宗教色彩,而且强烈地表现出以敌人为中心。它们不仅明确提及了上帝、神圣意志、上天所赋予的历史使命等,还都指出了对手的危险和邪恶。其中大量使用的信仰语言,远远早于冷战专家罗纳德·里根(Ronald Reagan)总统后来讨好福音派右翼时所提出的。例如战后美国外交政策主要制定者之一迪安·艾奇逊(Dean Acheson),他的父亲是一名圣公会主教,而身为一位基督教徒的儿子,艾奇逊对美国所肩负的"责任"有着强烈的传教意识。他的两位国务卿接班人——约翰·福斯特·杜勒斯和迪安·腊斯克(Dean Rusk),也同样出生在牧师家庭。制定反苏遏制政策的"战略思想家"乔治·凯南(George Kennan)也在呼吁中谈及"精神活力"(spiritual vitality)这样的表述。美国冷战纲领性文件 NSC-68(美国《国家安全委员会第 68 号文件》)* 提出通过"精神反击力"(spiritual counterforce)来对抗共产主义

---

* NSC-68(美国《国家安全委员会第 68 号文件》)是美国策动全球冷战的纲领性文件,是遏制战略的最系统、最完整、最精确的表述。——译者注

的狂热信条。著名的美国国务卿约翰·福斯特·杜勒斯也曾使用宗教语言来宣传美国好战的反共产主义使命。冷战时期的独裁者,如参议员约瑟夫·麦卡锡(Joseph McCarthy)和联邦调查局局长 J. 埃德加·胡佛(J. Edgar Hoover)则把他们的行动装扮成爱国主义基督教反对共产主义无神论的事业。冷战时期的自由主义鹰派分子同样也借用这种托词。参议员约翰·肯尼迪(John F. Kennedy)在竞选总统时,讲到这是"一场上帝意志指引下的自由主义意识形态同残忍的无神论暴政之间的竞争"。[46]即便是亨利·卢斯(Henry Luce),也呼吁要开创一个美国的世纪,来实现人们现在歌颂的世界秩序,推动宗教复兴,取得冷战中的核心胜利。[47]无论是精神上的斗争,还是基督教文明与野蛮无神论之间的竞赛,这些措辞已达到过度的煽动性,同时也带来了巨大的力量。从语言和行动效果上看,它起到了很大的动员作用。而今天所讨论的话题,自由秩序这一概念或许过于抽象,难以产生这种振奋(或者说煽动)人心的效果。正如斯蒂芬·沃特海姆(Stephen Wertheim)警告的那样,"如果要在'美国优先'和'战后国际秩序'之间做出选择,选民会选他们理解和认同的、能唤起更美好未来的那个选项,那么,真的有人相信后者会胜出吗?"[48]

与充满流血、炮火、审判的时代相比,我们这个年代的颂词是高度世俗化的。国际政治在空荡的天空下肆虐。这并不是要谈论"自由秩序"信徒的个人神学。相反,我们注意到人们在公开谈及美国的全球使命时,明显收敛了虔诚的措辞。这种转变,在很大程度上,可能是由于美国安全部门的社会属性和行为方式正在发生变化,朝着更加多元化的方向发展,对这些机构来说,对美国治国方略进行宗教上的辩护是没有太大意义的,甚至最好不提。在建制派中，张扬虔诚的信徒不再像以往那样多了。现在已很难看到反苏遏制政策之父乔治·凯南膜拜的那种狭隘、虔诚的社会观念。他们确实有时把自由秩序定义为蒙昧主义宗教和血腥神话的对立面。有些文献在这方面也较为激进，把世界秩序描绘得机械而毫无血腥，淡化甚至否认积极的权力斗争。例如，负责东亚和安全事务的美国助理国务卿库尔特·坎贝尔（Kurt Campbell）就把美国在亚洲的主导地位比作一种"操作系统"[49]，关于上帝和斗争的语言被一种计算机隐喻所取代，使美国表现为一种权威的技术专家。这种形象之所以吸引人，是因为它把美国霸权自然化，想象出一个基于崇高理想的新世界，提倡共同价值观、和谐利益，充分体现了设计优势。谁会拒绝这样一个性能优良的操作系统呢？但是，又有谁会为它而战呢？

类似地，用一个相对温和低调的说法取代了激烈的精神层面的斗争，外交政策的制定者们实际上缺乏一个能够维持凝聚力和动力的来源——一个明确的强敌。虽然中国在物质上变得更加富裕和强大，但它并不能像苏联那样构成全面的意识形态挑战。在历史上，摩尼教（二元论）的世界观曾导致了严重的错误，例如长期否认共产主义世界内中苏分裂的可能性。不过，它也带来了一些好处，就是让人们认识到暴力斗争的现实，并证实了那些尴尬而不合时宜的联盟。这相当于使用非自由手段来达到最终的自由主义目标。在确保最终道德目标的情况下，美国可以在地缘政治中进行妥协。由于其拥有明确的对手，以及反共产主义者的共性，这保证了一定程度上地缘政治的一致性。随着这一对手的倒下以及单一霸权全球斗争的结束，自由秩序支持者就很难合理把握手段和目的之间的关系。冷战分子会联合自己的同胞来抵制对手,并把非自由主义行为美化为一种必要的、不太邪恶的行为,并相信这最终能够给独裁主义附庸国带来巨大变革。[50]在 1948 年意大利民主选举中,美国中央情报局通过各种手段在选举中打败共产党,包括资助反共政党、伪造文件诋毁共产党,以及警告那些公开支持共产党的意大利人——他们将被禁止进入美国。反共主义成了一种宗教性的追逐,而种种行径逐渐违背了一直以来被赞美的自由秩序。为了所谓长期的自由主义事业,美国于是行使了自己的特权。如果像特朗普的批评者现在指出的那样,通过虚假新闻、贿赂和胁迫的方式蓄意颠覆外国民主选举的行为代表自由世界秩序的对立面,是对这一秩序的破坏,那么美国从一开始就在如此破坏这一秩序了。美国通过其实际行动默认了,崇高目标的实现意味着非自由的手段,这一逻辑支持它同各种非自由主义势力(如教皇)达成联盟。

类似这种"手段—目标"(means-ends)的理论,促成了更多具有讽刺意味的联盟。与自由秩序的神话历史形成尴尬对比的是,美国在战后与满怀中世纪怀旧情结的宗教武装分子合作由来已久,从德怀特·艾森豪威尔总统欢迎穆斯林兄弟会的组织者赛义德·拉马丹(Said Ramadan)进入美国总统办公室,到布热津斯基(Brzezinski)为遏制苏联而提出的从非洲东北部到中亚的"伊斯兰危机弧形带",以及美国在阿富汗、波斯尼亚(波黑)资助针对俄罗斯附属国的"圣战",还有美国曾对叙利亚伊斯兰民兵提供的部分支援。[51]至少在前述合作中,美国清楚地知道自己在支持什么。在这里,并非要评价这些决策是明智还是愚蠢,但它们确实表明,在与各种邪恶作斗争的时候,仅凭一种冷酷无情的心态,即便目标笃定,最后都会变得一团混乱。

　　自由秩序的赞颂者,站在他们的立场上,也意识到了他们所推进的全球格局存在着历史性和概念性的难题。他们中的许多人曾在政府任职,深知即使最简单的事情也很难完成。他们承认,在美国领导的秩序机制的周围,还隐藏着其他秩序机制。他们承认,他们犯了一些狂妄自大的错误,诸如自由战争或市场原教旨主义(market fundamentalism),它们在某种程度上与秩序并无因果关系,尽管当时的决策者将它们视为维护世界秩序、践行自由主义使命的核心。[52]他们也承认,这个自由主义秩序下的世界也有它的不完美,也会犯错误,比如联合国的能力和霸权的号令也是有限的,还发生过像猪湾事件和越南战争这样的"差错"。

　　然而,一旦这些问题浮出水面,他们就会立即将其同秩序的本质区别开来。即便是最为热烈的歌颂者也并不否认历史的消极面。相反,他们会将之划清界限,就如同辩护律师把诉状中不需要的内容删除掉。黑暗行径被视作自由秩序的异常现象,而非自由秩序的特征或病理。自由秩序原本被称为世界的、历史性的变革,但当问题出现时,这一秩序突然被描述为充满局限和束缚,而在这一秩序下发生的错误并不能与秩序联系起来,也和其划时代的野心无关。发生在西方世界以外的事情突然变得无足轻重,因为这一秩序是发生在西方世界内部的,尽管此前自由秩序的支持者们还声称要成为全球领导者、强调全球军事影响力、提出要监视中东、强调人道主义努力和西方以外的军事打击的重要性。清一清嗓子,精彩故事继续不受影响地上演。那些不适合讲述的大部分战后历史很快就被另作处理,但还是会不断干扰着历史的重述。约翰·伊肯伯里声称,为了保持欧洲、亚洲和中东地区贸易和外交的开放,帝国主义已不合时宜,"除了一些重要的、破坏性的例外,如越南战争,美国已经接受了后帝国主义原则(post-imperial principles)"[53]。面对这场讨论,除了这些问题之外,不要忘了还有更核心的问题。越南战争是美国战后最激烈、最持久的海外行动之一,这场战争旨在维护一个跨越海洋和大陆的体系。我们将会看到,这场行为没有被看作一次秩序之外的非典型过错,一次偶然的、帝国主义性质出界行为,而被视作一种为了维护世界秩序的真诚努力,恰恰是为了维系这一世界,而且是一次由自由主义和帝国主义冲动共同驱动的计划,同时也反映了两者之间存在的紧张关系。

在文献中经常能看到一些片面的描述,仅仅强调秩序是一项崇高的事业。约瑟夫·奈在讨论世界秩序的时候一直保持着冷静的态度,他认为:

> 有关秩序的神话可能被夸大了。虽然美国表现出对民主和开放的整体偏好,但它又一直在支持独裁者,时常做出见利忘义的利己主义举动。在最初的几十年里,战后体系在很大程度上仅限于以大西洋沿岸为中心的一群志同道合的国家,其中并不包括许多大国,比如中国、印度和苏联,而且它对非成员国并不总是带来良性影响。在全球军事方面,美国未能成为霸主,是因为苏联平衡了美国的力量。即使美国在权力巅峰的时候,也无法挽回"失去中国",阻止不了德国和柏林的分裂、朝鲜半岛的平局、苏联在阵营内部平叛暴乱、古巴建立发展共产主义政权,以及越南战争的失败。尽管如此,在过去的70年里,该秩序在维护世界安全稳定的进程中取得了显著成就。这些成就使人们心中形成

了一个强烈共识,即捍卫、深化和扩展这一体系一直都是而且今后也是美国外交政策的中心任务。[54]

值得称赞的是,约瑟夫·奈承认,违背历史的美化演绎存在很大的风险。与此同时,那些有关自由秩序的神话历史却非常有生命力。非自由主义的行动和"见利忘义、自私自利的行径"(即使是在他所称的"基于规则的系统"中)都不是秩序本身的错误,更与秩序无关,因此不会影响人们对秩序的整体评价。这就完全可以得出结论,约瑟夫·奈的警告并不一定有效。正如他所言,美国霸权并不是一个长达70年的权力"体系",而是在近些年才发展起来的。1945年以来的世界秩序,在一定程度上,可以定义为美国攫取世界主导地位的过程,其范围仅局限于一些民主国家和资本主义的边缘地带,它甚至无法战胜信心坚定的小国对手,发号施令也受到阵营外部大国的限制。这些却让约瑟夫·奈得出了一个反向的推论,即在这个世界重返多极竞争的时代,外部限制和对手强烈抵抗的种种现象都证明了进一步扩大霸权的必要性。而且,在他那些几乎没有引起太多注意的委婉说法中(如"朝鲜半岛平局""对非成员国并不总是带来良性影响")背后,实际上是一个充斥战争和反革命镇压的世界。

罗伯特·卡根对此提供了一个重要的、截然不同的观点,作为这类观点的变体,或可成为讨论这些问题的一个切入点。他在文献中罕见地承认:

> 特别是在使用武力方面,存在着双重标准。美国官员相信,不管他们承认与否,或者自己是否意识到,基于规则

的秩序允许美国在一定情况下可以违反规则来行使权力，这意味着美国可以在没有联合国授权的情况下进行军事干预，比如在越南和科索沃，也可以从事秘密活动而免受国际制裁。[55]

事实正是如此。但承认这一点实际上意味着，卡根承认，通过保留行使非自由主义手段的特权，霸权有时是帝国主义性质的。这指出了霸权阵营内部存在一个还没有引起人们充分讨论的分歧：虽然一些人认为秩序在手段和目的上要坚持规范性，但也有一些人意识到世界充满冲突，因此为非常规手段辩护以获得更大的利益。

战争本身——作为一个血腥和非自由的过程——已经从对于自由主义愿景的描绘中淡出。尽管以上论点承认美国的霸权主义军事力量及其盟友的广泛存在是其秩序的基础，但它们大多回避了霸权在历史上实际实施过的暴力行为。核武器被视为这一秩序的基础，但直到1945年击败日本帝国的实际使用中，核武器展现了其强烈的破坏性、灭绝性、革命性力量，拥有核武器才在某种意义上被视为首次建立核威慑的必要条件。大规模战争的避免也被主要归功于美国领导下的世界秩序，但被忽略的另一方面事实是，美国也受制于对手的核武库而不能肆意对其他国家发号施令。实际上，核威慑的约束作用正是源于美国未能真正实现核不扩散。

这些赞赏自由主义愿景的人们也很少关心美国如何获得对外投送军事力量的平台。事实上，这一秩序的维系正是依赖其军事力量的全球存在。这一体系中的很大一部分无疑是通过帝国主义手段创造出来的。在这些用于加强基于规则的自由秩序的全球军事力量结构中,存在一个尴尬的事实,即那些部署着防御设施的群岛基本是通过殖民掠夺而建立的。[56]从查戈斯群岛到关岛,以及其他被吞并的领土,如波多黎各、美属维尔京群岛、北马里亚纳群岛和美属萨摩亚,为使用这些领土,他们驱逐或者胁迫当地的岛民,这些地方的土著人至今仍然没有公民权。对于唯一敢挑战美军在冲绳驻军的日本首相鸠山由纪夫(Yukio Hatoyama),奥巴马政府以无情的沉默孤立了他。[57]同样,1965年,在伦敦迫使毛里求斯出售其在迪戈加西亚岛(Diego Garcia)的领土以免于被英国殖民之后,英国驱逐了2 000名查戈斯人,为美国在当地建立空军基地铺平了道路。英国无视联合国大会提出的非约束性动议和国际法院的参考意见(即认为剥夺该领土是错误的)[58],仍继续强占该领土。美国也不断通过在马绍尔群岛、比基尼环礁等太平洋试验场开展辐射性试验以提升其核能力。自由秩序本应消除土地掠夺的做法,然而,这种领土兼并也是建立武装霸权制度的先决步骤。这也很尴尬,因为这些维护自由主义秩序的国家却坚持要求新兴大国停止在土地方面的殖民行为。

战争的黑暗面是叙事的边缘部分,比如很少提及的无人机,以及最新研制的超越法律管辖的暗杀武器。无人机打击的威力也鲜为人知,一位军事指挥官称,无人机是一种可以在全球范围内"实现工业级规模反恐猎杀的武器"。[59]从其打击意图、暴力程度和辐射范围来看,这种武器一定是自由秩序不可分割的一部分。随着对抗技术的出现,以及人们对于清除恐怖主义威胁的过程中避免人员伤亡或人质危机的愿望,无人机打击已经成为镇压及应对边境混乱的主要手段。然而,无论是在对被视为最后一个自由主义秩序缔造者的奥巴马政府进行评估时,还是在对特朗普执政时期的国际秩序评价中,正在被大量实施的不被法律管辖的暗杀行动都没有被提及。对于联盟内部在多次峰会上出现的不和谐现象,各类报道不惜笔墨,但它们暗地里实施的暴力行为却不见经传。如果查阅一下那些对自由秩序进行长期评估的报告,如兰德(RAND)研究报告、阿斯彭政策(the Aspen Policy)研究报告、新美国安全中心(CNAS)报告,其中没有任何关于"无人机""暗杀""杀戮"的字眼,顶多只是表达对于这种技术正在被危险的对手所掌握的焦虑。在这种沉默中,美国记者、军事历史学家马克斯·布特显得与众不同,他认为,这种权衡一点也不困难,为了捍卫世界主义启蒙运动的崇高价值,可以以英国西北边境和美国边境战争为范例,定期使用武力进行和平镇压。[60]这至少是一个明确的观点。

对于战争与黑暗的疏漏,不仅仅是由于对残酷血腥细节的厌恶,更是对自由主义秩序内部矛盾的反感。同样令人质疑的还有对自由秩序理念的赞美与维护。在战后初期,对于主权国家来说,安全至上是决定性原则,至少在纸面上是这样。不干涉(non-intervention)原则是《联合国宪章》的核心内容,且联合国大会已多次重申和阐明了这一原则。然而,最近的一些学说则对这一原则进行了扩大或推翻,并在一些场合鼓吹颠覆国家主权。有些联盟国家在没有得到联合国授权的情况下,以人道主义解放的名义,擅自宣布剥夺一个涉事国家的主权。一些自由秩序的倡导者提出重新实施里根时代特别针对敌对政权的方案,为各选举机构、政党、立法机关、独立媒体和工会提供资金支持。[61]事实上,自由秩序的实现方案包括两种,或是革命实现民主扩张,或是通过建立维护主权国家安全的全球治理体系,以期在较长的一段时间内使敌对势力发生民主演变。

在这个过程中,权力和思想的因果关系和相对权重并不总是明确的。即便是在自由秩序的赞誉中,思想、制度和物质条件之间的确切关系也在不同的文章中不断变化,甚至有时在论点中也有区别。有时,这些文献强调"建立秩序的一套理念和规则"具有重要的价值,认为这些因素是创造持久且有吸引力的秩序方面具有决定性力量,独立于物质力量分配之外,也无关美国在核武器等其他形式力量上占据的优势。还有些时候,秩序的理念和规则又被视为必须以霸权的物质力量为基础,并通过制度给予他国以理性激励从而发号施令。自由秩序的支持者已事先假定了结论,而且对他们本应予以证实的东西非常笃断,此时,制度和规范的力量一再被肯定,但却没有得到证明。正如一位批评人士所质问的:"当美国的实力优势足以使任何一个国家或可能的联盟都很难在可见的将来能够与之相匹敌时,或者,当核武器革命能够让世界上的主要大国都可以在美国霸权下仍有足够力量保证自身享有安全时,制度和规范对于维系和平真的是必要吗?"[62]自由秩序也没有清晰的边界。相反,关于自由秩序的世界范围有很多版本,区域相互重叠,不断变化,有些时候只局限于欧洲—大西洋、大洋洲和东北亚地区,还有些时候则声称已经把俄罗斯和中国纳入全球治理——以建立一个统一的"全球体系"(global system)——以及全球范围内的市场经济。中东地区则很少介入,除非这一地区威胁到美国的信誉和声名,作为美国的代理人,这一动荡地区的非自由主义威权政体也只是偶尔才会被搬上舞台。令人困惑的是,在美国的秩序运行轨道中,以残忍著称的沙特集团犯下的那些罪行,包括监禁折磨女权主义者、在也门进行无差别的轰炸等,却从未遭到任何控诉。相反,我们真正需要担心的是,这些海湾国家是否意识到美国是一个靠不住的赞助人。很明显的是,以重塑世界秩序为目标的反恐战争占据了美国 70 年辉煌岁月的近 20 年,消耗了美国用以维持国家安全的大量时间和精力,却要么基本不被自由秩序的拥护者提及,要么被视为某种游离于自由主义秩序之外的事物。

所有这些矛盾,在一定程度上是由于不同理论取向的理论家都顶着同一个自由主义秩序的帽子讲话。不过,这也是一味赞誉自由秩序的问题。作为颂词,基本都是给予肯定、庆祝和告诫,缺少严谨的推理逻辑,也无须分清各原因之间的来龙去脉和不同权重。从根本上说,这是政治性的。自由秩序要树立合法性和良好信誉,同时转移批评和指责。这些自由秩序的拥护者进行写作也不是为了使他们尊崇的对象可以被证伪。即便是在兰德公司的分析报告中,他们也会把自由秩序的各种麻烦解释为这一秩序的无为:

> 在那些自由秩序处于信誉边缘的地区,这一秩序正面临最危险的境地。数据表明,在涉及自由干涉主义、欧盟机构管辖范围以及全球贸易一体化进程等方面,过度强调这一秩序的自由性可能会造成不稳定的后果。[63]

当自由秩序面临来自其核心地区周边(有时也包括内部)的失败时,那些华丽的辞令就不再灵验了,因为自由主义的使命可能会事与愿违,纵然其雄心勃勃也不得不收敛。因此,大多数文献也都不纠缠这些问题,而是更愿意把注意力放在如何对付邪恶的间谍、外部的野蛮势力和内部的第五纵队即叛徒(fifth columnists)问题上。

人们意识到，无论是由于美国在国际上的优势地位发生了相对的权力转移，还是由于美国国内偏离了"良性霸权"的传统共识，这个世界对于那些改造世界的远景建构正变得越来越不友好，这导致自由秩序内部也在争论，自由秩序在当下发生深刻变革之后是否还会继续存在。在对自由秩序的过去、现在和未来的描述中，人们对其能否存续的判断各不相同。一些人认为它很持久，尽管全球性的不安正在加剧，但仍可以通过改革重获新生。有一些人则在特朗普执政时期表现得异常恐惧，并为自由主义秩序写下讣告，对即将发生的事情发出警告；还有一些人对于自由主义秩序的未来则持有更加开放的态度；另有一些人认为，随着超级大国放弃其"全球领导地位"，其他民主资本主义国家将会承担起这一责任，从而恢复秩序。当美国陷入了黑暗的非自由野蛮主义的（illiberal barbarism）特朗普时代，德国作为进步的中等大国力量领袖，有望成为自由主义秩序的下一位领导者，或者至少可以扮演自由主义之火的守护者角色。德国的社会民主程度似乎也足以采纳该计划，而且其相对规模也足够大。德国政府也和欧盟的主要官员一样，呼唤基于规则的自由主义秩序理想。迄今为止，纵然违反规则的现实政治（Realpolitik）有可能影响德国和欧盟内部主流国家的做法，这也无法阻挡这种寻找自由主义霸权替代者的努力。

## 潜在的主宰者：自由秩序的非自由主义

矛盾的是，自由主义秩序其实内含有一种非自由主义倾向。

这并非因为它的缔造者要暗中谋划、违背自己的初衷，相反，因为自由主义的扩张就是一项旨在消灭竞争对手的传教计划。美国自建国以来，在寻求自由解放的同时也在谋求霸权。乔治·华盛顿领导了反抗大英帝国殖民统治的抗争，并建立了宪政共和国。但他本人始终蓄养奴隶，支持对原住民的剥削。

正如已经阐明的那样，自由主义秩序的维系需要美国始终处于主导地位，且在实际上有权自由行事。便如 2006 年发布的普林斯顿计划（Princeton Project）所言，美国的目标应当是通过促使外国政府达到 PAR 标准——受民众欢迎的（popular）、负责任的（accountable）和尊重人权的（rights-regarding）——以保障美国自身的安全。由于传统机构越来越难以达成这一目标，美国深感受挫之余，普林斯顿计划主张放松秩序建设中的约束性：终止联合国安理会在危急时刻对于采取"直接行动"决议的否决权，并承担起保护国际社会的责任。[64]

当一位仁慈的领导者奉行自由主义路线改造世界的愿景遭遇阻力时，其对异见人士的回应就很能说明问题。自由秩序一旦遭到否定，相关的各种论点和理论框架就会显示出其不自由的一面。那些更为强大的自由秩序捍卫者根本不理解为什么会有异议或反抗。他们认为自己的事业当然是正确的，而那些异见者不仅大错特错，而且头脑混乱、道德沦丧。对自由秩序的反抗本身就是"一种需要诊疗的病态，而非什么值得争论的观点"。[65]他们坚持："如果你不认同联盟和自由贸易的价值，你就是一个原始人。"[66]有人告诫说，应该把那些反对移民、"故步自封"（stagnant pool）的人赶出去，[67]那些在美国资本主义演变过程中被异化的人，在财富和奢靡的引诱下，变得忘恩负义、颓废不堪，他们"被宠坏了"。[68]另一些人则把这些固执的选民贬低为

"一群可悲的家伙"(a basket of deplorables)[69]、"刚愎自用的小英格兰佬"(introverted little Englanders)[70],以及不久就会"入土"的"愤怒的老东西"(angry old men)。[71]最糟糕的是,这种言论透露着一股阶级主义者对城乡之交地区的蔑视。美国驻俄罗斯前大使迈克尔·麦克福尔(Michael McFaul)说,自由主义秩序的克星、俄罗斯总统普京拥护那些与自由秩序"相对立"的"民粹主义、民族主义和保守思想"(populist, nationalist, conservative ideas),因此驱逐了一些帮助建立和捍卫美国势力的保守民族主义者。[72]在自由秩序的拥护者中,也有一些直言不讳的人士,但他们缺乏严格自我反省的态度,反而为民主反抗浪潮开脱,将数百万人斥为被邪恶的外国势力所操纵的落后的地方种族主义者。代表传统秩序的国际机构,如国际货币基金组织,庆幸自己是"房间里的成年人"(the adults in the room),这种古老的蔑称无非强调自己的权威和正统,表明反对幼稚的异议。[73]这就引出一个问题:"成年人"是如何让事情发展到这种糟糕的境地的?这些时而怜悯、时而毫不宽容的举动反映了自由主义意识形态的中心倾向,若它确有吸引力,但一旦面临抵抗或批评,它又倾向于采取强制措施。任何形式的自由主义都应该重视开放性、多元性和易误性。一旦它拥有了超级大国的加持,就很容易发展成一种善妒、狂热而又偏执的教条,最终导向其不自由的一面。[74]

其他倡导自由秩序的拥护者则给予了更多善意的同情。他们也认为,问题的根源并非来自秩序运作的基本机制,人们之所以反抗自由主义,要么是因为他们被误导了,要么是因为他们缺少理性思考。这些拥护者担心,自由秩序正在受到侵蚀,这不是因为期望持续保持霸权地位的雄心本身有什么问题,而是因为这种地位还没有进行适当的尝试,因而自由主义秩序需要发挥更大的作用,以免怀揣异端思想的精英或心怀不满的乌合大众被不良的思想或坏的信仰所束缚。又或者,只是因为那些秩序管理者们不善于宣传推广,致使自由主义的宣传效果不太理想。自由秩序或许需要更新内涵,或者进行"重启"(reboot)、"升级"(updating)、"改造"(renovation),甚至展开"紧急情况下的对话"(new and urgent conversations)[75],它的捍卫者应该"找到新的途径,向那些感觉被秩序忽视的人阐明他们的目标"。[76]"感觉"这个词具有一定的暗示性,这些人遭到疏离并不是因为他们真的被落下了,在自由秩序的捍卫者看来,这是一种主观性的错误,是错误意识的产物,与客观的社会事实并无联系。他们赞扬新的项目赢得了人们的支持,但这些项目只是为了"保护和适应自由秩序,而不是去破坏它"。[77]外部的问题可归因于外源性的魔鬼,这些邪恶的国家,如俄罗斯或伊朗,其敌意的根源是与该秩序无关的力量。[78]其他"美国至上主义者"(Primacists)发现,国内政治才是该秩序最大的威胁,旧秩序要想存活下去,就必须与美国工人阶级达成新的经济和解,而且必须不侵犯秩序的基本原则。然而,要想达成这样的和解,就需要对目前国外正盛行的经济秩序进行一些修正。[79]如果需要对秩序进行一些变动来缓解目前的困难,那么说明该秩序的基础仍然牢固。[80]在这种思维模式之下,可以得出一个明显的推论,即自由秩序在任何情况下都无可替代,它只会倒退到两次世界大战期间的孤立主义或绥靖主义,或者两者兼有。

美利坚共和国的缔造者们担心的是,永久的战争状态和海外帝国的建立可能会对共和国造成损害,但这并没有妨碍美国在北美大陆进行暴力的领土扩张,也没有妨碍其针对拉丁美洲邻国频繁采取帝国主义行为。然而,美国也担忧帝国主义可能威胁到共和国,也担心他们在海外输出自由主义的行为会危害到本土,这种顾虑始终是其内部围绕美国对外承诺的范围和性质产生争论的重要组成部分,特别是当其在超出其所宣称的门罗主义领土范围之外的地区作出承诺时。[81] 许多自由秩序相关文献都存在着一个主要缺陷,那就是它们几乎没有回应这个历史性问题。相反,自由秩序的支持者认为,美国可以(而且的确经常)按照自己的价值观和美德来教化世界;他们还认为,世界秩序倒退了,因此创造世界的计划实际上不仅没有阻挡美国的秩序重塑,反而作出了更大的贡献,几乎没有打乱其图景。事实上,的确,诉诸"自由秩序"的语言和比喻是一种转移自由主义和帝国主义之间存在的令人不安的问题的方式。然而,随着人们越来越难以忽视这种近乎永久的战争状态在国内造成的后果,这种偏离最终会以失败告终。

在对特朗普和自由主义时代终结的哀叹中,透露着一种令人不安的趋势。换言之,人们对世界霸权秩序的呼吁暗示了一种对全球君主的隐秘的非共和的渴望。反过来,这也伴随着一种不平静地对帝国及其陷阱的吸引(或排斥)。理查德·哈斯(Richard Haass)等人警告说,美国如果从其国际责任上"退位",结果将是灾难性的。"退位"(Abdicate)是君主下台的方式。并非偶然的是,哈斯也呼吁美国成为一个帝国,发挥类似于过去大英帝国的作用。[82] 如今还在谈论"自由的国际秩序"的比尔·克里斯托尔(Bill Kristol)也曾说过:"我们宁可表现得过分强势。如果人们想称我们为帝国主义强权,那也没问题。"[83] 所谓基于同意统治的自由霸权和基于命令统治的帝国之间的界限,已经崩塌。

与此类似,法国大西洋主义者和战争鹰派分子贝尔纳·亨利·莱维(Bernard Henri Lévy)也在哀叹美国所谓"退位",呼吁华盛顿重振其"自由使命"和"勇气",他在著书中使用了一个巧妙的标题《帝国与五位王者:美国的退位和世界的命运》(*The Empire and the Five Kings*:*America's Abdication and the Fate of the World*)(2019),其中显示出一种君主和帝国的审美色彩。旧政权的宏伟也吸引了布鲁斯·杰克逊(Bruce Jackson),他是美国北约委员会的创建者之一,并在 1995 年到 2000 年间担任主席一职。杰克逊支持北约扩张,抱怨美国从世界领导地位上的"退位",敦促德国发挥"执行相应外交行为"的作用。杰克逊表示,希望他的 18 世纪的波尔多庄园有一天能够成为某一国际条约的签署地。[84] 他说:"总有一天我们会在这里就某事签署一项条约……实际上,《理事会条约》(Treaty of Les Conseillians)听起来就很合适。"[85]

最具启发性的宣言之一来自伊沃·达尔德和詹姆斯·林赛(James Lindsay)。他们的著作标题《无主王位:美国放弃全球领导地位》(*The Empty Throne*:*America's Abdication of Global Leadership*),明确呼唤了一种帝王般的权威。此书的封面是一把摆放在谈判桌主座位置的空椅子——这是最具特朗普风格的世界形象。其潜在的假设非常明确,日益混乱、多极化的世界就如同一家公司,等待着一位首席执行官用纪律之手重塑秩序,指挥有方。君主主义和商业主义巧妙地结合在了一起。有同样想法的人还有哈斯和莱维,他们曾在 2003 年 5 月的《纽约时报》上鼓吹帝国,当时正值美国单极统治的巅峰,同时也标志着衰落的开始,对于美国成为"帝国"的猜疑和其帝国使命的同情曾一度在学术界流行,直到"自由秩序"这一相对温和的委婉说法取而代之。[86]像许多狂热分子一样,那些人推崇帝国,却没有仔细观察过帝国主义的进程。他们在2003年支持美国"帝国"的说法,其实与他们在2018年支持"自由秩序"的观点并没有太大区别。他们声称,从"实力"和"影响力"来看,美国是一个帝国,一个能够"以低廉的成本"保持可持续发展的帝国(这只是早期,直到作为"全球领导"的花费成为一个沉重的负担)。他们高度赞扬美国的卓越和雄厚的实力,提醒世人只有美国才有实力建造并维护得起12艘"巨型航空母舰",每艘航母上都配备有"比大多数国家的空军总量还要庞大的空军舰队"。他们敏锐地指出了帝国力量的规模,美军在中东地区"部署了一个肥沃新月"(grand crescent)的兵力,同时也在伊拉克拥有"绝对权威",使伊拉克处于稳定的"重建"状态(同样也是在早期)。在夸夸其谈地吹嘘超级大国的军事实力之后,这些帝国主义的支持者接着又提醒美国人,必须实行一种更为克制的帝国模式,即华盛顿通过设立多边机构、建立联盟、出台立法来约束自己的利益。简而言之,他们想两全其美:美国既要有帝国的威严,就像是在伊拉克拥有令人敬畏的军事力量和不受限制的权威;也要有合法性,包括司法的合法性、作为民主主权国家的合法性,以及凌驾于主权之上的国际法的合法性。

"帝国"这一概念吸引了无数学者著述,重新诠释了这个术语的复杂性,以至于让我们忽略了最核心的事实,[87]即帝国秩序借助于命令、征服的手段所建立,并通过行使统治实现再征服——不一定采用传统的吞并形式——以有意限制他国的主权独立、干预其国内政策。有帝国,就要有帝王,"王冠"会让很多人垂涎欲滴。帝国的基本特点就是强制性,统治者会对被统治者的国家内政实施干涉,采取的手段通常超出正常国际程序下的磋商和对话，包括使用暴力手段、操纵代理人、分而治之，以及利用不择手段的委托人。从历史上看，帝国往往低估人们的抵抗，从而引发一连串的起义和反抗。保守派知识分子乔纳·戈德堡（Jonah Goldberg）在他的书中提出，解放的梦想和统治的需求之间存在密切的联系。如今，他呼吁美国人维护自由秩序，反对倒退到原始的浪漫民族主义（romantic nationalism）。在2000年，一个更加乐观的时代，彼时美国的相对实力雄厚，于是戈德堡主张入侵整个非洲大陆，为其带去文明与启蒙。[88] 三年后，当华盛顿把目标对准伊拉克的老对手时，他改写了一句古老的口号来鼓吹毁灭性的战争："巴格达必遭毁灭。"（Baghdad Delenda Est）

自由秩序的支持者们有时也承认，如果问什么是有规则约束的秩序，实际上就是一个霸权国家行使的帝国主义权力和法治特权体系。这无疑是明确承认了秩序的帝国主义特质，尤其在反恐战争和重塑中东秩序进程初期，这种承认更为频繁，当时美国的权力不受约束这一点已经十分强烈。英国前首相托尼·布莱尔（Tony Blair）的前外交官和顾问罗伯特·库珀（Robert Cooper）认为，如果世界有一个文明的中心，其以法律为准绳，那么也存在一个野蛮的边缘，其适用"更原始时代的粗暴手段"。"我们之间遵守法律，但在进入'丛林'时，就必须使用'丛林法则'。"[89] 加拿大学者叶礼庭（Michael Ignatieff）曾是美帝国的倡导者，他承认，作为一个帝国主义强国"意味着强化世界既有秩序，且以美国利益为原则。这意味着制定美国想要的规则（包括从市场经济到大规模杀伤性武器在内的任何方面），同时美国可以不受其他与美国利益不一致的规则约束（如关于气候变化的《京都议定书》和国际刑事法庭）"。[90] 在反恐战争最激烈的时候，法学家建议布什政府利用类似逻辑来解释他们中止法治和《日内瓦公约》的合理性。[91]这种前后矛盾的行径可以被辩护，但也可以不必这么做。这些现象的反复出现就表明，自由主义的世界秩序是一个不可避免的妥协过程。这正是自由秩序假设的尴尬点所在，它本来是强调美国创造出的这一体系所具有的约束性和规范性功能，而非放任与专断。

在定义美国霸权时，为了区别于帝国，约翰·伊肯伯里采取了比较谨慎和特殊的描述，然而也绕不开最初的问题。他认为，美国已成为世界"第一公民"（first citizen）[92]。按照美国的方式，这一表述借鉴了罗马共和国时期的说法。它的词源很能说明问题，"第一公民"通常指"元首"（Princeps）或"元首政制"（principate），这个词是尤利亚·克劳狄王朝（Julio-Claudian dynasty）时期特别用来描述绝对权力的一种委婉说法。公元前31年，作为古罗马的最后一位军阀，屋大维（Octavian）凭借雄厚的兵力、庇护、财富和职权，弱化了当时众所周知的独裁制度，并使其合法化，他遵循共和制度传统的措辞，以安抚敏感的罗马民众。古典历史学家罗纳德·赛姆（Ronald Syme）指出：

为了确保恺撒政党的统治，巩固罗马内战的成果，维护和平统治，必须加强恺撒继承人至高无上的地位，使其得以延续。然而，这一切不能冠以独裁者或君主的"危险"之名。面对事实和理论之间的差距，各方都表现出一种心照不宣的沉默，因为显而易见，谈论这件事没有好处，只会带来危险。元首政制的秩序事实与概念形成对抗。[93]

因此，将这一秩序重新命名为骑士团，为皇权披上共和传统的外衣,同样是一种委婉的逃避。

也有一些时候,委婉语让位于对帝国关系的直白坦诚。地缘战略思想家、曾任吉米·卡特总统顾问的兹比格纽·布热津斯基从赛姆关于美国全球主导地位的观点中选择了更接近古代帝国野蛮时代的术语:"帝国地缘战略的三大要求是:防止诸侯勾结,保持安全依赖;确保诸侯顺从,提供安全保护;防止蛮族聚集团结。"[94]这一鲜明的言辞以不同方式阐述了自由秩序所看重的概念,美国的主导地位和安全保障是其盟友保持独立与和平的基础,美国利用自身的优势地位防止其他国家进行危险的效仿,也防止敌对势力的抱团集中。拥护自由秩序的马克斯·布特之前曾经呼吁"在巴格达建立美国领导的国际摄政体系",敦促美国继承大英帝国的衣钵。后来,他明确主张改用更委婉的说法,提出美国在维持其"惯例"的同时,应避免使用"帝国"一词来形容它的"历史包袱"。[95]布特强调了自由帝国的逻辑,无意中揭示了一个矛盾:"我们应该毫不犹豫地将我们的民主观念强加于人。"

2011 年 10 月 20 日,美国国务卿希拉里·克林顿在阿富汗喀布尔接受采访时,她的脑海中浮现出的是尤利乌斯·恺撒大帝吹嘘胜利时口无遮拦的夸耀之词,而不是屋大维式的委婉用语。突然得知卡扎菲上校死亡的消息后,希拉里·克林顿欣喜的回应就很能说明问题:"我们来了,我们看见,他死了(We came, we saw, he died)。"[96]那场导致卡扎菲被推翻的军事干预被狂热者视为北约在战略和道德上的胜利,"智慧力量的最佳体现","胜利","教科书式的(保护的责任[responsibility to protect])如预期般发挥了作用",是一种"模范干预"(model intervention)。[97]但考虑到随后发生的事情,8 年后的北约周年纪念大会决定不再庆祝这种"模范干预",甚至不应该再提及。实施自由秩序产生了暴力的后果。倒台的利比亚独裁者在他的家乡苏尔特被处决之前,曾遭人用刺刀侮辱,这时,具有法律约束力的司法法庭却消失了。绞刑架下的混乱酝酿着随之而来的革命动荡,政权更迭导致了国家的无序垮台。克林顿的必胜主义反应表明,高尚的世界秩序是多么容易屈服于帝国主义的狂妄自大。这位大获全胜的国务卿兴奋不已,高调庆祝铲除了一个劲敌,展示了霸权的力量,然而却留下了一片混乱。

在这些不同的版本中,自由秩序的表述都不免建立在一系列矛盾和疏忽之上。他们谴责恶毒的民族主义在我们这个时代死灰复燃。与此同时,他们却又推崇一种野心勃勃的美国民族主义和例外论。美国成为世界上唯一的"治安官"、规则的仲裁者,面临审视时,又通过豁免自己来保持优势地位。高尚的自由秩序与帝国的权力意志已经非常接近,且以后者为前提。或者,用罗马时期的说法,就如同外柔内刚的元首制和直白赤裸的独裁制,两种本应截然不同的统治模式,结果却变得如此相似。

所以,我们已经看到,对自由秩序的种种怀旧正在被两种矛盾的冲动所困,即追求自由解放和实现权力掌控。尽管他们声称,美国愿意在制度和规则下约束自己,这使得它的秩序与众不同,但他们也流露出对世界君主特权(有时是威严)的吸引力。如果从历史上看,自由秩序的愿景建立在一种矛盾之上——也就是说,帝国主义式的权力投射必然是一种非自由主义的行为——那么,正如珍妮·莫尔菲尔德所说,那些支持和捍卫自由秩序的人,往往会把目光投向他处,"可能是任何地方——除了这一矛盾所在"。[98] 现在是时候去看看这种矛盾了。

## 注 释

1. Christopher J. Fettweis, *The Pathologies of Power: Fear, Honour, Glory, and Hubris in US Foreign Policy* (Cambridge: Cambridge University Press, 2013), pp.184—226: p.185.

2. Ron Suskind, "Without a Doubt", *New York Times Magazine*, 17 October 2004.

3. Peter Beinart, *The Icarus Syndrome: A History of American Hubris* (New York: Harper Collins 2010), p.343.

4. David A. Graham, "The Wrong Side of the Right Side of History", *The Atlantic*, 21 December 2015.

5. Ivo H. Daalder and James M. Lindsay, "The Committee to Save the World Order", *Foreign Affairs* 97:6(2018), pp.72—84: p.72.

6. Hal Brands, *American Grand Strategy and the Liberal Order: Continuity, Change and Options for the Future* (Santa Monica, CA: RAND, 2016), pp.1, 2.

7. Jake Sullivan, "The World after Trump: How the System Can Endure", *Foreign Affairs* 97:2(March/April 2018), p.10.

8. John G. Ruggie, "International Regimes, Transactions, and Change: Embedded Liberalism in the Post-war Economic Order", *International Organization* 36, no.2(Spring 1982):380.

9. G. John Ikenberry, "Liberal Internationalism 3.0: America and the Dilemmas of Liberal World Order", *Perspectives on Politics* 7: 1 (2009), pp.71—87: p. 71; "The Plot against American Foreign Policy: Can the Liberal Order Survive?", *Foreign Affairs* 96:3(2017), pp.2—9: p.8.

10. G. John Ikenberry and Daniel Deudney, "Liberal World", *Foreign Affairs* 97:1(2018), pp.16—24: p.16.

11. Robert O. Keohane, "Twenty Years of Institutional Liberalism", *International Relations* 26:2(2012), pp.125—138, p.133.

12. Stewart Patrick, "What, Exactly, Are the Rules?" *Washington Quarterly* 39:1(2016), pp.7—27: p.9.

13. Andrew Moravcsik, "Taking Preferences Seriously: A Liberal Theory of International Politics", *International Organisation* 51: 4 (1997), pp.513—553.

14. Joseph S. Nye Jr, "Will the Liberal Order Survive?" *Foreign Affairs* 96:1(2017), pp.10—16: p.16.

15. James Rogers(Director, Global Britain Programme, Henry Jackson Society), Written Evidence, 23 February 2018, House of Lords, Select Committee on International Relations, *UK Foreign Policy in a Shifting World*, 5th Report of Session 2017—19(18 December 2018), HL Paper 250.

16. David Lake, "Dominance and Subordination in World Politics", in G. John Ikenberry, ed., *Power, Order and Change in World Politics*(Cambridge: Cambridge University Press, 2014), pp.61—83; Josef Joffe, "Is it Really RIP for the LIO?" *The American Interest*, 6 February 2019.

17. Duncan Bell, "What is Liberalism?" *Political Theory* 42:6(2014), pp.682—715: p.703.

18. G. John Ikenberry, "The Illusion of Geopolitics: The Enduring Power of the Liberal Order", *Foreign Affairs* 93:3(2014), pp.80—90.

19. "The 1992 Campaign: Excerpts from a Speech by Clinton on US Role", *New York Times*, 2 October 1992; Presidential Papers, George H. W. Bush, Address to the Nation Announcing Military Action in the Persian Gulf, 16 January 1991(Washington, DC, 1992), p.44; Fred Weir, "Hillary Clinton Slams Russia Over Georgia", *Christian Science Monitor*, 6 July 2010; "Obama and Merkel Warn of Tougher Sanctions against Russia over Ukraine", *Guardian*, 5 June 2014; Will Dunham, "Kerry Condemns Russia's 'Incredible Act of Aggression' in Ukraine", *Reuters*, 2 March 2014.

20. Gideon Rose, "What Obama Gets Right: Keep Calm and Carry the Liberal Order On", *Foreign Affairs* 94:5(2015), pp.2—12.

21. David E. Sanger, "With the Generals Gone, Trump's America First Could Fully Emerge", *New York Times*, 21 December 2018.

22. Melvyn P. Leffler and Jeffrey W. Legro, eds., *To Lead the World: American Strategy After the Bush Doctrine*(New York: Oxford University Press, 2008), p.252.

23. Paul Schroeder,转引自 Walter Scheidel, "Republics between Hegemony and Empire: How Ancient City-States Built Empires and the USA Doesn't (Anymore)", Princeton/Stanford Working Papers in Classics, February 2006, p.4。

24. Ulrich Speck, "The Crisis of Liberal Order", *The American Interest*, 12 September 2016.

25. G. John Ikenberry, "Illusions of Empire: Defining the New American Order", *New York Times*, 16 March 2004.

26. Ivo H. Daalder，"America Shrugs While Democracy Around the World Retreats"，*Chicago Tribune*，14 February 2019.

27. 转引自 Amitav Acharya，*The End of American World Order*（Cambridge：Polity，2014），p.40。

28. Jeremy Suri，"How Trump's Executive Orders Could Set America Back 70 Years"，*The Atlantic*，27 January 2017.

29. Editorial Board，"Why NATO Matters"，*New York Times*，8 July 2018.

30. 转引自 Jake Sherman，Anna Palmer and Daniel Lippman，"POLITICO Playbook：GOP to the World：What Would You Like Us to Do?" *Politico*，17 July 2018。

31. Ivo H. Daalder，Tweet，16 February 2019，at https://twitter.com/IvoHDaalder/status/1096708797366747136.

32. Nicholas Burns and Douglas Lute，Press Release，"New Report Focuses on NATO at Seventy：An Alliance in Crisis"，Belfer Centre for Science and International Affairs，14 February 2019.

33. 正如托尼·伍德（Tony Wood）所言，"抛开修辞上的分歧不谈，历届美国政府都清楚北约各势力间的地位并不平等。一直以来，北约将欧洲国家束缚在美国主导的国际秩序中，遵照美国的规矩行事。北约公报称其关心共同的安全目标，但这些目标始终是由美国来决定；而其他各国只会在事后被告知。从这个角度来看，来自美国的威胁从一开始就是联盟的结构性特征"。"NATO and the Myth of the Liberal International Order"，*New York Review of Books*，21 August 2018.

34. Peter Ricketts，"What's the Secret of NATO's long life? It's Not Just a Military Pact"，*Guardian*，2 April 2019.

35. Francis J. Gavin，"The Gold Battles Within the Cold War：American Monetary Policy and the Cold War，1960—1963"，*Diplomatic History* 26：1（2002），pp.61—94：pp.90—92.

36. TV Interview for BBC，1 September 1982，at https://www.margaretthatcher.org/document/104815.

37. Gene Gerzhoy，"Alliance Coercion and Nuclear Restraint：How the United States Thwarted West Germany's Nuclear Ambitions"，*International Security* 39：4（2015），pp.91—129.

38. Anne Applebaum，"Trump Hates the International Organizations that are the Basis of US Wealth，Prosperity and Military Power"，

*Washington Post*，2 July 2018.

39. "Obama's Legacy Could be a Revitalized NATO"，*Washington Post*，22 August 2014；Anne Applebaum，"Trump Hates the International Organizations that are the Basis of US Wealth，Prosperity and Military Power"，*Washington Post*，2 July 2018.

40. Robert Kagan，"Things Will Not be Okay"，*The Washington Post*，12 July 2018.

41. Ivo H. Daalder，"What NATO Needs to Hear from Trump"，*CNN*，24 May 2017.

42. Ivo H. Daalder and Robert Kagan，"The 'Allies' Must Step Up"，*Brookings*，Sunday 20 June 2004，at https://www.brookings.edu/opinions/the-allies-must-step-up/.

43. Kosovo Commission，*The Kosovo Report：Conflict，International Response，Lessons Learned*（Oxford：Oxford University Press，2002），pp.163—4.

44. Adam Garfinkle，"Parsing the Liberal International Order"，*The American Interest*，27 October 2017.

45. 感谢乔舒亚允许我在此转载该图。

46. Speech，Senator John F. Kennedy，Mormon Tabernacle in Salt Lake City during the 1960 presidential campaign，at https://www.jfklibrary.org/archives/other-resources/john-f-kennedy-speeches/salt-lake-city-ut-19600923-mormon-tabernacle.

47. 参见 Dianne Kirby，"Divinely Sanctioned：The Anglo-American Cold War Alliance and the Defence of Western Civilization and Christianity，1945—1948"，*Journal of Contemporary History* 35：3(2000)，pp.385—412。

48. Stephen Wertheim，"Paeans to the Postwar Order Won't Save US"，*War on the Rocks*，6 August 2018.

49. Kurt M. Campbell，*The Pivot：The Future of American Statecraft in Asia*（New York：Twelve，2016）.

50. 参见，例如 Jeanne Kirkpatrick，"Dictatorships and Double Standards"，*Commentary* 68：5(1979)，pp.34—45。

51. Robert Dreyfuss，*Devil's Game：How the United States Helped Unleash Fundamentalist Islam*（New York：Owl Books，2005），pp.65—94，pp.244—270；Max Blumenthal，*The Management of Savagery：How America's National Security State Fuelled the Rise of Al Qaeda，Isis and Donald Trump*

（London：Verso，2019），p.3.

52. G. John Ikenberry，*Liberal Leviathan*（Princeton，NJ：Princeton University Press，2011），p.66;亦可参见 Ivo H. Daalder and James M. Lindsay，*Empty Throne：America's Abdication of Global Leadership*（New York：Public Affairs，2019)中概述的注意事项。

53. G. John Ikenberry，"The Illusion of Geopolitics：The Enduring Power of the Liberal Order"，*Foreign Affairs* 93：3(2014)，pp.80—90：p.83.

54. Joseph S. Nye Jr，"Will the Liberal Order Survive?" *Foreign Affairs* 96：1(2017)，pp.10—16：p.12.

55. Robert Kagan，"The World America Made，and Trump Wants to Unmake"，*Politico*，28 September 2018.

56. Daniel Immerwahr，*How to Hide an Empire：A History of the Greater United States*（New York：Farrar，Straus and Giroux，2018）；Peter Harris，"Not Just a Military Base：Reframing Diego Garcia and the Chagos Islands"，*African Affairs*，110：440(2011)，pp.491—499.

57. R. Taggart Murphy，"With Friends Like Us"，*The New Republic*，8 June 2010.

58. Stephenie van den Berg，"World Court：Britain Must Return Indian Ocean Islands to Mauritius"，*Reuters*，25 February 2019.

59. 转引自 Stephen Grey，"Raiders of the Night"，*The Times*，5 June 2011。

60. Max Boot，"Why Winning and Losing Are Irrelevant in Syria and Afghanistan"，*Washington Post*，30 January 2019.

61. Paul D Miller，"Non-Western Liberalism and the Resilience of the Liberal International Order"，*Washington Quarterly* 41：2(2018)，pp.137—153：p.151.

62. Nuno Monteiro，review of G. John Ikenberry，ed.，*Power，Order and Change in World Politics*（Cambridge：Cambridge University Press，2014），*H-Diplo*，September 2015.

63. Michael J. Mazarr，*Measuring the Health of the Liberal International Order*（Santa Monica，CA：RAND，2017），p.xviii.

64. G. John Ikenberry and Anne-Marie Slaughter，*Forging a World of Liberty Under Law：US National Security in the Twenty First Century*，Final Report of the Princeton Project on National Security，27 September 2006，p.7.

65. Robert Saunders, "The Myth of Brexit as Imperial Nostalgia", *Prospect*, 7 January 2019.

66. Paul Kelly, "Seduction by Trump Is a Corruption of Conservatism", *The Australian*, 11 July 2018.

67. Bret Stephens, "Only Mass Deportation Can Save America", *New York Times*, 16 June 2017; "America First, America Hated, America Alone", *New York Times*, 13 July 2018.

68. Madeleine Albright, *Fascism: A Warning* (New York: Harper Collins 2018); Jason Devaney, "Bill Kristol: Replace 'White Working Class' with Immigrants", *Newsmax*, 19 May 2019; Jane Coasten, "Bill Kristol Thinks 'People Are Just Too Unhappy with the Status Quo'", *Vox*, 10 January 2018.

69. "Read Hillary Clinton's 'Basket of Deplorables' Remarks About Donald Trump Supporters", *Time*, 10 September 2016; "Remarks on American Leadership", *Council on Foreign Relations*, 31 January 2013; "Hillary Clinton Reviews Henry Kissinger's World Order", *Washington Post*, 4 September 2014.

70. Emile Simpson, "Britain's Declaration of Independence from Reality", *Foreign Policy*, 24 June 2016.

71. Dan Roberts, "Death of 1.5m Oldsters Could Swing Second Brexit Vote, Says Ian McEwan", *Guardian*, 17 May 2017; Ian McEwan, "Brexit Denial: Confessions of a Passionate Remainer", 2 June 2017.

72. Michael McFaul, *From Cold War to Hot Peace: An American Ambassador in Putin's Russia* (Boston, MA: Houghton Mifflin, 2018).

73. Robin Emmott, "Creditors, Greece Need to Talk Like Adults", *Reuters*, 18 June 2015; James Mann, "The Adults in the Room", *New York Review of Books*, 26 October 2017; Anonymous, "I Am Part of the Resistance Inside the Trump Administration", *New York Times*, 5 September 2018.

74. Michael C. Desch, "America's Liberal Illiberalism: The Ideological Origins of Overreaction in US Foreign Policy", *International Security* 32:3 (Winter 2007/2008), pp.7—43.

75. Jake Sullivan, "Why the Liberal International Order Can Survive Trump: How the System Can Endure", *Foreign Affairs* 97:2(2018), pp.10—19: p.16

76. James Goldgeier, "The Misunderstood Roots of Liberal Order, And

Why They Matter Again", *Washington Quarterly* 41:3(2018), pp.7—20: p.9.

77. Richard N. Haass, "Rebooting American Foreign Policy", *Foreign Affairs* 96:4(2017), pp.2—9: p.9; Emile Simpson, "There's Nothing Wrong with the Liberal Order that Can't Be Fixed by What's Right With It", *Foreign Policy*, 7 August 2018.

78. Josh Rogin, "How Russia is Corrupting the Liberal World Order", *Washington Post*, 31 January 2019; Carol Morello, "Middle East Peace Conference Opens with Warnings that All Problems Originate in Iran", *Washington Post*, 14 February 2019.

79. Doug Stokes, "Trump, American Hegemony and the Future of the Liberal International Order", *International Affairs* 94:1(January 2018), pp.133—150.

80. 关于例外情况,参见 Jeff D. Colgan and Robert O. Keohane, "The Liberal Order Is Rigged", *Foreign Affairs* 96:3(May/June 2017), pp.36—44。

81. Stephen Kinzer, *True Flag: Theodore Roosevelt, Mark Twain and the Birth of American Empire*(New York: Griffin, 2018).

82. Richard N. Haass, "Imperial America", Paper at the Atlanta Conference, 11 November 2000, at https://monthlyreview.org/wp-content/uploads/2003/05/Imperial_America_Richard_N_ Haass.pdf.

83. Bill Kristol, "Fox News Sunday", *Fox News Network*, 27 April 2003.

84. Ken Silverstein, "How to Make Millions by Selling War", *Vice*, 17 December 2015.

85. Bruce Jackson, "A Conservative Case for German Leadership in Europe", *The American Interest*, 13 February 2019.

86. Ivo H. Daalder and James M. Lindsay, "American Empire: Not 'If' but 'What Kind'", *New York Times*, May 2003. 本段所有引文均引自该文章。

87. Paul K. MacDonald, "Those Who Forget Historiography Are Doomed to Republish It: Empire, Imperialism and Contemporary Debates about American Power", *Review of International Studies* 35(2009), pp.45—67.

88. Jonah Goldberg, *Suicide of the West: How the Rebirth of Tribalism, Populism, Nationalism and Identity Politics is Destroying American Democracy*(New York: Crown Forum, 2018); "A Continent Bleeds", *Na-*

*tional Review*, 3 May 2000; "Goldberg's Africa Invasion", *National Review*, 10 May 2000; "Baghdad Delenda Est", *National Review*, 18 April 2002.

89. Robert Cooper, "The New Liberal Imperialism", *Guardian*, 7 April 2002; Robert Cooper, *The Breaking of Nations: Order and Chaos in the Twenty-First Century*(New York: Atlantic Books, 2004), pp.61—2.

90. Michael Ignatieff, "The American Empire: The Burden", *New York Times*, 5 January 2003.

91. Jane Mayer, "Outsourcing Torture", *New Yorker*, 14 February 2005, pp.106—123.

92. G. John Ikenberry, "The End of Liberal International Order?" *International Affairs* 94:1(2018), pp.7—23: p.1.

93. Ronald Syme, *The Roman Revolution* (Oxford: Oxford University Press, 1939), pp.322—323.

94. Zbigniew Brzezinski, *The Grand Chessboard: American Primacy and its Geostrategic Imperatives*(New York: Basic Books, 1997), p.40.

95. Max Boot, "The Case for American Empire", *Weekly Standard*, 15 October 2001; "Imperialism!" *Weekly Standard*, 6 May 2003.

96. Interview, *CBS News*, 20 October 2011.

97. Patrick Goodenough, "Clinton: US Intervention in Libya was Smart Power at its Best", *CNS News*, 14 October 2015; Gareth Evans, "The Responsibility to Protect After Libya and Syria", 20 July 2012, at http://www.responsibilitytoprotect. org/index. php/component/content/article/35-r2pcs-topics/4283-gareth-evans-speech-the-rtop-after-libya-and-syria; Ivo H. Daalder and James G. Stavridis, "NATO's Victory in Libya: The Right Way to Run an Intervention", *Foreign Affairs* 91:2(2012), pp.2—7.

98. Jeanne Morefield, "Business as Usual: Donald Trump and American Empire", *The Disorder of Things*, 15 December 2016.

# 第二章　黑暗显现：实践中的世界秩序

　　想想美国战后最伟大的成就吧。任何一份清单都会包括这几个方面：将昔日战败的轴心国转变为如今骄傲的亚洲和欧洲民主国家；在不发生大规模战争的情况下遏制了苏联；以及20世纪90年代结束巴尔干冲突。每一次胜利都离不开与非自由主义势力之间的黑暗交易。为了改造战败的轴心国，巩固新政权，美国为溃败秩序中幸存下来的精英提供了保护。它通过发动政变、干预选举、与威权主义者结盟战胜了苏联。它又通过核种族灭绝的相互威胁，以及默契的势力范围协议，避免了大规模战争。在亚洲，富裕的民主国家率先演变成实行军事管制的保护主义国家。1995年《代顿协定》（Dayton Accords）结束了巴尔干战争，也将部落主义（tribalism）与被剥夺权利的少数民族束缚在一起。每一次妥协都能找到借口，根本没有什么能被有效地概括为"自由秩序"。当美国确实试图建立一个自由秩序，并以其自由主义形象重塑世界时，它野心勃勃的计划却带来了潜在的非自由主义后果。权力争夺、应对抵抗，意味着霸权应该遵守规则和顺应规律，而不是破坏规则，任意妄为。

# 一个非自由主义的世界

秩序之所以存在矛盾，是因为我们实际上生活在一个非自由主义的世界。"9·11"事件发生后的第二天，英国首相托尼·布莱尔曾私下致信美国总统乔治·W. 布什说，这些组织不遵守自由主义规则，那么我们也不能按规则行事。[1] 布莱尔的话反映了一个丑陋的真相，自由秩序充满争议、反抗和镇压。在国外，有一些行为体和利益集团不愿以美国的方式接受秩序或被其自由化。在镇压反抗的过程中，霸权国家逾越了规则的边界。又因为权力是有限的，自由主义理想就不得不选择艰难地妥协让步。美国通过与残暴的行为体合作，击败了每一个时期的主要对手，从轴心国到苏联再到恐怖主义网络。为了防止敌对势力之间危险的失衡，美国与威权主义者达成了共识。在冷战白热化阶段，被誉为肯尼迪政府"御用史官"的小阿瑟·施莱辛格（Arthur Schlesinger Jr.）提醒国家安全顾问麦克乔治·邦迪（McGeorge Bundy），美国领导的"自由世界"包括巴拉圭、尼加拉瓜和西班牙的独裁政权："我们在愚弄谁？"[2] 即使是对于心怀善意的统治者而言，在面对遭受限制、资源匮乏和权衡利弊的问题时，也很难处理好手段和目的的关系。

自由主义准则本身在法律与正义、主权与人权、自由贸易与工人保障之间就存在诸多冲突。美国外交中挥之不去的一个问题是，究竟应该如何在海外推广自由主义？是争分夺秒地强制推进，还是为了更长远的发展而牺牲现在的自由，争取与专制政权联盟,为自由主义事业的最终目标服务？因此,自由秩序可以被理解为促进民主,在民主来临时接受它,或者支持友好的独裁者。[3]汉斯·摩根索（Hans Morgenthau）警告说,"所有的政治行动都含有邪恶",我们所能做的就是把伤害降至最低。[4]

例如从 2010 年开始席卷中东的革命浪潮"阿拉伯之春",美国在如何应对此事上进退两难。由于缺乏一个明确的目标,它时而支持、时而抛弃、时而推翻独裁者。在沙特阿拉伯,美国扶持代理人；在埃及,它很谨慎地支持革命,随后又协助恢复军事独裁政权；在利比亚,以美国为首的联军用武力推翻了其政权。自由主义的概念纵然无所不包,却几乎无法指导美国在支持革命性变革和坚定支持非自由派盟友之间作出选择。在一个动荡地区的不稳定时刻,美国可以拥抱的、顺从的民主党派且力量足够强大的"关键中心"并不存在。在该地区爆发冲突之际,叙利亚成为暴力冲突的中心,评论人士自身也在苦苦思考如何将自由主义原则转化为行动,并提出了"后美国"（post-American）秩序的警告。

同样受类似问题困扰的还有小布什政府（2001—2009）,[5]在他的第二次就职演说中,小布什呼吁美国人将促进全球民主与消灭暴政作为通往安全的道路。但这只会让海湾地区的威权主义盟国警觉起来。在推动"自由议程"与为盟友提供支持之间,美国政府摇摆不定。在美国鼓励举行的 2006 年 1 月巴勒斯坦议会选举中,激进组织哈马斯获得多数选票,战胜了美国支持的法塔赫当局。事实又一次显示,外国民众的民意可能会威胁美国的利益。在小布什连任不久后,人们就形成了一种共识,即美国的利益非常多元化,其与独裁者的伙伴关系非常重要,因此不能把自由置于稳定之上。

# 虚 伪 的 秩 序

"秩序"有时代表着遵守规则，而破坏规则被视为其对立面。然而，秩序的核心却是双重标准。[6] 为了维护自身的霸权地位以及自由支配的特权，统治者会随意地扩大、忽视或重新制定规则。他们认为自己肩负着为人类服务的重任，因此有责任保持自身的主导地位，即使在受到压力时，他们也不会遵照他人的要求来约束自己。典型的代表机构就是欧盟，它一贯鼓吹自身以规则为导向。2003 年 11 月，法国和德国公然蔑视《稳定与增长公约》(the Stability and Growth Pact)及其对欧盟成员国财政赤字率的规定。《公约》本是欧盟成员国之间为帮助稳定货币联盟而达成的约束性协议，但各国财长阻止欧盟委员会(European Commission)对法国和德国进行罚款，即使在委员会的抗议下，违规行为也依旧没有受到惩罚。[7]

与欧盟的强国们一样，美国也主张享有特权。1998 年 2 月，美国国务卿奥尔布赖特(Madeleine Albright)宣布："如果我们必须使用武力，那是因为我们是美国；我们是不可或缺的，我们比其他国家站得更高，看得更远。"[8] 奥尔布赖特认为，正是由于美国的先见之明，在国际制裁的钳制下解除了伊拉克武装，而国际制裁所造成的 50 万儿童的死亡则是必要的代价。尽管对于伊拉克大规模杀害婴儿的指控并非事实，[9] 但奥尔布赖特的盘算还是很能说明问题，美国可以采取非自由主义的手段，为自由主义的目标服务。事实证明，那些赞扬自由主义规则的专家，比如对外关系委员会主席理查德·哈斯,是很灵活的。哈斯敦促美国将违反威斯特伐利亚主权准则(Westphalian norms of sover-eignty)的俄罗斯列为"流氓国家";仅仅几个月后,他又呼吁美国在委内瑞拉支持发动一场政变。[10]

为了保持优势地位,每逢关键时刻,美国一边宣扬自由主义规则和规范,一边自己却不遵守。想想美国的间谍活动历史。美国一直在进行大规模的秘密监视活动,包括针对盟友的监视。甚至在促成联合国成立的神话性时刻——旧金山会议上,杜鲁门总统(Harry Truman)也曾派人监视国际代表,秘密截取他们的电报。[11]这种矛盾在 2017 年初美国总统巴拉克·奥巴马与德国总理安格拉·默克尔的最后一次总统通话中得到了证实,他们一致认为有必要建立"基于规则的国际秩序"。令人感到讽刺的是,这样的共识竟然是在通话过程中达成的。2013 年,美国国家安全局(NSA)曾经通过美国驻柏林大使馆楼顶的一个监听站窃听默克尔的手机。对默克尔来说,这无疑是一种侮辱。德国因此退出了与美国的情报共享协议,谴责这一违背友谊的行为,并派遣特使前往华盛顿,要求签署"禁止间谍"协议,并启动联邦调查。然而,跨大西洋的等级制度再一次得到了印证。美国国家安全局很少配合德国联邦检察官进行合作。德国认为,在国际动荡时刻,双方更应以"好盟友"的身份保障情报合作。[12]但提供或者拒绝提供情报都是美国惯用的手段。如果与超级大国的目标不符,定义自由主义体系便不再是"规则"。胁迫悄然而至,或是通过含蓄的暗示威胁进行惩罚,又或是通过内化让其盟友深知可能产生的后果。在这种国际主义表演的背后,所延续的是一种更加古老的强权政治。

就像历史上的许多大国一样,美国一边要求别国尊重自己的主权,但同时又在侵犯其他国家的主权。[13]美国曾发动一系列政变,包括反对民主选举产生的政府(1953 年伊朗、1954 年危地马拉、1964 年巴西、1973 年智利,一直到 2013 年赢得民选的埃及穆斯林兄弟会),以及将败选的反对派政府推举为合法的候任政府,从巴勒斯坦到委内瑞拉。在 1946 年至 2000 年间,美国参与了 81 次"党派选举干预"(partisan electoral interventions),在其中的 16 次案例中,美国通过暗中资助候选人,为其出谋划策,扩大宣传,影响外国选举。从 1947 年到 1989 年,美国曾 72 次试图颠覆其他国家的政府。有时,这样的做法就是为了阻挠其他国家的土地改革或工业国有化。这个主导秩序的霸权允许自己独享一套标准,牺牲别国的民主,为自己打造一个安全的世界。

在国际机构的创立过程中,这种情况也很普遍。1998 年,美国帮助建立了国际刑事法院(International Criminal Court,ICC),但却将自己排除在该法院的管辖之外。克林顿政府主张建立一个世界刑事法庭,同时极力限制它的判令权力,"塑造一个不会对美国公民构成威胁的法庭"。美国国务院宣称,因为"其武装部队在维和任务中所担任的独特角色",它将要求免于受到指控;而且,如果超级大国的代理人在"热点地区""遭到无聊的、令人讨厌的指控……它[美国]绝不能让[美国]人民承担这种风险"。[14]美国胁迫并贿赂其他国家同意签署第 98 条双边协定,承诺不引渡美国公民。[15]2002 年 8 月,《美国军人保护法》(ASPA)出台,禁止向批准通过国际刑事法院《罗马规约》的国家提供军事援助,并对未签署赋予美国公民豁免权的第 98 条协定的国家实施制裁。这是明目张胆的胁迫行为。例如,当莱索托向美国寻求援助时,美国大使在一次会面时直言不讳,称莱索托作为一个非签约国的形象,直接影响到美国对莱索托可能的援助。[16]《美国军人保护法》还授权军事力量释放被国际刑事法院拘留的美国公民，这就是著名的《海牙入侵法》。在投票赞成通过该法的人中，有拥护自由秩序的民主党人，如参议员约翰·克里、希拉里·克林顿和约瑟夫·拜登。为了维护秩序，这个超级大国寻求国际刑事法院的豁免，同时保留对该法院所属机构进行制裁的权利。

# 武 力 授 权 令

在使用武力方面，日益严重的问题主要是制定规则的一方又在破坏规则。2013年9月，关于是否对叙利亚使用杀伤性化学武器进行惩罚性空袭的辩论，再次出现类似问题。英国首相戴维·卡梅伦（David Cameron）政府强调建立一个基于规则的国际体系。然而，面对俄罗斯一票否决权的威胁，卡梅伦找出理由搁置规则。他坚称，联合国安理会的军事行动决议是"将英国的外交政策和道德标准寄托于俄罗斯可能作出的否决"[17]，"将会是一个误入歧途的错误做法"。这意味着，一些国家有权为了更大的利益单方面中止规则，反映了国际秩序内部存在的冲突。正如一些人所观察到的那样，美国未经授权对叙利亚发动攻击，"或许还会维护不使用化武的准则"，但这一行为必定会破坏未经联合国安理会授权禁止国家间使用武力（除自卫外）的准则。[18]如果非大西洋国家行使同样的自由裁量权，通过违反规则来维护人道主义准则，卡梅伦会支持他们吗？如果不会，那么他就是在宣称拥有特权，表明规则并非至高无上。

　　并不是所有的秩序实践者都会如此不厌其烦地为规则豁免建立理论基础。10 年前,美国第 25 任国防部长阿什顿·卡特曾援引"基于规则的秩序"之名,[19]与第 19 任国防部长威廉·J. 佩里(William J. Perry)一起主张轰炸朝鲜的核设施,以"在对美国安全构成致命威胁之前",打乱朝鲜在平壤进行弹道导弹试验的计划,[20]这已经超出了一般意义上谨慎的"先发制人"的范畴。在没有其他侵略迹象的情况下,一枚静止的朝鲜核弹头导弹本身并不足以构成迫在眉睫的威胁,也达不到国际法所规定的实施"预防性自卫"(anticipatory self-defence)的条件。他们两位主张进行预防性攻击,以摧毁一个遥远的威胁。依照 1837 年"卡罗林"号案和《联合国宪章》(United Nations Charter),这就是一种非法侵略行为。卡特和佩里不加说明地直言超级大国有权抛弃规则,以消除不可接受的威胁。但他们绝对不会允许包括朝鲜在内的其他主权国家行使这一特权。这些治安官保留着任意攻击的授权令。

　　传统主义者们对于建立多边体系感到欣喜,但却受挫于那些持有否决权的成员,因此,他们试图寻求替代性的理论和制度来授权霸权行动。曾任美国国务院政策规划主任的安妮-玛丽·斯劳特(Anne-Marie Slaughter)与约翰·伊肯伯里共同主持了普林斯顿计划,斯劳特主张建立一个"法治之下的自由世界"[21]。然而,基于美国在未取得联合国安理会授权的情况下分别于 1999 年和 2003 年对叙利亚和伊拉克施加武力的两个案例,斯劳特为良性治安政策提出了所谓"非法,但是正当"(illegal but legitimate)的原则。[22]斯劳特认为,在这种情况下依旧坚持形式上的合法性可能会产生适得其反的效果,尽管后来她也抨击小布什政府拒绝条约、藐视规则和全球治理准则。在塞尔维亚问题上,她提出的原则赋予了北约这一集体安全体系可以取代联合国的权力。在伊拉克问题上,她希望战争的胜利能赋予其行动以合法性,只要能彻底征服,过程就变得不那么重要了。这种权宜之计就为放宽规则临时拼凑出了一个理由。普林斯顿计划提议建立一个民主国家协调机制,"替代多边论坛,让自由民主国家授权集体行动,包括通过绝对多数投票批准使用武力"。如果国际体系不能赋予美国行动合法性或允许其采取行动,这个超级大国也不应就此屈服,而应创造其他权威席位和新的规则来达到目的。当现有制度对美国所要采取的行动产生威胁时,那些支持未经授权采取行动的人就会提出替代性理论,在不同的制度中"挑挑拣拣",或者干脆压倒性推进,暗中争取一种无需解释的特权。

这并不意味着美国不重视国际体系。相反,美国在维护和运作国际体系上投入了大量精力。制度和规则所存在的目标不是对霸权形成约束,而是使霸权的利益偏好合法化。战后实践的模式是,其他国家力图将美国与制度捆绑在一起,美国有保留地接受了大多数制度,但随后却拒绝在行为上受到约束。无论这些制度发挥任何作用,它们都"被美国政策制定者用来投射和增强美国的单边力量"。[23]从1947年拒绝签署《国际贸易组织条约》(International Trade Organization Treaty),到应对核问题上的灵活姿态,再到布雷顿森林金融体系(the Bretton Woods financial system)的终结,美国一再反对那些可能会在其采取单边行动时制约其权力的制度。

因此,国际秩序并非"基于"规则。它像一张蜘蛛网,强大得足以困住弱者,但又软弱得无法桎梏强者。规则虽存在,但无法定义体系。对于强大的国家来说,只有当规则符合它们自我界定的利益,且只有当其付出的代价在可接受的范围之内时,它们才会遵守这些规则。[24] 2019年3月，国际刑事法院受理了15起案件，所有的被告人都是非洲人。这表明，国际秩序中存在大国豁免权是不争的事实。相比之下，"当美国上士罗伯特·贝尔斯（Robert Bales）涉嫌在阿富汗枪杀了16名当地平民，其中包括9名儿童时，尽管阿富汗总统哈米德·卡尔扎伊（Hamid Karzai）要求在屠杀发生的国家对其进行审判，但贝尔斯依旧被暗中转移到美国的一所军事监狱中。"[25] 每个大国都曾严重违反国际法，拒绝国际法院的裁决，或者否认国际法院的权威。法国希拉克（Jacques Chirac）政府，同德国施罗德（Gerhard Schroeder）政府一样，都曾反对以维护联合国安理会权威的名义入侵伊拉克。然而，就在1999年，法国无视同一规则，以拯救科索沃阿尔巴尼亚人免于种族灭绝之名，加入了北约在未经联合国安理会授权的情况下对塞尔维亚展开的轰炸。1985年，两名法国特工击沉了绿色和平组织（Greenpeace）的"彩虹勇士"号船，之后，法国政府虽然同意进行仲裁，但却拒绝向国际刑事法院提交证据。20世纪80年代，尼加拉瓜就其港口的采矿问题在国际法院（ICJ）起诉美国并胜诉后，美国拒绝支付赔款，也不承认该法院的权威。时任美国驻联合国大使珍妮·柯克帕特里克（Jeane Kirkpatrick）确切指出，国际法院是一个"半合法"的机构，"各国有时承认，有时不承认"。[26]

因此，大国违反规则而免受惩罚。面对这个简单的事实，自由秩序的支持者们用诡辩的方式掩盖事实。有人解释说，至少这些国家为其违法行为提供了公开的法律依据，这反映了自由秩序包含的规范性力量。[27] 由于这些回应大多是些不费唇舌的言论，其作出的安慰就像一杯清茶一样寡淡无味。另一些人则提供了保护性条款："自由的国际秩序是建立在开放的、至少是松散的、基于规则的关系……（以及）普遍性原则和安排之上的，而不是围绕区域性集团、势力范围或帝国疆域。"[28]如果规则只是关系的"松散"基础，那么大国可以随意抛弃它们，它们也确实如此行事。其他人则采用更简单的测试方法，将正式和官方行为作为衡量自由秩序健康状况的标准。例如，兰德公司的一项研究以联合国安理会通过决议的频率作为自由秩序的衡量标准。[29]这忽略了采用"秘密否决权"的事件，即常任理事国私下威胁使用否决权来限制联合国安理会的议程，扼杀对它们不利的决议，从而阻止对禁忌问题的讨论。由于否决权隐含的威胁，联合国安理会从未讨论过阿尔及利亚战争或印巴分治，未能将发生在卢旺达的暴行定性为种族灭绝，并拒绝将越南、阿富汗或车臣境内发生的事件定性为武装冲突。还有一些人只是降低了标准，声称"基于规则"只是意味着"自由主义规范是否会影响国家和国家行为体的行为"。[30]但是，除了规则之外，还有很多因素也会对国家行为产生影响，比如贪婪，或者实现权力最大化的欲望。如果规则只是在各种变量中零星地发挥作用，那么这一体系就称不上以规则为"基础"。为了接受大国违反规则这一令人不快的事实，对于基于规则的秩序的主张需要补充如此之多的警告和说明，致使其逐渐淹没、消解在各种限制性条件之中。

## 诞生之初的自由秩序

在创立之初，自由秩序并没有打算按照如今推崇的原则运作。多边体系的存在就是为了在一个主要由大国协商的世界中使等级制度合法化,不限制其最坚定的行动。罗斯福政府在创建新的国际架构之际,新体系的目标就是锁定美国、英国、苏联和中国这四个大国的特权,同时让较小的国家感到安慰和被接纳。在罗斯福看来,"所有最重要的决定"都应当由"四大国"作出,联合国则充当让小国"发泄怒气"的安全阀。[31] 然而,这四股势力的统治也不会是平等的。在罗斯福的设想中,中国的实力相对弱小,在欧洲的英苏两国则处于对峙状态。[32] 美国打算通过成立联合国来巩固自己的主导地位,保持普遍参与原则与实际大国控制之间的平衡关系。在方便的时候,美国会借助国际组织的力量,在必要的时刻则绕开它们,自行作决定。

第二次世界大战期间,美国政府内部有一些声音,如国务卿科德尔·赫尔(Cordell Hull)主张建立一个"稳定而持久"(stable and enduring)的秩序,防止世界倒退到之前"经济冲突、社会动荡、战事四起"的状态。[33] 然而,实现这些目标的理想途径却截然不同。美国作为一个大国,希望通过冷酷的、精于算计的胁迫和吸引力来重塑世界。助理国务卿迪安·艾奇逊对美国财政部的战时指控夸大了美国战争目标的一个基本事实,即"取得敌人和盟友双双倒下的胜利——通过军事行动击败敌人,利用破产手段削弱盟友"。[34] 在战争期间,美国借助经济工具来削弱英国在国际上的经济命脉,它们之间的感情和"血缘关系"也到此为止。华盛顿宣称自己是新的巨头,废除了英国的帝国主义特惠贸易待遇和英镑的霸权地位,美元取而代之,成为主要的国际货币。美国虽然没有给战后贷款附加高额利率,但附加了苛刻的条件。它背弃战时承诺,迫使英国放弃进口管制,接受通货自由兑换,并撕毁了核能共享的承诺。美国心中有两个目标:一是削弱并接管疲惫不堪的大英帝国;二是使大英帝国维持一定的强大，作为支持美国的卫星国继续存在。最终的结果是，英国付出了战时牺牲，但却落得一个需要财政救济的从属国下场。

1956 年的苏伊士运河危机成了决定性事件。在这场关乎英美关系的关键事件中，美国第六舰队在地中海跟踪和骚扰英国船只，干扰它们的雷达和声纳，派飞机进行威胁，并在夜晚用探照灯强光照射英国船只。在英镑贬值和石油供应不足的情况下，总统艾森豪威尔用"不停火就不贷款"（no ceasefire，no loans）的方案对付英国。无论双方的历史关系、血缘关系或共同的秩序愿景如何，美国的庇护和赞助都可能迅速撤销。新式自由主义秩序倡导的规则、规范、价值、制度，并不能阻止英国试图维持殖民统治的努力，同样也不能阻止美国通过瞄准其盟友的要害来主宰一切。

"自由秩序"概念诞生之前，战后世界是一片陌生之地。在联合国成立之初，如果说支持其存在的一般原则，那么首先是国家的自决权和主权，而不是民主和人权。回顾过去就会发现，联合国安理会五个常任理事国中曾有两个是共产主义国家，还有两个曾是殖民帝国。美国自己也暗中协助法国在印度支那（Indochina）（1946—1954 年）的战役，并参与亚洲的殖民秩序。战后秩序的一个主要特征是冷战，即美国与苏联长期的安全竞争，这直接影响着双方在目的和手段之间的特殊权衡。1946 年的《克利福德备忘录》（Clifford Memorandum）与 1946 年 9 月乔治·凯南撰写的那封多达 8 000 字的"长电报"（Long Telegram）*，

---

* 1946 年，美国驻苏联外交官乔治·凯南应华盛顿的要求，写了一份报告，分析俄罗斯人的历史文化基因及其对苏联外交政策的影响。这份被称为"长电报"的报告，后来被凯南以匿名方式发表。这份报告深深地影响了美国的对苏政策，乔治·凯南亦因此被称为"冷战之父"。——译者注

以及 1950 年发布的《国家安全委员会 68 号文件》(NSC-68),共同形成了反苏遏制政策的共识。在这份备忘录中,有关秩序的表述与现在既有相同也有不同。[35] 它也谈及了"体面的世界秩序"(decent world order)。然而,与最近关于自由秩序的声明相反,该备忘录认为生物战与核武器"是对抗苏联侵略行径的唯一强大威慑",因此提出要做好生物战的准备——尽管早在 1925 年《日内瓦议定书》(Geneva Protocol)已禁止此项行为。为此,罗斯福批准了一项持续数十年的秘密生物武器计划。备忘录又警告各国不要采取军备控制措施,因为"禁止核战争和远程进攻性武器的提议将极大地限制美国的实力"。它还弱化了直接的军事承诺,将互惠的贸易协定、贷款和技术任务放在首位,以显示资本主义的优势。显然,对于什么在自由秩序界限之内或之外,什么手段是最佳的、合法的或禁忌的,这些问题在历史上并没有统一的答案。

自由秩序还深植于美国对待战败对手的方式中,试图将它们重塑为从属的盟友。文献中大量记载了美国与其驻军保护和支持重建的国家(西德和日本)之间的"讨价还价"。其中就包括美国为寻求帮助而不得不与旧秩序达成的妥协。与北约一样,西德保留了第三帝国时期担任安全精英的官员,结果导致政府高层充斥着前纳粹官员,甚至几位前纳粹将领后来成为联邦国防军的高级指挥官。美国隐瞒了这些人的战争罪行记录,帮助前纳粹科学家、工程师和技术人员移民,让他们参与美国的弹道导弹、航空航天和其他武器计划。[36]

在日本,新秩序的建立赦免了天皇的战争罪行。为了巩固以昭和天皇为"君主象征"(symbol monarchy)的战后秩序,1946年,在麦克阿瑟将军(General Douglas MacArthur)的幕僚帮助下,裕仁天皇改写了他统治时期的日本历史,并推卸责任,开脱其造成 2 300 多万人死亡的灾难性帝国主义屠杀罪行,这位天皇摇身一变,从一个善于惹是生非的独裁者变成了一位无可指摘的谦谦君主。这些被精心筛选、保护的战争罪行审判揭露了天皇在军备扩张、军国主义和以天皇为中心的民族主义方面的野心,也能看出他对政党内阁制造成的严重破坏。[37] 日本因为有望被改造成为一个反共堡垒,1952 年被迫与台湾当局签署"双边条约",并接受美国在冲绳和小笠原群岛驻军。

几十年后,美国外交官们再次面临类似的困境,监督了各国在战争结束后的国家重建工作,比如 1992—1995 年巴尔干半岛流血冲突后的重建。为了结束战争而签订的《代顿协定》又使巴尔干陷入了民族分裂和国家分治。坚持在现状框架内实行民主化,就意味着主要的几个群体(对应各教派的波斯尼亚人、塞尔维亚人或克罗地亚人)决定了政府职位的分配,这会使得民族间分歧在新宪法中被进一步制度化。民族清洗带来的直接结果就是塞族共和国的建立。由于主流群体根深蒂固,该国官方承认的 17 个少数群体都被禁止竞选高级职位。要在两种非自由主义的毒药中二选其一是非常痛苦的,要么围绕假定独立的民族群体而非超然的个体公民身份来解决问题,要么继续靠杀戮,但塞尔维亚人的前景可能还是会失败。在促成和平的过程中,世界超级大国甚至也受到了非自由主义世界的限制。

## 政治经济体系

随着美国的国际地位上升,它努力重塑国际经济环境,建立并打造美元作为储备货币的货币体系,按照自己的条件开放市场,为美国资本的渗透创造一个安全的世界。"门户开放"的长期承诺能在多大程度上推动自由贸易呢? 自由主义的支持者们认为能起到很大的作用。他们称,对自由贸易的承诺不仅是美国秩序的核心组成部分,而且还提供了一个普遍的教训,即自由贸易能带来和平与繁荣,而保护主义则会导致战争和贫困。有时,支持者把中国加入世界贸易组织和融入全球经济看成一项重要的成果。符合实际的推论则是美国应该扩大自由贸易的范围,避开保护主义,积极加入而不是拒绝《跨太平洋伙伴关系协定》(Trans-Pacific Partnership)等自由贸易协定。

我们还会看到这样一种观点,将美国力量的崛起归功于战后自由资本主义政治经济的公平竞争环境,这实际上是不符合历史的。不过,请注意,这种错误的记忆主要作用于以胜利者自居的美国对待后苏联时代的俄罗斯的方式上。1991 年苏联解体后,在美国政府的敦促和压力下,莫斯科启动了一项"休克疗法"计划,以市场交换原则为基础重组俄罗斯,加速国有工业私有化、放松管制、实行财政自律和取消价格管制。[38]这一试验为快速扩大自由主义秩序起到了重要作用,并得到了全球资本主义主要机构的支持,包括国际货币基金组织、世界银行和美国财政部。哈佛大学的学者杰弗里·萨克斯(Jeffrey Sachs)曾是1991 年至 1993 年期间俄罗斯自由化转型的设计师之一,他阐释该计划的逻辑在于:为了清理由于苏联管理不善留下的烂摊子,东欧必须迅速而猛烈地向私有制和市场体系跃进。[39]"迅速而猛烈的跃进"(swift,dramatic leap)指的是一个建立在古典自由主义经济学基础上的庞大计划,呈现出其旨在取代的革命共产主义式的节奏和热情。

这些迅速而突然的改革取代了专制和失败的制度。在华盛顿的一再坚持下，俄罗斯必须按照"我们（美国）的条件"（our conditions）进行改革。然而从许多方面来看，这些改革的结果都是灾难性的：资本外逃、经济严重衰退、工业生产急剧下滑、市场低迷、经济犯罪化、腐败的寡头统治享受着集中的财富、医疗保健水平下降和早亡率上升。[40]由于没有像波兰或中国那样走渐进式改革道路，俄罗斯自由化改革的后果是严重的非自由主义。[41]然而，"自由秩序"的空想家们否认自己的思想与后苏联时代俄罗斯的问题有直接联系，并很快就将西欧至环太平洋地区国家的繁荣归功于自己的思想，从相关性中找到因果关系。[42]然而，若要说，在一个腐败国家突然进行的私有化举措以及垄断的兴起，与资产剥离和资本外逃不存在任何关系；或者说，取消数百万贫困家庭赖以生存的住房和公共事业补贴在随后的社会破坏中没有产生严重作用，这恐怕是很难令人接受的。西方的技术官僚、外交官和政治家对新秩序的设计具有非常深刻的影响力。

政治经济学的早期历史是怎样的呢？从历史上看，大国不是通过自由贸易获得大国地位的。[43]只有在经济上占主导地位后，国家才会宣扬自由贸易原则。大国崛起通常是通过激进国家的有意干预而实现的。它们倾向于采用禁令、关税和其他控制手段来保护自己的新兴产业，同时模仿或窃取国外的创新和技术。18世纪的英国如此，19世纪的美国也是如此，后者在国父亚历山大·汉密尔顿（Alexander Hamilton）的重商主义政策下发展起来，同样在战后也采用了这种手段。美国适时地采取了坚决的限制性措施，长期奉行非关税保护主义政策。为了限制贸易，美国出台了一系列举措：双边自愿出口限制协议、有序销售协议、配额、购买美国产品的要求、出口补贴和歧视性产品标准。美国对其盟友和附属国（或地区）也实行保护，日本是战后秩序的主要支柱之一，它制定了"一个由主要自由国家所设计的最严格的对外贸易和外汇管制制度"。[44]韩国早期是在威权主义开国元勋李承晚（Syngman Rhee）和朴正熙（Park Chung Hee）的独裁统治下发展起来的，他们在国家保护下培育出了现代（Hyundai）、大宇（Daewoo）和三星（Samsung）等财阀企业集团。自由市场只出现在这些一开始就受到高度保护的市场环境。如今，欧盟一方面维持着大量的农业补贴，一方面却又坚持要求贫穷的外部国家取消关税和资本管制。

当美国开始在本国提供农业补贴，限制外国商品进入美国消费者市场，同时又将这种旧秩序的手段称为自由贸易的化身，这一定会让外国农民感到迷惑。想想美国对其农业的慷慨补贴，在其国内农产品生产过剩的同时，又经常向世界市场进行倾销。华盛顿内部试图推动美国真正走向自由贸易的努力则遭到了美国外国投资委员会（US Committee on Foreign Investment）行使否决权的抵制。此时，委婉的政治修辞就派上了用场。重商主义摇身一变，改名为"产业政策"（industry policy）或"战略贸易政策"（strategic trade policy）。战后贸易秩序历经关贸总协定和世界贸易组织逐渐走向制度化，促使关税有所下降，但下降的这一部分却又被额外增加的非关税壁垒所抵消。[45]

美国和澳大利亚之间的贸易关系揭示了经济秩序。美国、欧盟和其他主要农业生产国，如日本，实行如此高度的农业保护主义，以至于澳大利亚指出，这是对战时团结和牺牲的背叛。特别是，美国的《农业法案》（Farm Bill）和欧盟的《共同农业政策》（Common Agricultural Policy）与国际贸易自由主义原则是如此格格不入。政治上卓有成效的农业游说团体确保了持续有力的补贴和限制。1955年，美国坚持要求"暂时"豁免关贸总协定的进口限制规定，并威胁说，如果不能如愿，美国将退出关贸总协定。这项豁免确实是暂时的，这一"暂时"持续了近40年。直到1993年，美国一直限制糖、花生和奶制品的进口。1986年，受影响的国家共同成立了凯恩斯公平贸易国家集团（Cairns Group of Fair Trading Nations），倡导农产品自由化。澳大利亚外交部长称，针对小麦和牛的补贴是"敌对大国的行为"。[46]当澳大利亚农民呼吁取消联合防御设施时，美国国务卿乔治·舒尔茨（George Shultz）建议澳大利亚不要将农业政策与国防事务联系起来。1992年1月，布什总统访问遭受经济衰退重创的澳大利亚时，这一问题一度激化。布什总统承认，贸易争端间接地损害了澳大利亚农民的利益，然而美国仍继续给农民发放补贴。澳大利亚虽然争取了"发声机会"，但美国却保持了一贯的沉默态度。

事实上，战后出现了多种类型的经济秩序。

以跨国公司和供应链为特征的大规模全球化始于20世纪90年代和21世纪初。大量外国移民出现在美国和欧洲也是冷战后的现象。欧元和欧元区的历史最多追溯到1999年。欧洲内部的劳动力流动则是一项相对较晚的政策。有争议的"特大区域"（megaregional）贸易协定，例如北美自由贸易协定、跨太平洋伙伴关系协定和跨大西洋贸易与投资伙伴关系协定（TTIP），超越了传统的关税削减措施，推动了国内立法修改，而这些协定的出现也是仅始于20世纪90年代。[47]

在过去的几十年中,由于资本管制、固定汇率和重重关税壁垒,金融流动性受到了限制。与苏联的长期竞争促使美国有意鼓励其亚洲盟友的经济增长,但即便是在新重商主义国家的庇护之下,庇护国和受庇护国也会发生周期性冲突。如今那些自由主义的怀旧者面对1989年后发生的一系列国际变化形成了错误的历史观,还试图将其归为理之自然。

美国一直是"贸易保护主义政策的长期支持者,而且成果丰硕"。[48]自2008年金融危机以来,美国已经征收了价值390亿美元的关税,而世界上最大的60个经济体总计采取了7 000多项贸易保护措施,总价值超过4 000亿美元。美国和欧盟采取的保护主义措施数量最多,各自都有千余项,印度远远排在第三,为450项。[49]

美国的贸易保护主义对其他国家的影响最大。在全球金融危机爆发之前,贸易保护主义的回归已有先例,一些主张开放市场、高呼消除贸易壁垒的最为热切的倡导者实际上却做了相反的事情,罗纳德·里根总统就是其中之一。他支持自由贸易事业,视之为进步与和平的基础。作为总统,他从1980年起将受限制进口的比例提高了100%,同时收紧了配额,实行自愿限制协议,增加了新关税,同时提高了关税,加强了美国进出口银行(Export-Import Bank)的地位,以保护美国工业的复苏,尤其是汽车工业、电脑芯片和钢铁工业。里根解释这些措施的目的在于迫使经济竞争对手加入自由贸易。美国前总统克林顿也明确表示支持自由贸易,推动建立了北美自由贸易区,并推动了中国以最惠国待遇加入世界贸易组织。然而,在克林顿执政期间,政府仍持续对大米进行补贴,让美国农民能够将他们的产品以低价倾销到海地、加纳和印度尼西亚等脆弱的农村国家的市场。

小布什也在言辞上效仿里根,强调自由贸易和自由市场的原则。然而在 2002 年,他将钢铁关税提高了 30%,但是 20 个月后,在欧盟惩罚性反关税的威胁之下,他退缩了。在 2008 年的经济危机中,面对经济即将崩溃的前景,小布什采取了包括救助大公司在内的一系列强劲的保护主义措施干预市场,并声称:"我放弃自由市场原则是为了拯救自由市场体系。"[50]因此,如今重新引入保护主义措施,并不像有些人描述的那样是一种对自由主义的突然或彻底的背离。美国不断歪曲这个问题,反映了自由主义进程自身一些固有的困境,构建这一体系的人常常感到不得不向非自由主义的压力妥协。当市场施加压力时,即使是最公开支持自由贸易的人也会不断回归保护主义,这绝非那个我们被要求怀念的平等(flat)的资本主义世界。

# 核　秩　序

1945 年之后,世界始终笼罩在核革命(nuclear revolution)的影响下。人类有史以来首次研制出了一种威力巨大的武器,它可以在不必占领军事目标或取得军事优势的情况下,瞬间毁灭大量人口与城市中心。这种武器,在大多数时候,其使用效果往往与其战略目标并不相称,其次它极难被防御,此外,它还具有"扮平战局"的能力,即便使用者实力弱小,也可以给对手以致命打击。因此,这一武器具有根本上的革命性。它所带来的破坏之严重甚至已经超过战斗所捍卫的价值。这一武器最早出现在美国,在当时是一种国际范围内的创新。然而不如所愿,其他主要大国也相继研发出原子弹。值得赞扬的是，美国与后苏联时代的俄罗斯达成了长期的合作，通过"纳恩-卢格减少威胁合作计划"（Nunn-Lugar Cooperative Threat Reduction Program）＊，拆除了苏联的大规模杀伤性武器（WMD）库，有效防止了核材料的灾难性扩散。与相互核威慑类似，成功的军备控制也是一种集体行为，它的成功依赖于与非自由主义国家的务实合作。

这一核现实使战后秩序的暴力程度大大降低，至少避免了大规模战争的发生，而其基础则是核武器国家之间形成的互相威慑及其带来的不稳定。有核国家以惩罚性威胁建立威慑，同时这种能力也在很大程度上受到限制。否则，我们很难相信，核武器与大规模战争的消失无关。正如迈克尔·昆兰（Michael Quinlan）所描述的那样：

> 西方拥有核武器并不会影响苏联在西柏林问题上的看法，因为非核力量也可以轻易迅速占领西柏林。人们不得不相信，面对印度在其他级别军事力量上的优势，巴基斯坦即便拥有核武器也没法增强自身的安全感。人们也不得不相信，如果以色列的邻国掌权政府坚决反对以色列的存在，并成功发动军事侵略。他们也有理由相信，以色列宁愿遭受常规或化学武器部队的政治毁灭，也不会动用核武器……同样，人们也相信，在1990—1991年海湾战争期间，以色列所拥有的核武器（虽然未公开宣布）不仅没有发挥作

---

＊ "纳恩-卢格减少威胁合作计划"是由美国提供经费和技术来处置和保证大规模杀伤性材料的安全，尤其是处理和保证原苏联加盟国的大规模杀伤性武器安全的计划。——译者注

用，而且也根本不可能改变萨达姆·侯赛因关于不针对以色列使用化学武器的决定，因为这种手段一定会让以色列失去耐心，引发以色列的军事干预，虽然萨达姆曾一度希望通过引起冲突来分裂反对他的联盟。[51]

核武器的出现，其不断扩大的射程，以及随之而来的更为强大的热核武器，让现实变得一片黯淡，这并不符合自由主义的价值观。由于核武器技术的发明已成为人类未来永久的、不可消除的因素，大国之间的和平与稳定就依赖于残酷的勾心斗角，即以种族灭绝为威胁来防止种族灭绝。这势必会长期"连累"这些国家的平民，使他们沦落为世界末日威胁的牺牲品。在美国，这导致权力主要集中在行政部门，使美国成为一个实际上的"核君主制"国家。

为了创造改造世界的条件，美国首先扫清了它在亚洲的头号竞争对手。成功开启了自由主义秩序的总统哈里·杜鲁门正是在1945年8月下令对日本帝国发动了两次原子弹袭击。日本的两个城市遭到毁灭，经历了一系列封锁、燃烧弹攻击和饥饿灾荒，之后还将受到长期的核辐射。杜鲁门之所以要这样做，是为了将试图打造亚洲秩序的竞争对手扫地出局。又因为日本一直在以残酷的手段追求自己的秩序愿景，因此华盛顿给世界带来了这一种族灭绝武器，并十分有说服力地论证了，这已经是"最不坏"的选项。不过，很能说明问题的是，为垂死的自由主义秩序发出的颂歌中，"广岛"和"长崎"这两个名字几乎没有出现过。同样，今天的"美国至上主义者"总是谈论美国打造了一个多么自由开放的太平洋地区，以及美国领导下的全球化进程是一个多么和平的项目，但他们很少提及其背后的血腥历史——

曾经的海军准将威廉·佩里(William Perry)用枪口迫使被孤立的日本签订商业条约。如出一辙地,秩序总是诞生于各种创造性的毁灭之中,无论是坚船利炮式的外交,还是核威胁。

核武器和核威胁很少出现在这些颂词中,他们谈论更多的是自由秩序如何阻止或减缓核武器扩散,例如通过建立联盟或签订《不扩散核武器条约》(Non-Proliferation Treaty,1970)等令人钦佩的实现和平的努力。但即使是这些最好的例子中也掺杂着黑暗元素。《不扩散核武器条约》是大国行使特权的典型例子,它的目标是使有核国家承诺通过谈判最终实现裁减核武器,但在实践中,俄罗斯和美国则对其核武库进行了现代化的更新升级,并且重申了核武器在其原则中的核心价值。5 个北约无核国家也无视削减核武器的条约,自愿充当核武器国家的代理人,为本国部队装备核武器,以便在战时为美国提供武器运送。

自由秩序支持者们将消除大规模战争的功劳归功于美国霸权。然而,世界末日的避免,也离不开那些反对以美国为首的世界秩序的国家,它们以毁灭性威胁约束了美国,从而大大降低了第三次世界大战爆发的可能性。战争的发生至少需要两方,所以不再出现大规模战争也是美国与同样拥有核武器的对手共同努力的结果。这一威慑能够牵制美国,取决于它能够最大程度阻止核武器的扩散,同时致力于提高核反击能力以免受"确保相互摧毁"(mutually assured destruction)的威胁——因为很明显,美国不愿意自己受到威慑和牵制。[52]

我们也应该警惕必胜主义者(triumphalist)对于大规模战争得以阻止的鼓吹。大规模战争的阴影从未消散,而这正是这一时期的主要特征。核武器、安全稳定与核威慑之间存在着复杂的关系。[53]以核报复进行威胁虽然能让双方谨慎行事,但也会制造新的不稳定因素。拥有核武器既能产生制约作用，也能在某些情况下——比如面对较低级别的冲突时——提高胆量；它可能会防止暴力升级，但不会完全消除竞争。此外，当面临"懦夫博弈"（games of "chicken"）＊的局面，任何一方都可能利用操纵局势恶化的风险以寻求讨价还价的优势地位。而各方对准核阈值的门槛有不同的想法，这就留下了误解的可能性。

如果说核秩序在"美国治下的和平"时期帮助世界避免了一场大规模战争的爆发，但这一时期也因此始终处在战争一触即发阴影下。恐惧、误解、误报或系统错误等情况，曾经引发过一系列高风险的、险些脱轨的事件。[54] 1962 年，美国参谋长联席会议（Joint Chiefs of Staff）向肯尼迪政府施压，要求其攻击古巴，但他们不知道苏联作战部队已经拥有了装配核弹头的导弹，并已获得使用授权。当时一名苏联潜艇指挥官以为战争已经开始，而且做好了发射核鱼雷的准备，最终在其他军官的劝阻之下才终止。有时候，这些预警系统会非常敏感，可能把一些军事演习，甚至将月球或者一群鹅误认为核攻击。苏联和美国之间的威慑关系也时常不稳定，双方都害怕对方会发起突然袭击。如果追求稳定的威慑意味着安全的实现取决于相互的弱点，那么双方有时会拒绝承认自己的脆弱，并力争获得战争的优势。随着军备竞赛和技术发展，对于可能拥有劣势、落后的核武库的恐惧，对于自己拥有的报复能力仍然可能受到威胁的担心，导致了一系列不稳定因素的摩擦不断增加。所幸，值得赞扬的是，两国最终还是竭力稳定了彼此间的关系。

---

＊ 懦夫博弈，又被称为"胆小鬼博弈""鹰鸽博弈"。博弈原理是当两个参与者都不屈服，那么可能最坏的结果会发生，常常用于刻画一种骑虎难下的博弈局势。——译者注

因此，吹嘘自由主义秩序阻止了大规模战争不免显得有些自满。能实现共存在一定程度上不能只归功于一个思想开明的霸权的善行，而是依赖于其他国家的遏制力量所形成的威慑关系，以及与之相关的、在理论上无法自由使用的军事武器。有时，这种关系相当不稳定，核战争的威胁几乎成为现实。因此，我们至少可以说，如果仅把这段历史概括为一个大国监督下的"和平与繁荣"，未免流于表面。

## 势 力 范 围

在主流话语的观点中，建立势力范围与美国主导的世界秩序背道而驰。2013—2014 年的乌克兰冲突就再次将这个问题摆在了台面上。当美国及其盟友同俄罗斯就乌克兰的地位问题发生冲突之际，欧洲外交官坚称，欧盟"不参与地缘政治"。[55] 同样，欧洲领导人也明确表示，他们的秩序愿景已不再是原始的政治形式。正如德国总理默克尔所说："我们以为我们已经摆脱了那些陈旧的模式。"[56]

历史并非如此。在美国和欧盟的历史上，它们一方面宣示威尔逊主义式的民族自决传统，另一方面又强调各自实际的领土主张，前后经常不一。2013 年，在美国的支持下，欧盟向乌克兰提出了一份贸易联合协定（Association Agreement），试图在商业和军事领域扩大欧洲—大西洋领域。该协定的条款将乌克兰与西方军事和安全政策相捆绑，承诺乌克兰将"促进外交和安全政策领域的逐步融合，不断加强乌克兰在欧洲安全领域的参与度"。该协定规定"提高乌克兰对欧盟领导下的军事和民事危机管理行动的参与度",并探索双方军事技术合作的潜力。[57]无论意图如何,俄罗斯认为这一扩张过程违背了其切身利益。欧盟扩大其承诺的安全范围,在莫斯科看来,这就是搞地缘政治和势力范围扩张,尤其是在《布加勒斯特宣言》(Bucharest Declaration)承诺北约最终将吸收乌克兰和格鲁吉亚的大背景下,这个意图就更为明显了。

俄罗斯的安全精英们担心,由于西方不断扩张,原本的缓冲国以及具有重要历史价值的领土将会成为敌人的附庸,从而进一步缩短其与潜在对手的距离。俄罗斯尤其担心失去它在塞瓦斯托波尔的海军基地,以及它在黑海和地中海投射军事力量的能力。[58]普京迅速给予回应,利用计策和武装代理人,"吞并"了克里米亚。随后,在美国的支持下,乌克兰首都基辅爆发了"广场革命"(Maidan revolution),抗议运动强行推翻了乌克兰的亲俄政府,新组建的亲西方政府又不断遭到俄罗斯支持的一系列叛乱活动的冲击。莫斯科的报复让西方官员感到十分震惊,因为他们一直假定俄罗斯一定能意识到自己的善意动机,或者应该了解欧盟不"参与地缘政治"。

传统主义者可能并不认为乌克兰加入欧盟就是建立势力范围的表现,而会反击称,这仅仅是给乌克兰提供一个自愿一体化的机会,即允许一个国家加入民主资本主义的繁荣区域。然而,势力范围并不一定要通过武力建立。1959 年,古巴在国内取得民族民主革命胜利后,试图加入苏联不断扩大的势力范围,也是受到了莫斯科方面的鼓励而非强迫,正如北约的成立也在一定程度上是经由欧洲国家的要求而建立的一个"被邀请的帝国"(empire by invitation)。美国也始终坚持要打造自己的势力范围,尽管它有时并不承认这一点。在拉丁美洲及西半球,美国曾先后对多米尼加共和国(1956 年)、格林纳达(1983 年)、巴拿马(1988 年)和海地(1994—1995 年)进行军事干预。不仅如此,美国领导人还十分理解其法国盟友不断干涉非洲前殖民地的行为。美国至今也还保留着历史上禁止外部势力介入其范围的规定。例如,如果墨西哥或加拿大试探这一范围,欲接纳中国或俄罗斯的军事力量,或加入上海合作组织,或者如果某一个大国在加勒比地区建立联盟,美国绝不会对这一践踏其"势力范围"的行为坐视不管。典型的例子就是鹰派"美国至上主义者"(hawkish primacist),他们对美国政府施加影响,明确强调美国在自己所在的整个半球势力范围具有独占性、排他性。由于嫉妒俄罗斯在委内瑞拉的军事存在,美国国家安全顾问约翰·博尔顿(John Bolton)强调"门罗主义仍然存在且完好",拒绝排除沿用旨在维护美国军事干预的"罗斯福推论"(Roosevelt Corollary)*。[59]

在"9·11"事件之后,美国事实上宣称整个世界都是它的势力范围。既然恐怖分子可能从任何地方发动袭击,这个超级大国就为自己颁发了一张"猎人执照",享有追捕、抓获或杀害恐怖分子的特权,必要时可以不顾其他国家的主权,并"有权不受国际法的一切限制"。[60]凭借其在海外自恃的自由,美国扩大了它的战争权力,建立秘密的"黑狱",在未经审判的情况下引渡嫌疑人,以及不断进行法外暗杀行动,有时甚至不经东道国的同意。

---

* 罗斯福推论(Roosevelt Corollary)是 20 世纪初美国第 26 任总统西奥多·罗斯福对美国第 5 任总统詹姆斯·门罗宣布的"门罗主义"的最为重要的一次引申,它的核心是美国可以根据自己的逻辑任意武装干涉拉丁美洲,以实现"美洲是美国人的美洲"这一独霸西半球的野心。——译者注

2013 年，一名联合国特别报告员暗示，奥巴马政府进行了可能是非法的无人机轰炸，但随后联合国人权理事会（UN Human Rights Council）的调查却遭到了白宫的抵制。[61]巴基斯坦频遭无人机袭击，然而该国从未正式同意无人机袭击，且公开反对这一行径。但由于担心遭到报复，巴基斯坦为无人机清理了空域，并且不干扰它们的行动。华盛顿顺其自然地将巴基斯坦的被动之举理解为同意。于是出现了一种"强制同意"的做法，而这大概是非法的。[62]"9·11"委员会的措辞实际上宣告了美国的主导地位是完全不受限的。随着全球化缩小了恐怖主义发生在"这里"或"那里"的区别，"地球就变成了美国的后花园"。[63]美国可以自行决定，从天而降执行杀人行动。

美国以排他性的方式划分势力范围的主张，反映了单极世界的不平衡状态。为了防止不必要的冲突，美国有时会心甘情愿地接受相互容忍势力范围的提议。在这一秩序诞生之时，罗斯福总统和杜鲁门总统，无论是在公开实践还是私下场合中，都接受了这一原则。罗斯福模式下的"四个主要大国"将各自"管理"它们的势力范围。1945 年的雅尔塔会议和波茨坦峰会虽然也公开谴责这一原则，但也承认了事实上的势力范围，例如，1944 年 10 月，美国认可了丘吉尔和斯大林在莫斯科就东欧国家达成的划分两国势力范围的"百分比协定"（"percentages agreement"）。苏联红军的领土征服与占领使分裂成了既定事实，只有再次发动战争才能推翻这种分裂。虽然曾发出过多次战争警告，但面对苏联违背承诺在被占领的东欧进行自由选举的行为，美国还是在 1945 年 7 月的波茨坦陷入被动，到 1945 年底，美国政府不再对波兰的内部政治感兴趣，开始接受它"事实上已是苏联势力范围的一部分"。实际上，到 1945 年 12 月，波兰整个地区已经被视为苏联势力范围的一部分,在那里,苏联"主导一切"。[64]美国国务卿詹姆斯·伯恩斯(James Byrnes)希望苏联能够接受西方势力在西欧、日本、地中海和中东等关键地区占据主导地位,以换取苏联保持在东欧的主导地位。所有这一切都与威尔逊式的传统以及美国的正式声明相悖,因此,"就此而言,一定程度的谨慎总是必要的"。新总统杜鲁门认为,为了避免冲突,有必要通过谈判来划分势力范围。国防部长詹姆斯·福里斯特(James Forrest)也指出:"我们将在未来很长一段时间内拥有一个斯拉夫民族控制下的欧洲(a Slav Europe),但我觉得事情没那么糟。"[65]这段私人言论后来从福里斯特出版的日记中被删掉了。

势力范围(spheres of influence)的概念在冷战期间为多个国家的领导人所接受。1961 年 6 月 4 日,肯尼迪总统在巴黎的一次会议上表达了与苏联领导人尼基塔·赫鲁晓夫解决领土问题的愿望,称美国政府"不希望采取剥夺苏联与东欧关系的行动",这样可以保持德国分裂的现状,该声明随后从文件的解密版本中删除。[66]1962 年 1 月,肯尼迪在接受苏联报纸《消息报》(Izvestia)采访时表示,由于 1956 年匈牙利起义时美国没有干预,所以美国现在也应该在古巴问题上放手。经过多次危险的试探性事件,这一不干涉原则逐渐成形,如最初在 1956 年美国直接支持了镇压匈牙利的起义叛乱,到了 1962 年,当苏联在古巴装备中程弹道导弹时,美国选择进行海上封锁。在这些事件中,大国之间形成了稳定的互相预判。冷战时期,其他几位美国总统对苏联的势力范围进行了更具颠覆性的干预,但又在后期退出,他们认识到了不承认势力范围是更为谨慎的做法,即便要容忍对方的势力范围,也至少可以限制干涉。艾森豪威尔总统在 1956 年匈牙利起义被镇压之后就是这么做的,里根总统在 1982 年波兰起义期间和之后也是如此。在冷战的大部分时间里,美国默认了苏联在东欧的势力范围,就像苏联也接受了美国在加勒比地区的势力范围。除了相互之间的宣传战,双方至少非常克制避免过度干涉对方。这一理念有效地缓解了紧张局势。1975 年签署的《赫尔辛基最后议定书》(Helsinki Final Act),其结果虽然是喜忧参半,但它实际上承认了苏联在东欧的主导地位。这种"平等"原则让超级大国之间得以获得周期性的缓和。

然而这些都不能排除大国在其他战场上的代理权争夺。那些赞成这一观点的人认为,战后时期的主要军事冲突大多是次要事件,认为它们仅发生于"弱小,欠发达和外围国家",[67] 偶发的独立事件不能代替整体局势。这就是问题所在,那些阳光无法触及的地方以及边缘地带也同样定义和显示着秩序的作用。为了维护或促进秩序,美国有意且强势地将自己的势力范围投射到较弱小、欠发达的地区,以塑造一个完整的体系。这也正是我们接下来将谈到的战争问题。

## 和 平 之 战

秩序本身是好战的,即使是为了共同利益而进行的绥靖政策也离不开争斗。随着国家实力日益增强,美国愈发倾向于实施军事行动。1989 年之后,单极的"美国治下的和平"的前 20 年,虽然只占美国历史不到十分之一的时间,但却占据了美国武装冲突历史的 25%。就频率而言,这一时期的美国比以前在两极和多极化时代变得更加好斗。[68]在冷战期间,美国发动了 46次军事干预,在 1992—2017 年期间,这一数字跃升至 188 次。霸权的维护者们不否认战争的存在,但他们坚信,海湾地区的混乱若不由他们倡导的世界秩序加以控制,将会造成更致命的破坏性。

"美国治下的和平"的捍卫者辩称,对这一秩序的评判应当置于历史的维度之下。美国所创造的世界秩序,相比于罗马人、蒙古人、奥斯曼人、欧洲人、纳粹、日本人或苏联人的世界秩序,更为良性。然而,问题不在于"美国治下的和平"是否比它的"前辈们"更加自由——这是显然的——而是称其为"自由主义"是否能充分说明它的性质,以及它实际上是否有效。美国在最近几十年内事务缠身、好斗乐战,证明这并不是一个外交政策决定胜利的时代。这一问题正在变得愈发紧迫。难道美国必须让自己在世界范围内取得无可匹敌的武装霸权和独一无二的领导地位才能确保国家的安全吗?

自由秩序的愿景同战争和"硬实力"的事实之间存在矛盾。自由秩序的支持者并不否认——事实上他们确信——美国作为超级大国,之所以能维持和平,主要是依赖美国具有优势的甚至压倒性的军事力量及其明智的军事部署。然而,他们往往强调其不流血的军事行动及其产生的平定混乱与民主化的效果。所谓武力使用似乎只是一种说法。在明面上,美国凭借军事优势威慑了对手,安抚并团结了盟友,抑制了恐慌的持续上升,并防止了冲突的发生。这些共同构成了那些在美国国内、在学术界以及在欧洲大陆的认识中最能凸显美国霸权共识性和吸引力的研究案例。武力的实际使用、战争的过程以及战争的威胁都悄

119

然隐退其后。有人指出：

> 1945 年后的体系是建立在美国霸权基础之上的。但冷战结束后，由于美国的领导地位根植于多边规则和机构之中，这一体系得以延续，并进一步扩大。每一个人都与之息息相关。美国有时会越权，比如在越南或入侵伊拉克问题上。但是，以历史的标准来看，"美国治下的和平"在本质上是良性的，它不仅依赖于军事力量，也同样依靠其作为世界榜样的力量。[69]

这类说辞，暗示这一体系的良性本质，将灾难性的、漫长的战争视为偶然的失误，从而将美式霸权区别于暴力和破坏规则的行为，转移了人们的注意力，不再重点关注维护世界秩序的主要手段是军事力量的运用。

一些人认为美国在世界范围内创造了前所未有的相对和平，但这些乐观的想法完全夸大了战争的减少，因为他们仅仅通过计算死亡人数来衡量战争的规模。塔尼莎·法扎尔（Tanisha Fazal）对此表示，这是一种误导，因为它忽视了现代战争中最根本的变化之一，即受伤的士兵更多是在社会的救治中存活了下来。[70]"美国治下的和平"时期的一个重大转变是战地医疗的进步，它极大地降低了伤亡比例。过去符合伤亡数量最小门槛的战争现在在统计中被略去。计算方法的变化极大地影响了对战争发生率的估计。如果只关注战斗死亡人数，那么自 1946 年以来，武装冲突的发生率下降了 50%；而一旦将非致命伤亡计算在内，这一降幅就减至 20% 以下——一个在统计意义上并不显著的趋势。尤其是如今，将战争的频繁程度和它的杀伤力混为一谈是错误的。考虑到战争会产生大量身体和精神上受到伤害的幸存者,再加上那些因战时受伤导致的战后发生的、远离前线的死亡,狭隘地关注战斗死亡人数会相应导致了对于战争代价的忽视。

在其他方面,美国的确成功地降低了冲突的严重程度,但并非是通过自由主义秩序的机制。回想战后影响最深远的、为亚洲带来和平的外交突破之一:1972 年尼克松总统与毛泽东主席之间达成的和解。两国的和解是通过一个秘密渠道建立起来的,巴基斯坦总统叶海亚·汗(Yahya Khan)做了中间人,让美国得以和中国领导层取得联系。也因此,为了继续保持叶海亚·汗的秘密合作渠道的畅通,美国对于 1971 年孟加拉取消自由选举保持了彻底的沉默。

这些"现实政治"不同于那些雄心勃勃的主张,即处在主导地位的美国凭借其实力优势,为其他国家提供保护,同时也采取威慑手段,广泛推动人道主义准则,抑制其他国家的好战。在欧洲等北方地区确实如此,许多在北约保护下的国家有意识地形成了一种反军国主义文化。然而,一向"和平的"北方国家,虽然国内一派祥和,但仍然卷入了其他地方的大规模暴力事件之中。它们以其他方式向饱受战争蹂躏的南方国家输出暴力:通过贩卖有利可图的武器和专业技术,在内战中支持和武装战争代理人,以及使用空中打击等对峙手段,将风险转嫁给遥远地区的平民。持相反观点的人认为,通过强化附庸国或镇压恐怖组织,美国在总体上降低而不是增加了暴力事件的总体规模,虽然这一过程中包含了以非自由主义的手段实现自由主义的目标。

所谓"前所未有的和平水平"并不符合非洲大部分地区的经历。即使以历史最低标准来衡量,1998 年至 2001 年期间在非洲的刚果民主共和国境内和整个地区爆发的多方"大战"也是集中暴力的非正常高峰,5年内造成200万至500万人丧生。[71]考虑到西方国家通过参与非洲的军事化、武器转让和军事训练方面获得的庞大经济利益,这绝非一场独立的、本土的斗争。美国政府声称,这些项目旨在通过提高维和力度和专业水平来稳定地方秩序。世界政策研究所(World Policy Institute)2000年的一份报告指出,"无论美国的意图如何,其提供的技术和装备事实上增强了非洲战斗人员的军事能力,陷入了一些最为暴力和棘手的冲突"[72]。鉴于其他国家对西方发展情况的重视程度,这些因素将很难被从世界秩序的历史中剥离出去。

自由秩序的历史往往被概括为一段相对平静和富足的历史。一些人断言,"世界秩序"在世界大部分地区都有效发挥作用,带来了稳定、繁荣与和平。虽然边缘地带也曾发生暴力冲突,但主要大国之间相对和平。[73]

图2.1所示的地图表明,自由秩序的"边缘地带"范围之广、充满血腥。[74]尤其是在亚洲,战后秩序充斥着激烈的战争。包括从中东、中亚到中国东北平原和中南半岛在内的地区构成了一个横跨亚洲南部的大型战区,自1945年以来,大约有1 400万人在武装冲突中丧生。[75]将这一条领土地带、这一片染血的土地视为少数和边缘,这是十分自满的观点,是将欧洲大陆和东北亚地区过度特权化;同时,将这些冲突视为次要事件,更是十分错误的认识。事实上,主要大国为塑造其核心利益,向这些边缘国家输出金钱、枪支以及符合自身利益的阴谋和火力。因此,数百万人的死亡和伤残属于秩序不可分割的一部分,其旨在塑造世界特定"核心"的权力平衡。

资料来源：经丹尼尔·伊莫瓦尔（Daniel Immerwahr）许可转载，信息来自 Paul Chamberlin，*The Cold War's Killing Fields：Rethinking the Long Peace*（New York：Harper Collins，2018）；Alex de Waal and Bridget Conley-Zilkic，*Mass Atrocity Endings*，参见 https://sites.tufts.edu/atrocityendings/；Bethany Lacina and Nils Petter Gleditsch，"Monitoring Trends in Global Combat：A New Dataset of Battle Deaths"，*European Journal of Population* 21：2—3(2005)，pp.145—166。

**图 2.1　在东半球由超级大国推动的冷战冲突以及**
**乔治·奥威尔预言的战争四边形区域**

对共产主义的遏制以及共产主义试图打破遏制圈的反制，是很残酷的。为了保护自己的独裁政权不受无情的共产主义对手的伤害，美国发动战争，摧毁了朝鲜半岛的大部分地区，随后又先后对越南、柬埔寨和老挝进行了大力打击。朝鲜战争（1950—1953 年）是一场毁灭性的冲突。据保守估计，美军杀死了 100 万朝鲜人，其中包括平民和士兵。[76]与"反复无常且独裁"的韩国总统李承晚结盟使得美国的声誉岌岌可危。对于"毗邻苏联势力圈的国家"来说,朝鲜就象征着"西方的实力和决心".[77] 在越南战争(1965—1972 年)中,越南共计伤亡约 100 万名共产主义战士和 36.5 万名平民。当然,并非所有的伤亡都是来源于美国的火力(或惩罚)战略和大规模轰炸,他们在越南遇到的对手也是残酷而坚定的。但考虑到武器吨位的下降,以及美国采取的其他措施,比如喷洒了 1 300 万加仑的橙剂(一种化学落叶剂,对人的神经产生剧毒),美国人肯定仍要对大部分的伤亡负责。战争也波及了老挝和柬埔寨,美军为封锁增援部队和物资供应进行了大量轰炸,保守估计造成 20 万人伤亡,其中 10 万人死亡,另造成约 200 万人流离失所。

越南问题是这场争论的核心。越南战争是美国政府为维护世界秩序所进行的最重大的尝试之一。这场冲突的制造者发自内心地认为,这是保护美国所领导的自由世界的必要行动。[78] 1964 年至 1965 年间,在关于美国是否要扩大支持南越政权的地面承诺的关键性内部辩论中,约翰逊政府内部的政策制定者们意识到,要在南越战胜共产主义将十分棘手,并且困难重重。[79] 但他们仍然相信,这场行动是值得的,因为它维护了当今许多自由主义秩序信徒所信奉的重要原则,同时也阻止了联盟的分裂,避免了商业体系动荡可能引起的连锁反应。然而,他们也担心,敌对的政治浪潮可能发展成为破坏自由世界的海啸,即使它不会在地区内引起多米诺骨牌效应,也可能会成为全球性的革命浪潮。美国如果不能向那些处于其势力范围边缘的盟友展示可信的决心,那么必将破坏欧洲和亚洲盟友的信心,进而可能导致西德或日本在美苏之间对冲平衡,甚至背叛美国,倒向苏联。而坚守越南阵地将为美国的盟友和附属国赢得时间和喘息的空间,以加强它们自身的防御。根据总统顾问约翰·麦克诺顿

(John McNaughton)在 1965 年 3 月 25 日的一份备忘录,美国在中南半岛的政策"70%是为了避免耻辱性的失败(以确保我们作为担保人的名誉);20%是为了防止南越(和邻近地区)落入中国控制;10%是为了让南越人民享受更好的、更自由的生活方式"[80]。

"信誉"(credibility)原则,即美国的联盟体系的完整性建立在美国拥有的国际地位的基础之上,这决定了多米诺骨牌效应必须被纳入考虑。美国总统肯尼迪也有过类似的担忧。1961年 11 月,他担心越南问题的谈判将在整个东南亚引发一场"重大紧张危机"(major crisis of nerve)。就在当月,美国国务卿腊斯克和国防部长麦克纳马拉(Robert Strange McNamara)也警告说,失去越南将"削弱美国在其他地区承诺的可信度"。随后,国家安全顾问沃尔特·罗斯托(Walt Rostow)和麦克乔治·邦迪为美国在越南的行动辩解说,这避免了在更多地区产生多米诺骨牌效应,并为东南亚国家联盟(ASEAN)的国家发展自身经济争取了时间。1969 年,美国国家安全顾问基辛格分析称,越南战争的核心事关"对美国承诺的信心"。无论再怎么流行对于"信誉"或"声望"这些用词的嘲笑,它们都不是空洞的话语;只有依靠我们的稳定,其他国家才能配合我们采取一致的行动。[81]美国在越南的轰炸规模是第二次世界大战时的 3 倍。他们的理由是,将这种暴力集中在一个地方,就能防止其蔓延到其他地区。他们希望借由这些非自由主义的手段,或者无休止的轰炸和秘密行动,能够最终实现自由主义的目的,即打败极权共产主义。

伊拉克战争也是美国重塑世界秩序的努力之一。这场战争的发动者计划按照自己的方式传播资本主义民主,并展示自己的力量。1997 年，一群鹰派知识分子提出"新美国世纪计划"
（PNAC）＊，呼吁美国"承担起维护和扩大国际秩序的独特角色
和责任"，[82]诉诸"军事力量和道德透明度"，敦促总统克林顿将
独裁者萨达姆·侯赛因（Saddam Hussein）赶下台。2003 年，他
们终于如愿以偿，美国与波斯湾地区这一桀骜不驯的政权之间
旷日持久的斗争终于达到了白热化的程度。2003 年 3 月，以美
国为首的多国部队入侵伊拉克，此次军事行动的策划者们希望，
这场战斗能够消除日益增长的威胁，包括巴格达的流氓政权及
其危险的武器库；同时，还将以不同但相互补充的方式加强国际
秩序。[83]"9·11"恐怖袭击与之前早些时候的安全危机一样，再
次推动了战争转型。如果说，从战争废墟中重建也是建立秩序
的一部分，那么决策者们则从"9·11"事件中（恐怖分子）对美国
本土平民的屠杀中嗅到了这种机会。美国在阿富汗取得了明显
的胜利，再加上 10 年来各种小型战争也屡屡获胜，决策者们感
到了一场世界历史性的巨变。2001 年 10 月，英国首相托尼·布
莱尔宣布："让我们重整世界秩序。"这一呼吁在美国也引起了共
鸣。美国总统乔治·W. 布什认为这是一个"实现远大目标的机
会"，并将带来"世界和平"。国家安全顾问康多莉扎·赖斯
（Condoleezza Rice）认为，"这段时期类似于 1945 年至 1947 年
间"。随着世界政治板块的转移，这是一个定义和重塑世界秩序
的时机。[84]如果阿富汗战争还不够，那就有必要进一步采取措
施，推翻萨达姆在巴格达的政权，超越中亚这片干旱的腹地，进
入更具战略意义、石油资源丰富的大中东地区。推翻萨达姆的

---

　＊ "新美国世纪计划"（Project for New American Century）创建于 1997
　年，该机构的目标是建立美国治下的世界和平，所有其他国家都应该
　屈服于美国的领导和意志。——译者注

复兴党(Ba 'ath)的暴虐政权,将是地区转型的决定性一步,就像在20世纪中期将战败国改造成为自由世界的大规模计划一样。正如一位官员所说,"通往整个中东的道路必经巴格达"。[85]

支持美国入侵伊拉克的人认为这是一场"(维护)世界秩序"的战争,体现在两个截然不同的方面,一个是浪漫的理想主义,一个是务实的权力追逐。对于鹰派的自由国际主义者而言,这是一次在道德和战略基础上积极重建该地区秩序的努力——"将伊拉克人民从本国的地牢中解放出来",并建立"阿拉伯民主的前沿阵地",因为"伊拉克是一个世俗民主国家,其所有公民都应享有平等权利"。[86]推翻中东核心地区的一个流氓政权,将开启一场良性的多米诺骨牌式的改革浪潮。五角大楼2003年的一份报告指出,考虑到伊拉克的"规模、能力和资源",将之改造成为一个民主国家将对"该地区和世界"产生"历史性的"影响。[87]鹰派民主理想主义者保罗·沃尔福威茨(Paul Wolfowitz)在2001年11月下旬监督起草了那份具有很强影响力的咨询文件《恐怖主义三角洲》(Delta of Terrorism),这是一群知识分子的秘密宣言,该文件预测了美国与激进主义间的战争将持续两代人,同时也呼吁在伊拉克发动政权更迭,帮助中东摆脱"恶症"(malignancy),扭转导致"激进主义和滋生恐怖主义"的"停滞状态"。[88]对于那些更狭隘的民族主义者来说,这场战争将是美国向竞争对手和盟友发出的强劲信号。"9·11"袭击暴露了这个超级大国的脆弱性,美国借此重振威慑。这正符合"监狱院子原理"(prison-yard rationale),那就是美国应该不时地扼住一个弱国的脖颈,以展示自己的实力。从副总统迪克·切尼(Dick Cheney)到国务卿亨利·基辛格,再到专栏作家托马斯·弗里德曼(Thomas Friedman),他们都是这一论调的支持者。伴随美国展现出来的实力，人们可以推测，美国拥有一个格外具有霸权色彩的目的，即重塑地区秩序。这会创造出一种危险的自信。一位狂热者宣称："伊拉克根本无法抵抗我们。"[89]

因此，巴格达陷落了。美国在伊拉克进行的摄政统治激起了一种困境：解放者要在当地培植市场经济的民主政治，但达成这一目标的前提是，依照占领者所偏好的方式实现对伊拉克人的解放。这一意识早在针对萨达姆的审判中就有所体现，作为一个被推翻的统治者，这是旧秩序向新秩序屈服的标志性过程。伊拉克法院起诉萨达姆，但只是针对美国和英国没有牵连其中的那些历史罪行。随后，一个被解放的秩序中诞生了赢家和输家，但也带来了新的冲突。新组建的临时政府按照自己的意愿，用强制手段在本国实行资本主义转型，将国家当作经济学教条的实验室，通过对公共企业进行私有化、向外国开放伊拉克银行等方式移除甚至消灭了几乎所有贸易壁垒。面对自由市场和自由选举，当地人感到胆战心惊，这就像一场危险的竞争，赢者通吃，混乱滋生。美国驻伊拉克"总督"保罗·布雷默三世（Paul Bremer III）监督完成了一项破坏性的计划，包括解散复兴党、大规模解雇公务员和裁撤军队人员，这使得伊拉克的逊尼派人士更加边缘、激进。虽然推翻旧秩序也是什叶派和库尔德政党的共同要求，但他们担心外国人可能重新建立一个像萨达姆那样的压迫性附庸政权。虽然布什和他的内阁否认美国的帝国主义角色，但日益增长的暴力事件要求美国军事指挥官参与到国家治理中，这进一步限制了这个新生民主国家的主权。正如负责政治事务的副国务卿在 2002 年 4 月的国会听证会上保证的那样，"我们将尽最大努力与临时政府协商"，但"美军指挥官仍有权利、有能力，而且也有责任来决定美国部队应当扮演怎样的角色"。[90]

　　美国不断对伊拉克政治施加影响力。2007 年 5 月，由于遭到少数派和布什总统的反对，民选总理易卜拉欣·贾法里（Ibrahim al-Jaafari）被迫辞职。在美军入侵之后，伊拉克国内冲突加剧，国际恐怖主义活动恶化，并面临着伊朗和叙利亚等破坏者的制衡，在加沙和伊朗地区先后有反美候选人赢得选举、成功当选。为此，布什政府没有取消反而增加了其宣称的行动目标——至少要解放"大中东地区"。以叛乱形式发生的抵抗迎来了镇压叛乱的行动，包括监视、宵禁、隔离、贿赂、审查、镇压、监禁和酷刑，美国采取了各种非自由主义的做法。又一次，自由主义者与帝国主义者，解放者与统治者，这些互为对立的形象重合在了一起。结果再一次让政策制定者们感到惊讶，在伊拉克的冒险行动成了美国自越南战争以来最具灾难性的战争。这是一场浪费了数万亿美元的经济灾难，一场滋生了抢劫、内战、外逃、增强伊朗实力和导致伊斯兰主义扩张的地缘政治灾难，一场充斥着酷刑和虐待的道德灾难，以及一场权力不受约束的宪法灾难。

　　建立秩序的历史记述必须接受那些以秩序的名义发生的粗暴行为，以及这些行为背后的黑暗逻辑，而不是人为地抹除它们的存在。随着这一秩序的演变，它表现为以战斗来建立信誉，通过轰炸来挽回颜面。像越南战争和伊拉克战争这样的远征，是决策者出于维护世界秩序而采取的行动。这些战争不是杂耍。它们耗费了白宫、国务院、国防部和军事指挥部大量的时间、精力以及精神和物质上的努力。美国发动这些战争是为了在整个联盟体系内发挥影响，以避免给自身带来危险的羞辱，并作为高级盟友和安全保障者建立威慑。小型战争往往处于主流故事的边缘，但它们却从一开始就承载着中心意义。当年决策者的理论依据与如今干预主义者使用的观点类似，即一场外围危机中显而易见的弱点，可能会侵蚀全球体系。

现在，美国已经找到了其他方法和技术，来继续它的军事活动，使世界重回正轨。永久战争几乎已经制度化了。用美国空军上将迈克·霍姆斯（Mike Holmes）的话来说，未来将是一场"无限战争：与同时代对手的长期竞争"。[91]国防部长随意地接受了"园丁"这一称号，将美国对利比亚的伊斯兰主义者的轰炸描述为"修剪草坪"。[92]现在，美国军队在全世界六大洲超过80个国家部署了反恐部队。活动人士敦促美国肩负起雄心勃勃的使命，但这一目标遥不可及，以至于没有边界。美国叙利亚研究小组成员建议，由于"伊斯兰国""长久的失败"，需要"在其曾经控制的地区建立包容、响应和合法的治理体系"。[93]考虑到两国宗派分歧很深，以及沙特和伊朗军队之间更广泛的冷战，我们还需要等待一段时间。因此，一个著名的秩序就此建立，它建立的部分原因是为了结束"战祸"，但最终却使之永久化。

在世界部分地区，比如索马里、也门，或是阿富汗—巴基斯坦边境地区，那里的人们体会到的自由秩序无异于一个致命的无人机帝国。美军无人机扩展计划的先驱者之一是中央情报局前局长戴维·彼得雷乌斯（David Petraeus），他推动并实施了一场"签名式"无人机袭击计划，即故意针对某一个群体的集会发动攻击——例如，"基地"组织成员的葬礼——袭击仅仅依据参与者之间可疑的举动和联系，并不去核实每位到场人员的个人身份。因此，这种攻击也可能会把枪口对准非战斗人员和无辜民众。[94]由此来看，长久以来倡导自由秩序的人士也可能同时是"群体杀戮"风险行动的主张者。毫无疑问，彼得雷乌斯和他的同僚认为，他们保护了睡梦中的美国民众，用较小的恶行阻止了更严重的罪恶。但是，仔细想一想，维护这一秩序就意味着定期在世界的某个地方实施暗杀，实际上是试图将所有风险转移到外国民众身上，这几乎成为美国寻求安全保障的一种常规手段，但美国却绝不会容忍其他任何国家采取这种方式。如果这不是帝国行为，那又能是什么？一旦走向帝国主义，投射力量便不再有利于塑造自由西方的形象。用一位美国驻北约前大使的话来说，无人机的大规模运用很容易"让我们的对手把我们的国家描绘成一个遥远的、用高科技武装的、不道德的屠戮者"。[95]

尽管自由秩序的支持者们声称该秩序促成了大国之间的"长期和平"，武装冲突的空前减少也应归功于此，但其众多拥趸却在呼唤更多甚至永久性的战争。战争的手段本应在战略目标、持续时间等方面加以限制，但一种强烈的病态心理使人们不愿意放弃战争手段，反而扩大了它。作为自由秩序的倡导者，彼得雷乌斯上将在伊拉克任指挥官时期的一个标志性问题是"告诉我这（场战争）将如何结束"，但如今他也呼吁在大中东地区针对伊斯兰武装分子开展"世代斗争"（generational struggle）。[96]这至少将是又一场规模类似持续30年的战争。彼得雷乌斯甚至呼吁承诺延长战争时间，他将其类比于延续了两代人的美韩同盟关系。这种类比的难点在于，与韩国不同，美国在阿富汗的存在遭到了强烈的抵制。彼得雷乌斯实际上是在提议针对正在进行的阿富汗战争给出半永久性的承诺。截至本文撰写时，这场战争已造成2300名美军人员死亡，2万多人受伤。

在这些战争举步维艰的同时，一些认同自由主义的人就会把责任推给国内的民众。由于在阿富汗的所有努力都面临压力，支持战争的空想家们便将之归咎于国内的批评人士。按照他们的说法，并不是战争，而是这些针对战争的怀疑，标志着民众在智力和道德上的失败。美国前国家安全事务助理 H.R. 麦克马斯特(H.R. McMaster)在 2018 年慕尼黑会议上赞扬战后国际秩序,他感叹说,那些反对永久性战争的声音,表面上担忧战争目标的不切实际,又指出敌人如何顽固,更不断夸大面前的威胁,其实都源自国内的失败主义思想。在阿富汗,麦克马斯特指责同胞们的失败主义论调,他说:"一个年轻的学生站起来说,'我这辈子只知道战争'。他从来没有上过战场,但现在却因此而痛苦,我想,他是受到了这种厌战叙事的影响。"[97]麦克马斯特的军国主义思想在他的指责中显露出来,他认为只有那些参加过战争的人才能为战争的代价感到痛苦。

反恐战争的基本逻辑与军事自由主义有着异曲同工之处,即通过镇压混乱势力和扩大民主资本主义范围,加强共和国的安全保障。然而,当这些战争比他们的始作俑者所能想象得更为持久和困难时,他们的支持者又自动更新了理论建构,提出即使在世代斗争或无限制军事部署不断扩张的情况下,自由也能以某种方式蓬勃发展。但恰恰相反的是,这些军事冒险形成了一个全球性战场,减少了约束,包括在其国内。这正是为什么这个国家的缔造者在一开始就如此害怕战争及其产生的后果——形成一个好战的权威。频繁诉诸武装冲突将削弱对政府的各种形式的制约,造成政府的权力扩大,届时国会只能恭敬服从,民众只能温顺听话。这种情况就有可能造成一种永久性的战争状态,并通过将战争制度化,使其成为一个常规性的战略目标。但自由秩序仍旧通过不断地武装镇压以维护自由主义价值观。这或许并非战争设计者的初衷。但是,套用克劳塞维茨(Clausewitz)的话说,战争的目的是为政策服务,而其本质是为自身服务。

从一开始就有人警告说，美国在阿富汗的目标很难实现，代价太高，美国能拿得出的赌注又太有限。阿富汗—巴基斯坦战区的问题极其复杂，即使是美国的力量也无法在其代价可承受范围内将其消灭。盗贼统治的东道国政府和美国的利益是不一致的。与越南战争一样，起决定性作用的是当地人的态度，而非美国国内的政治意愿，即当地民众不愿为一个盗贼统治的政权而战。来自外部的支持，包括资金、枪支和庇护，使得政府很难成功镇压叛乱。与塔利班作战，相当于同巴基斯坦安全政府的一部分发动一场代理人战争。打击阿富汗或许能够抑制恐怖分子的能力，但其代价是助长了宗教激进主义。反过来，这意味着将整个南亚地区卷入更深层次的地缘政治斗争。此外，就像美国在其他地方做的那样，在没有永久性、大规模驻军的情况下，破坏和遏制恐怖主义网络。当这些警告一一得以印证时，别无它法，只能将之归咎于那些当初作出预测的人，并把失败变成一出展现美国公民美德的戏剧，而不是仔细审视这一冒险行动最初得以实施背后的固有问题。为了实现一种良性的政治形式，为了自由、民主和开放的世界秩序，因而要进行持续的战争，其倡导者实际上要求持不同政见者对战争的前景保持沉默，这种战争实则是一种终极的政治行为，以便华盛顿可以更容易地让一场战争无休止地持续下去。以自由主义价值观的名义，以这种方式使世界"秩序化"，揭示了这一秩序的本质，即一种非自由主义的、以武力强制的行为。

回顾过去，自由秩序的捍卫者很少把他们支持的战役纳入其对错误的控诉中。他们认为，当今问题的最大责任不在于美国在傲慢冒险中滥用权力，而是由于其他美国人未能履行他们的历史使命，包括那些被误导的选民和政策制定者。例如，罗伯特·利伯（Robert Lieber）发现美国的主要错误是"撤退",[98] 他支持入侵伊拉克,谴责作为替代方案的遏制行动。他预测,推翻萨达姆·侯赛因将"严重打击"那些拒绝反以色列者,从而加强阿拉伯改革派的力量,并"向支持恐怖主义的其余国家发出形象的警告"。正如现实主义者所警告的那样,战争使恐怖主义恶化,并使伊朗变得更加强大。[99] 战争并未劝阻各国支持恐怖主义,反而促使其愈演愈烈,比如巴沙尔·阿萨德（Basher Al Assad）领导的叙利亚,指挥"圣战"武装分子进入伊拉克实施残酷的活动。但这一切并没有拉近其与巴勒斯坦国家的距离。到2004 年,利伯发现辩论的焦点过度集中在伊拉克战争上,而他曾声称伊拉克战争对"美国的切身利益"至关重要。

将视线从伊拉克移开,利伯发现外交政策受到误导的主要原因在于政策执行不力,以及现实主义知识分子错误地引导了"美国治下的和平"的撤退。就在他指责华盛顿"撤退"的同年,美国向 7 个国家投掷了 26 171 枚炸弹;将用于《欧洲再担保倡议》(European Reassurance Initiative)的预算提高了 4 倍,以"确保盟国相信美国维护盟国作为北约联盟成员的安全和领土完整的承诺";对俄罗斯实施制裁,将其排除在八国集团（G8）之外;在韩国举行迄今为止最大规模的军事演习;发起"航行自由行动"(Freedom of Navigationoperations),以对抗中国在南海的行动;并在中东继续维持 3 万驻军。关于美国正在放弃高尚的国际主义历史的指责,与其说是一种观察,不如说是一种政治倾向,其实质是浅薄而毫不留情的。

因此,如果认为自己就是"自由秩序"的代表,这将会形成一种有害的理念,它会让一个长期处于战争状态的国家相信自己总体上是爱好和平的。反过来,这也为持续的军事行动创造了条件。正如美国企业研究所外交和国防政策研究主任科里·舍克（Kori Schake）所言，民主国家所进行的战争"是为了扩大安全与繁荣的范围，扩大并巩固自由秩序"。[100] 我们可能对此表示怀疑。当古代雅典人、19 世纪的法国人、现代印度人或以色列人拔剑时，他们脑子里想的可不是把自由主义带给别人。从历史上看，民主国家也会像帝国一样投射力量。忘记这些民主国家的帝国式的过去——以及现在——是自由秩序愿景的怪癖。但是，即使舍克关于一套统一动机的观点是正确的，战争的过程也完全是非自由主义的。这些为了扩大自由疆域而制定的武装计划，其结果无论在国内还是国外都是好坏参半的。满怀自信地认为自己的动机本质上是和平的，实际上只会导致盲目的好战。

## 秩序的信任危机

自由秩序的支持者认为自由秩序惠及所有人。理论上，自由秩序可以保障利益的均衡，对美国有利的方面也对世界有利。但 E.H. 卡尔批评了这一谬论，认为这是"特权群体想借以虔诚的道德手段，以证明和维持其主导地位"。[101] 即便确实如此，一个霸权国家也很难让对手相信它的意图是善意的。即使当下有可能，也很难让对手相信这些意图在将来也依然是善意的。换句话说，美国领导下的和平主张低估了无政府状态的威力。在一个没有最高权威维持和平的世界里，人们有强烈的动机去质疑一个超级大国的说法，特别是当这个大国还在不断延伸触角，扩大势力范围，煽动敌对国家的政治变革。

就美国而言,秩序的建立依照霸权规则,并在一定程度上依赖武装霸权实力,以及全球范围内的巨大军事优势。在对手看来,这简直就是在积蓄危险的权力。美国要求各国在贸易、人权或核扩散等领域遵守规则,更像是一种自利的权力攫取,暗含了改变地区秩序格局的企图。讽刺的是,如此做法使美国不像是一个维系现状稳定的强国,而是一个破坏稳定的修正主义者。对民主的支持似乎成了一种意识形态武器。对盟友的承诺也更像是一种为遏制对手而精心谋划的策略。推进民主和追求霸权纠缠在一起,难以区分。霸权国家眼中永恒、超然的道德价值、正义和法律,在对手眼里则像是以良德之辞矫饰的利益,灌输以道德普遍主义(moral universalism),以此赋权霸权随意制定、改造和强加自己的秩序。让对手认可并接受自己的好意是一件绝难之事。这也是美国与欧亚重量级大国之间安全竞争愈演愈烈的原因之一。

中国和俄罗斯的行为不能简单地归结为对美国过度干预的反应。两国都在加强监视,防止恐怖事件,而且也分别表现出了强硬的态度。两国都认为,只要等到本国足够富有和强大之时(中国正经历经济转型,俄罗斯正处于暂时的油价飙升时期),就可以抗衡如今美国的力量。尽管如此,它们的外部行为表现仍有很大一部分是对美行为的回应。中俄都认为自己不是在全盘撕毁秩序,而是反对美国修正主义,强调和维护秩序内的一些基本原则,例如威斯特伐利亚原则(Westphalian principles),其中包括国家至上原则和不干涉内政原则,虽然两国实际上更关心这些原则在自己身上的应用。两国认为,破坏这些原则就是在针对它们,是为了改变它们的政治制度。[102]这种恐惧来源于被外部力量侵略和羞辱的记忆。这就可以解释,为什么美国频繁尝试以"对话""重启"或"数字外交"的形式来传达善意,还是无法阻止与两国关系的不断恶化。

美国一直追求在亚洲的首要地位,期望成为该地区无可匹敌的霸主,虽然美国人始终在最佳战术组合的问题上争论不休。但在中国看来,美国始终在寻求支配地位。[103]中国政府(直到最近)在其公开声明中都保持着谨慎的风格,人们只能通过那些非官方的内部材料猜测中国政府的想法。几十年来,这些文章一直将美国视为"强大的敌人"。但是,这并未促使中国在实力不够强大的时候就开始公开采取制衡措施。相反,中国选择了韬光养晦,敛其锋芒,直到其经济实力足以成为美国的竞争对手。中国认为美国的行为根本不是促进利益公平的良性做法,根据中国 2006 年的一本军队教科书上所述,美国"无视国际关系准则……使用炮舰外交,依托其自身军事力量充当世界警察,编造各种理由及借口在世界各地推行霸权政治"。外部帝国主义列强带来的百年耻辱记忆,为国家宣传提供了良好的素材,但也带来了真正的恐惧。一旦世界真正单极化,美国摆脱了能够与之较量的强大竞争者的束缚,着力部署从巴尔干半岛到中东再到非洲的军事行动,中国对此愈加警惕。

美国一再向中国保证其和平意图,即意在建立一个共同繁荣的地区秩序。但这并未阻止中国对美国的力量及其所采取行动的关注。1950 年至 1972 年间,中国一直在警惕美国的敌对意图:美国向盟友施压,要求其在外交上拒绝承认中国,对中国进行核威胁以及实施贸易禁运,并与台湾当局和日本建立盟友关系。即便是 1972 年美国与中国签署《上海公报》,其实也是一种为实现权力最大化的利己手段,目的是加强对苏联的遏制,以及通过与中国建立更加紧密的经济纽带关系获取利益。在单极世界中,从海湾战争到科索沃战争,其间展现出美国尖端军事技术、核防御系统的发展,以及美国在没有联合国安理会授权的情况下推翻他国政权,这些行径加大了中国的担心。1999年,中国驻贝尔格莱德大使馆遭遇北约轰炸,不论事件偶然与否,中国都会理解为有意之举。

今天,悲观主义者在中国的安全精英中占主导地位。[104]美国在中国沿海周边地区广泛部署,与印度—太平洋地区邻国建立了一系列联盟和防务关系。此外,美国的"亚洲转向"(Asia Pivot)战略如同蚕食和半包围策略,美国主导的"航行自由行动"(Freedom of Navigation Operations,FONOPS)更像是一种反华遏制行动。中国人将美国视为一个修正主义者,认为美国企图重塑一个对自身更加有利的全球环境。在中国看来,关于美国修正主义行为的证据无处不在:北约的扩张,美国对巴拿马、海地、波斯尼亚和科索沃的干预,海湾战争,阿富汗战争,以及入侵伊拉克。2005年,美国支持乌克兰、格鲁吉亚和吉尔吉斯斯坦爆发"颜色革命",对此,中国外事部门负责人相信:美国意在"进一步传播民主,要把整个地球变成蓝色"。

俄罗斯也不相信美国关于建立良性秩序的主张。[105]俄罗斯的观点可能在一定程度上受到复仇主义的帝国野心驱使,目的在于恢复对其"近邻"的掌控。俄罗斯也认为自己是在阻止欧洲—大西洋世界的扩张。它使整个国家处于一种动员状态,对"危机之弧"(arc of crisis)周边所出现的紧急情况时刻保持警惕。俄罗斯担心美国在其边境和首都支持政权颠覆行动和"颜色革命"。美国的行为则在无意中助长了这一担忧。它在俄罗斯的打击范围之内实施军事部署,包括半包围式驻扎、扩张联盟、再度加强反弹道导弹防御系统,以及煽动政权颠覆。这样的行径使美国看起来根本不像是一个互惠秩序的缔造者，而更像一个傲慢的入侵者。俄罗斯反对伊拉克战争，并且相信：美国就是动乱的导火索，其行为必须加以制止。2006年，伊拉克全线崩溃之际，美国总统乔治·W.布什和俄罗斯总统弗拉基米尔·普京（Vladimir Putin）联合召开了一场新闻发布会。会上，布什表示愿意"推进伊拉克等地区的制度变革，以实现其新闻自由和宗教自由"，并希望"俄罗斯也能加入其中"。然而，一些人口中的自由解放，在另一些人看来却混乱不堪。普京对此做出了尖锐的回应，他强调："我们绝对不想要他们在伊拉克制造的那种民主。"[106]利比亚战争爆发前夕，在关于是否仅允许设立禁飞区的决议中，俄罗斯投了弃权票。之后，卡扎菲政权倾覆，一切重塑关系的希望都化为了泡影。

在大国竞争时代成为公开事实之前，美国显然不希望自身与俄罗斯的冲突进一步升级。但竞争往往在不经意间浮现。令美国的俄罗斯问题专家感到困惑的是：

　　每一届美国新政府在刚上台时都曾明确承诺将改善与前冷战对手之间的关系，但又都以非常相似的方式失败。比尔·克林顿时代在科索沃问题上造成了最终近乎灾难性的僵局；乔治·W.布什时代以俄罗斯轰炸格鲁吉亚告终；奥巴马时代则以俄罗斯"吞并"克里米亚以及通过黑客行动影响美国大选落幕。[107]

俄罗斯对美国的行动做出了反应，并且对美国表现出越来越不信任的态度。在北约连续进行几轮东扩之前，美国曾以非正式的方式作出承诺，称伴随苏联解体，北约将停止进一步东扩,以说服其支持德国统一并从德国退出,"在保持扩张可能性的同时,力图在冷战后的欧洲最大限度地发挥美国的力量",[108]但是美国后来违反了该协议。用乔治·凯南的话来说,如果美国的势力扩张激发了俄罗斯的"民族主义、反西方和军国主义倾向",那么耻辱感和不信任问题则加重了对方的敌意。普京公开指责美国将俄罗斯视为"战败的附庸国",而不是合作伙伴。美国的决策者并不认为自己是压制潜在对手的掠食者,而将视自己为解放者,其对自由秩序的扩张意在维持整个大陆的稳定,同时在必要时保留足以遏制俄罗斯的实力。美国国家安全委员会于1994年10月作出的一项评估表明,其基本原则主要是"维持东部地区的稳定",但同时将"保险政策或战略对冲等针对俄罗斯的新遏制措施留为后手"[109]。如果说美国想要实现某种和谐稳定,那么这种稳定必须完全符合美国的利益要求,而俄罗斯需要完全信任美国的意图,即便美国实力不断增长,即便它会出尔反尔。

在这种背景下,对于美国驻俄罗斯前任大使迈克尔·麦克福尔这样一位公开的自由秩序捍卫者来说,要在鼓动自由主义者抗议的同时,尝试与俄罗斯建立良好关系,这是非常困难的。麦克福尔与俄罗斯的互动再次揭示了自由秩序的困境。1996年,克林顿政府干预俄罗斯大选,支持当时已四面楚歌的腐败候选人鲍里斯·叶利钦(Boris Yeltsin)。叶利钦针对当时备受欢迎的共产主义竞争对手进行蓄意破坏、造谣和阻挠。美国从国际货币基金组织筹备巨额贷款,并为叶利钦发起的运动提供专业指导。克林顿曾于私下承认叶利钦是美国的宠儿,因为他的目标确实与美国的利益相一致。"我们一直提醒老鲍里斯,'好吧,这就是你接下来要做的事情——再把你的名声搞臭一点'。"[110]不干涉公正的选举，可能会抬高一个敌对的人物；而支持自己的伙伴就不得不干预选举，这实在是一个令人不快的两难之选。叶利钦成功破坏了新生的俄罗斯民主的完整性，并为之后的普京主义（Putinism）奠定了基础。麦克福尔大使承认自由秩序面临这种困境，也认为外国势力对民主的推动——出于历史原因——可能看起来像是一种颠覆，但他还是向人权活动人士示好，并在莫斯科的斯帕索大厦（Spaso House）接待了他们。这些行动让普京这样的人更加认定：麦克福尔这位民主狂热分子，正在煽动革命。[111]俄当局对麦克福尔及其家人发动了一场恐吓行动。两年之后，麦克福尔离开了俄罗斯，他重申，虽然他去俄罗斯并非为了煽动革命，但伊朗和叙利亚政府确实已被推翻，而这为普京的无端恐惧提供了"许多事实基础"。麦克福尔的让步发人深省。

## 注　释

1. Tony Blair, Letter to George W. Bush, 12 September 2001, at https://webarchive. nationalarchives. gov. uk/20171123123634/http://www. iraqinquiry.org.uk/media/243716/2001-09-12-note-blair-to-bush-note-for-the-president.pdf.

2. Schlesinger to McGeorge Bundy, 27 May 1961, 转引自 John Lewis Gaddis, *Strategies of Containment* (Oxford: Oxford University Press, 2005 [1982]), p.208。

3. Paul Staniland, "Misreading the 'Liberal Order': Why We Need New Thinking in American Foreign Policy", *Lawfare*, 29 July 2018.

4. Hans J. Morgenthau, "The Evil of Politics and the Politics of Evil", *Ethics* 56:1(1945), pp.1—18: p.18.

5. Peter Baker, *Days of Fire: Bush and Cheney in the White House*(New York: Anchor Books, 2013), p.375; "As Democracy Push Falters, Bush Feels Like a 'Dissident'", *Washington Post*, 20 August 2007.

6. Henry Farrell and Martha Finnemore, "The End of Hypocrisy: Amer-

ican Foreign Policy in the Age of Leaks", *Foreign Affairs* 92:6（2013），pp.22—26.

7. Mark Tran, "France and Germany Evade Deficit Fines", *Guardian*, 25 November 2003.

8. Secretary of State Madeleine Albright, Interview on NBC-TV *The Today Show*, 19 February 1998, at https://1997-2001.state.gov/statements/1998/980219a.html.

9. Michael Spagat, "Truth and Death in Iraq Under Sanctions", *Significance* 7:3(2010), pp.116—120.

10. Richard N. Haass, Tweet, 14 July 2018, at https://twitter.com/richardhaass/status/1018245342989516805?lang=en; tweet, 8 September 2018, at https://twitter.com/richardhaass/status/1038420381856612352?lang=en.

11. Stephen Schlesinger, *Act of Creation: The Founding of the United Nations*(Boulder, CO: Westview, 2003), p.331.

12. "Barack Obama Makes Last Phone Call to Angela Merkel", *Politico*, 20 January 2017; "How NSA Spied on Merkel Cell Phone from Berlin Embassy", *Der Spiegel*, October 2013; Ewan MacAskill, "Germany Drops Inquiry Into Claims NSA Tapped Angela Merkel's Phone", *Guardian*, 12 June 2015.

13. Dov Levin, Partisan Electoral Intervention by Great Powers dataset (PEIG), at http://journals.sagepub.com/doi/abs/10.1177/0738894216661190; Lindsey A. O'Rourke, *Covert Regime Change: America's Secret Cold War* (Ithaca, NY: Cornell University Press, 2018).

14. Teresa Young Reeves, "A Global Court? US Objections to the International Criminal Court and Obstacles to Ratification", *Human Rights Brief* 8:1(2000), p.30.

15. Linda Pearson, "US War Crimes Immunity and the International Criminal Court", *Verso*, 13 September 2018.

16. "Ambassador's Call on Prime Minister", 2 June 2006, *Telegram*, at https://wikileaks.org/plusd/cables/06MASERU261_a.html.

17. Blake Welton, "David Cameron: Don't Leave Syria Decision to UN", *Liverpool Echo*, 6 September 2013.

18. Stephen Biddle, "Assessing the Case for Striking Syria", Before the Committee on Homeland Security, 10 September 2013.

19. Jim Michaels, "Defence Chief Blasts Russia's Aggressive Actions and 'Saber Rattling'", *USA Today*, 3 May 2016.

20. Ashton B. Carter and William J. Perry, "If Necessary, Strike and Destroy", *Washington Post*, 22 June 2006.

21. G. John Ikenberry and Anne-Marie Slaughter, *Forging a World of Liberty Under Law: US National Security in the Twenty First Century*, Final Report of the Princeton Project on National Security, 27 September 2006.

22. Anne-Marie Slaughter, "Good Reasons for Going Around the UN", *New York Times*, 18 March 2003.

23. Randall L. Schweller, "The Problem of International Order Revisited", *International Security* 26:1(2001), pp.161—186: p.179.

24. Jack L. Goldsmith and Eric A. Posner, *The Limits of International Law*(Oxford: Oxford University Press, 2005), pp.3—23, 45—83, 135—167.

25. Zaya Yeebo, in "Is Africa on Trial?" *Global Policy Forum*, 27 March 2019, at https://www. globalpolicy. org/international-justice/the-international-criminal-court/general-documents-analysis-and-articles-on-the-icc/51455-is-afriica-on-trial.html.

26. Roman Rollnick, "World Court Has Prestige but Little Power", *UPI Archives*, 12 May 1984.

27. Stewart Patrick, "What, Exactly, Are the Rules?" *Washington Quarterly* 39:1(2016), pp.7—27: p.13.

28. G. John Ikenberry, "American Leadership May Be in Crisis, but the World Order Is Not", *Washington Post*, 27 January 2016.

29. Michael J. Mazarr, Astrid Stuth Cevallos, Miranda Priebe, et al., *Measuring the Health of the Liberal International Order*(Santa Monica, CA: RAND, 2017), pp.32—33.

30. Butch Bracknell, "There is a Rules-Based Order. It's Just Not Omnipotent", *The National Interest*, 1 September 2016.

31. Stephen Wertheim, "Instrumental Internationalism: The American Origins of the United Nations, 1940—3", *Journal of Contemporary History* 55:2(April 2019), pp.265—283: p.279.

32. Warren F. Kimball, *The Juggler: Franklin Roosevelt as Wartime Statesman*(Princeton, NJ: Princeton University Press, 1991), p.191.

33. Cordell Hull, *The Memoirs of Cordell Hull*, vol.1(New York: Macmillan, 1948), pp.731—732.

34. 转引自 Robert Skidelsky, *John Maynard Keynes: Fighting for Freedom, 1937—1946*(New York: Viking, 2000), p.127。

35. Clark Clifford to President Truman, 24 September 1946. Clark Clifford Papers, Harry S. Truman Library,转引自 Thomas H. Etzold and John Lewis Gaddis, *Containment: Documents on American Policy and Strategy 1945—1950* (New York: Columbia University Press, 1978), pp.69, 66, 67。

36. Linda Hunt, "US Coverup of Nazi Scientists", *Bulletin of the Atomic Scientists* 41:4(1985), pp.16—24.

37. Herbert P. Bix, *Hirohito and the Making of Modern Japan* (New York: Perennial, 2000), pp.533—581.

38. Stephen Cohen, *Failed Crusade: America and the Tragedy of Post-Communist Russia* (New York: Norton, 2000), p.15.

39. "Eastern Europe's Economies", *The Economist*, 13 January 1990.

40. Lawrence R. Klein and Marshall Pomer, "Mass Privatisation and the Post-Communist Mortality Crisis: A Cross-National Analysis", *The Lancet* 373:9661(January 2009), pp.399—407.

41. Joseph E. Stiglitz, *Globalization and Its Discontents* (New York: Penguin, 2002), pp.144—145.

42. "Mass Murder and the Market", *The Economist*, 22 January 2009.

43. Ha-Joon Chang, *Bad Samaritans: The Myth of Free Trade and the Secret History of Capitalism* (New York: Random House, 2008).

44. Leon Hollerman, "International Economic Controls in Occupied Japan", *Journal of Asian Studies* 38(1979), p.719.

45. Edward D. Mansfield and Marc L. Bush, "The Political Economy of Non-tariff Barriers: A Cross-National Analysis", in Jeffrey A. Frieden and David A. Lake, eds., *International Political Economy: Perspectives on Global Power and Wealth* (Boston: MA: St. Martin's, 2000), pp.353—365.

46. Michael Wines, "Bush, in Australia, Under Fire on Trade", *New York Times*, 177 January 1992.

47. Michael Lind, "There's No Such Thing as 'the' Liberal World Order", *The National Interest*, 5 September 2017.

48. Gowling WLG, *Global Protectionism: Are You Leaving Yourself Open?* (2017), p.6. at https://gowlingwlg.com/en/insights-resources/topics/global-protectionism/overview.

49. Marc Jones, "World Has Racked Up 7,000 Protectionist Measures Since Crisis: Study", *Reuters UK*, 15 November 2017.

50. "Bush Says Sacrificed Free-Market Principles to Save Economy",

*CNN*, 17 December, 2008.

51. Michael Quinlan, *Thinking About Nuclear Weapons: Principles, Problems, Prospects* (Oxford: Oxford University Press, 2009), p.29.

52. Francis J. Gavin, "Strategies of Inhibition: US Grand Strategy, the Nuclear Revolution, and Nonproliferation", *International Security* 40:1 (2015), pp.9—46, esp. pp.19—38.

53. Michael Krepon, "Can Deterrence Ever be Stable?" *Survival* 57:3 (2015), pp.111—132.

54. Norman Friedman, *The Fifty-Year War: Conflict and Strategy in the Cold War* (Annapolis, MD: Naval Institute Press, 2000), p.207.

55. Alastair Macdonald, "As Russia Growls, EU Goes Cool on Eastern Promises", *Reuters*, 24 May 2015; Theresa Fallon, "Is the EU on the Same Page as the United States on China?" *The Asan Forum*, 30 June 2016.

56. Federal Chancellor, "Policy Statement by Federal Chancellor Angela Merkel on the Situation in Ukraine", 2014, in Ian Ferguson and Susanna Hast, "Introduction: The Return of Spheres of Influence?", *Geopolitics* 23:2 (2018), pp.277—284: p.277.

57. *Association Agreement Between the European Union and its Member States, of the one part, and Ukraine, of the other part*, 29 May 2014 (*Official Journal of the European Union* L161/3) Title II Article 4:1, p.5; Article 10: 1, p.7.

58. Daniel Triesman, "Why Putin Took Crimea: The Gambler in the Kremlin", *Foreign Affairs* 95:3 (2016), pp.47—54: p.50.

59. Dexter Filkins, "On the Warpath: Can John Bolton Sell an Isolationist President on Military Force?" *The New Yorker*, 6 May 2019, pp.32—45: p.45.

60. Michael Howard, *Captain Professor: A Life in War and Peace* (New York: Continuum, 2006), p.230.

61. Colum Lynch, "Exclusive: US Boycotts UN Drone Talks", *Foreign Policy*, 14 March 2014.

62. Eric Posner, "Obama's Drone Dilemma", *Slate*, 12 October 2012.

63. *The 9/11 Commission Report: Final Report of the National Commission on Terrorist Attacks Upon the United States* (New York: Norton, 2004), p.362.

64. Marc Trachtenberg, *A Constructed Peace: The Making of the Europe-*

*an Settlement 1945—1963* (Princeton, NJ: Princeton University Press, 1999), pp.12—13, 14, 15, 27—28.

65. Forrestal Diaries, 28 July 1945, vol.2, p.75.

66. *Foreign Relations of the United States 1961—1963* 14:87—98(4 June 1961);转引自 Marc Trachtenberg, *A Constructed Peace: The Making of the European Settlement 1945—1963*(Princeton, NJ: Princeton University Press, 1999), p.283。

67. G. John Ikenberry, *Liberal Leviathan: The Origins, Crisis and Transformation of the American World Order*(Princeton, NJ: Princeton University Press, 2011), p.27, n.35.

68. Nuno Monteiro, "Unrest Assured: Why Unipolarity Is Not Peaceful", *International Security* 36:3(2011/2012), pp.9—40.

69. Philip Stephens, "Peace and Prosperity: It is Worth Saving the Liberal Order", *Financial Times*, 9 February 2017.

70. Tanisha Fazal, "Dead Wrong? Battle Deaths, Military Medicine, and Exaggerated Reports of War's Demise", *International Security* 39:1 (2014), pp.95—125: p.116.

71. Michael Mann, "Have Wars and Violence Declined?" *Theory and Society* 47(2018), pp.37—60: pp.54—55.

72. William D. Hartung and Bridget Moix, "Deadly Legacy: US Arms to Africa and the Congo War", *World Policy Institute*, 3 February 2000, pp.2—3.

73. Michael Fullilove, "We Must Find a New Asia Focus as World Order Changes", *The Australian*, 10 May 2019.

74. 感谢丹尼尔·伊莫瓦尔制作并提供该图。

75. Paul T. Chamberlin, *The Cold War's Killing Fields: Rethinking the Long Peace*(New York: Harper Collins, 2018), p.1.

76. Conrad C. Crane, *American Airpower Strategy in Korea, 1950—1953*(Lawrence: University Press of Kansas, 2000), p.8; John Tirman, *The Deaths of Others: The Fate of Civilians in America's Wars*(New York: Oxford University Press, 2011), p.92.

77. Secretary of State Dean Acheson to Ambassador Alan Kirk, 28 June 1950, in William Stueck, "The Korean War", in Melvyn P. Leffer and Odd Arne Westad, eds., *The Cambridge History of the Cold War*, Volume 1: Origins(Cambridge: Cambridge University Press, 2010), p.276.

78. Michael Lind, *Vietnam: The Necessary War: A Reinterpretation of America's Most Disastrous Military Conflict* (New York: Touchstone, 1999), pp.31—76.

79. Fredrik Logevall, *Choosing War: The Lost Chance for Peace and the Escalation of War in Vietnam* (Berkeley, CA: University of California Press, 1998).

80. John McNaughton, "Proposed Course of Action re Vietnam", 24 March 1965, in George C. Herring, ed., *The Pentagon Papers*, abridged edn (New York: McGraw-Hill, 1993), pp.115—118.

81. Henry Kissinger, "The Viet Nam Negotiations", *Foreign Affairs* 47: 2(1969), pp.211—234: pp.218—219.

82. Statement of Principles, *Project of the New American Century*, 3 June 1997, at http://www.newamericancentury.org/statementof-principles.htm; letter to President Clinton, 26 January 1998, at http://www.newamerican-century.org/iraqclintonletter.htm.

83. Michael J. Mazarr, *Leap of Faith: Hubris, Negligence, and America's Greatest Foreign Policy Tragedy* (New York: Public Affairs, 2019), pp.149, 179, 192—193; Patrick Porter, *Blunder: Britain's War in Iraq* (Oxford: Oxford University Press, 2018), pp.72—132; Ahsan I. Butt, "Why Did the United States Invade Iraq in 2003?" *Security Studies*, 4 January 2019, pp.2—21.

84. 转引自 Nicholas Lemann, "The Next World Order", *The New Yorker* 24 March 2002。

85. Thomas E. Ricks, "Briefing Depicted Saudis as Enemies", *Washington Post*, 6 August 2002.

86. George Packer, "The Liberal Quandary over Iraq", *New York Times Magazine*, 8 December 2002, pp.104—7.

87. "Principles for Iraq—Policy Guidelines", 13 May 2003, Donald Rumsfeld Papers, at http://papers.rumsfeld.com/library/default.asp?zoom_sort = 0&zoom_query = principles + for + iraq&zoom_per_page = 10&zoom_and = 0&Tag + Level + 1 = -1%7E0&Tag + Level + 2 = -1%7E0.

88. Bob Woodward, *State of Denial* (London: Pocket Books, 2006), pp.83—85; Wolfowitz, 转引自 T. Ricks, *Fiasco: The American Military Adventure in Iraq* (New York: Penguin, 2006), p.30。

89. 参见 Eliot A. Cohen, "Iraq Can't Resist Us", *Wall Street Journal*, 23

December 2001。

90. "White House Says Iraq Sovereignty Could Be Limited", *New York Times*, 22 April 2004.

91. 转引自 John A. Tirpak, "The Air Force's 'Forever War' Is Its Toughest Pill to Swallow", *Air Force Magazine*, March 2018。

92. Shawn Snow, "Esper Says US Forces Combating ISIS in Libya 'Continue to Mow the Lawn'", *Military Times*, 15 November 2019.

93. Letter, Syria Study Group to Senate Majority Leader and Speaker of the House of Representatives, 1 May 2019, "Key Findings", p.1, at https://static. politico. com/5c/d9/9f55a18c44f9905ac21fa772a198/syria-study-group-interim-assessment-and-recommendations.pdf.

94. Micah Zenko, *Reforming US Drone Strike Policies* (Council on Foreign Relations, Special Report no.65, January 2013), pp.12—14; Greg Miller, "CIA See ks New Authority to Expand Yemen Drone Campaign", *Washington Post*, 18 April 2012.

95. Kurt Volker, "What the US Risks by Relying on Drones", *Washington Post*, 27 October 2012.

96. 参见 David H. Petraeus, "America Must Stand Tall", *Politico*, 7 February 2017; Ben Glaze, "Fight Against ISIS a 'Generational Struggle', Warns Former Top US Army Chief General Petraeus", *Mirror*, 22 November 2017; "Petraeus: We Went to Afghanistan for a Reason, and We Need to Stay", 16 June 2017, at https://www. pbs. org/newshour/show/petraeus-went-afghanistan-reason-need-stay。

97. Remarks by Lieutenant-General H.R. McMaster at the Munich Security Conference, 22 February 2018, at https://www. whitehouse. gov/briefings-statements/remarks-ltg-h-r-mcmaster-munich-security-conference/. Kyle Rempfer, "H.R. McMaster Says the Public Is Fed a 'War-Weariness' Narrative that Hurts US Strategy", *Military Times*, 8 May 2019.

98. Robert J. Lieber, *Retreat and Its Consequences: American Foreign Policy and the Problem of World Order* (New York: Cambridge University Press, 2016); "Foreign Policy Realists are Unrealistic on Iraq", *The Chronicle Review*, 18 October 2002; "The Folly of Containment", *Commentary*, 7 March 2003, pp.15—21; "Rethinking America's Grand Strategy", *Chronicle of Higher Education*, 4 June 2004.

99. "War with Iraq Is Not in America's National Interest", *New York*

*Times*, 26 September 2002.

100. Kori Schake, "The Trump Doctrine Is Winning and the World Is Losing", *New York Times*, 15 June 2018.

101. E. H. Carr, *The Twenty Years' Crisis 1919—1939: An Introduction to the Study of International Relations* (London: Palgrave Macmillan, 2001 [1939]), pp.42—62, 80.

102. Nicholas Redman, "Moscow Rules", *Survival* 61:3 (2019), pp.247—254: p.249.

103. Andrew J. Nathan and Andrew Scobell, "How China Sees America: The Sum of Beijing's Fears", *Foreign Affairs* 91:5(2012), pp.32—47; Ian Easton, "How China's Military Really Sees America", *The National Interest*, 16 April 2018, also the source of quotations from Chinese authors that follow.

104. 引文来自 Andrew J. Nathan and Andrew Scobell, "How China Sees America: The Sum of Beijing's Fears", *Foreign Affairs*, 91:5 (2012), pp.32—47。

105. Peter Conradi, *Who Lost Russia? How the World Entered a New Cold War* (London: Oneworld, 2017), pp.152—207; Andrew Monaghan, *Russian State Mobilisation: Moving the Country onto a War Footing*(Chatham House: Russia and Eurasia Programme, May 2016), pp.7—14.

106. "The President's News Conference with President Vladimir V. Putin of Russia in Strelna, Russia", 15 July 2006, *Public Papers of the Presidents of the United States: George W. Bush*, vol.2(Washington, DC: US Government Printing Office, 2010), pp.1394—1401: p.1401.

107. Keith Gessen, "The Quiet Americans Behind the US—Russia Imbroglio", *New York Times Magazine*, 8 May 2018.

108. Joshua R. Itzkowitz Shifrinson, "Deal or No Deal? The End of the Cold War and the US Offer to Limit NATO Expansion", *International Security* 40:4(2016), pp.7—44.

109. NSC Paper, "Moving Toward NATO Expansion", 4 October 1994, Clinton Presidential Library, pp.2016—2140.

110. President Bill Clinton to Strobe Talbott, *The Russia Hand: A Memoir of Presidential Diplomacy*(New York: Random House, 2002), p.202.

111. Ivan Krastev and Leonard Benardo, "No Reset: The Unquiet American", *The American Interest*, 4 February 2019.

# 第三章　粗暴的猛兽：自由秩序
## 如何造就特朗普

在所有新兴政治力量中，美国总统特朗普引发了人们关于自由秩序终结的担忧。毕竟，这位"破坏球"式的候选人，一上台就大肆批判美国社会现状以及那些耽于现状的华盛顿祭司。他誓言要彻底清除腐败泥潭，削弱外交政策建制派，抨击前任的政策，承诺要结束长期失败的战争，终结那些搭美国"便车"的联盟，并筑起高墙——修建巨大的边境防御工事，以遏制非法移民，以及建立关税壁垒，使日益衰落的美国核心地带重新工业化。特朗普与他的政治对手都将他视为自由秩序的克星。但与此同时，特朗普的对手经常推卸责任，称这位美国第 45 任总统就是一个彻头彻尾的恶棍。他们认为，他之所以竞选成功，主要是地方性力量和环境使然，否认这一结果与战后秩序之间的关系。因此，这位"金发煽动者"的到来并不能表明自由秩序存在什么问题，而是展现出美国放弃自由秩序原则之后带来的黑暗。因此，目前的首要任务不是去调查自由秩序运行过程中出现的纰漏，而是要肯定这个秩序，痛斥民粹主义，劝诫美国人去否定特朗普以及他所代表的倒退势力。

在对特朗普的所作所为进行事后分析时，自由秩序的拥护者往往会将国内问题与国际问题区分开来，试图将针对现有外交政策的指责降至最低，以避免不必要的调整。他们认为，秩序本身的错误主要存在于管理、执行或技术官僚的层面，是因为政策没有得到有效的执行，或者是没有被正确地宣传，因而秩序的益处没有被人们充分地认识到。他们竭力为这一秩序开脱，称赞美国塑造了一个"相互依存的全球体系"，并且指出：

> 特朗普政府寻求补救的许多问题，并非由全球化趋势造成的，相反，大部分是由美国国内政治的固有问题所致，比如金融危机，几乎不存在任何国际局势根源；不平等现象则在根本上与美国的税收和财政政策以及技术变革密切相关；至于伊拉克战争，更完全是美国自己选择的结果。[1]

自由秩序强调环境、气候危机以及降低人类碳足迹的必要性，但即便如此，相关讨论也很少涉及自由秩序本身及其密集的经济活动带来的问题。最近，在美国外交关系协会（Council on Foreign Relations）举办的秘密会议"智库理事会"（Council of Councils）上，洛伊研究所（The Lowy Institute）的迈克尔·富利洛夫（Michael Fullilove）赞扬了战后美国秩序带来的"繁荣"与和平，呼吁华盛顿恢复这个秩序，而不要改变它。同时，迈克尔还敦促自由秩序的利益相关者签署《巴黎协定》，以拯救濒临灭绝的 100 万物种。[2]在其看来，似乎只有自由主义秩序才能为其治理下出现的危机提供解药。

这种"托辞"的说服力显而易见。要知道，特朗普之所以能坐上总统宝座，以及随后产生的很多问题，都离不开一系列偶发事件，以及那些与这一秩序背道而驰的有害的意识形态，因此就这样认定特朗普的崛起完全是源于秩序本身的问题，这一观点或许会被一些人认为有失公允。他们会认为，特朗普的崛起并不能说明秩序健全与否，更大的冲击来自体系之外，源于美国人信心或勇气的丧失，源于这一秩序并没有被那些靠劳动、税收和鲜血维持秩序的人所了解和接受，也或者源于那些秩序支持者无法解释的恶毒民粹主义者的出现。关注民主斗争的政治中间派倾向于这种立场，因为这有望将讨论范围缩小到外部力量——特朗普和民粹主义者——而不是任何更深层次的失败。这就像罗马人将西罗马帝国的崩溃归咎于基督徒，以此转移人们的注意力，从而逃避严重的误判和系统性的问题。

我并不认同这些观点。主观上，特朗普被视作旧秩序的克星，他的所作所为是与旧的历史的全然决裂，就连他自己也这么认为。客观上，与其说特朗普代表的是一种反常的现象，不如说他反映了秩序本身病态、矛盾和极端的一个高峰。这主要体现在两个方面，第一，特朗普的成功与美国陷入长期战争以及由此导致的日益失调的政治经济背景是密不可分的。他之所以能成为总统，是因为在某些方面他和奥巴马一脉相承，同时，这些问题又是奥巴马无法解决的。奥巴马不仅延续了军事冒险主义，还削弱了国会的监督职能。和特朗普一样，奥巴马也批评盟国"搭便车"(free-riding)的行为。无论在奥巴马担任总统之前还是其任期内，军国主义与寡头政治的结合已然存在，这催生出了一个脱离平民的超级富豪阶层，长期腐蚀了美国的公共生活。第二，特朗普作为一个寡头军国主义者，代表着秩序陷入困境之时的病态症状，他更多的是在进一步固化问题，而不是解决问题。

　　这并不是说，特朗普是对奥巴马的简单延续。在人们的普遍印象中，奥巴马是一位自由国际主义的倡导者——虽然未能成功。而特朗普不同。从程度上看，他比其他任何一位前任都更加专制、腐败、偏执、虚伪、反复无常，他给美国政治带来了一股"偏执狂风格"（paranoid style），其不计后果的处事风格在我们这个时代的任何一位总统身上都不曾有过。也就是说，虽然特朗普和奥巴马的承诺、意图都不尽相同，但他们在行使权力时都受到一种更广泛意义上的正统观念以及相同的思维方式的约束，即一种美国人对安全和政治经济问题的"肌肉记忆"，无论是意志多么坚强的总统也难以将其摆脱。我们应当认识到特朗普的存在不是一个意外的插曲或一种反常的"一次性现象"，而是一种长期积累的力量的产物，这种力量又影响着秩序。我们只有理解了特朗普的存在，才能有效地抵制特朗普主义。特朗普的上台带来了恐惧，但根本问题并不是其随时有可能背离现有秩序。相反，特朗普的上台充分暴露了该秩序的矛盾之处。时间会证明特朗普是不是自由秩序的掘墓人。因为很明显，他也是自由秩序的产物。

# 辩　解　与　借　口

　　有人提出，特朗普的崛起与现有秩序基本上是没有什么关系的。他们认为，特朗普之所以能如此迅速崛起，实际上是一场离奇的意外，是各种条件不幸交汇的结果。如果不是因为运气不好以及一些本来可能避免的错误，即2016年11月总统竞选中出现的各种事件,包括联邦调查局"科米"(James Comey)的干预、希拉里·克林顿的无能竞选团队的失误、3 个摇摆州不到 8 万选民的微小差距[3],特朗普根本不会成为总统。在这之后,总统支持率创历史新低、民主党随后在 2018 年国会中期选举中取得胜利、特朗普遭到弹劾等,这些迹象都表明,特朗普现象只是一个脆弱的、转眼即逝的反常时刻。在这些令人振奋的想法之外,他们还可以说,特朗普的崛起与外交政策没有什么关联,不能作为对美国行使权力或其在海外的商业和军事部署的控诉。虽然特朗普的选民对一些两极分化的问题感到愤懑,比如移民、身份认同或去工业化,但他们中的大多数并没有对美国在海外的传统霸权领导地位表示抗议。这方面的证据之一就是,特朗普扩大了美国的军事影响力,但他在共和党选民中的支持率依旧保持稳定。说回前面的问题,不仅那些批评战后大战略和安全体制的人是错误的,那些把近期的政治叛乱归咎于安全官僚机构和普遍共识的知识分子,他们的讲话听起来就像特朗普本人,其实也在不知不觉中为他的计划推波助澜。

这种反应其实是自由秩序消除负面信息时的一种症候。在遇到阻力时,它把不利的变化只归咎于不良的态度和失败主义,完全忽视改变物质条件的力量因素。因此,它有时会对批评者进行忠诚度测试。它往往只强调秩序管理不善,而不考虑秩序本身存在的问题:霸权带来的负担、成功和财富带来的精神削弱作用,以及低迷的政治意愿。在他们看来,自由主义秩序作为一项伟大的承诺,在本质上依旧无可指摘。

可以肯定的是,造就特朗普现象的不是单个因素。2016 年美国总统大选不仅仅是对美国是否继续作为世界主导者的公投。但如果说促成特朗普成功的本土力量与自由秩序毫无关

联,就不免偏颇无理了,有直接证据证明事实并非如此。选民之
所以选择特朗普,主要原因可能并不是基于他在联盟或核扩散
问题上的立场。然而,特朗普对自由贸易、失败战争和全球资本
破坏性运作行为的攻击确实赢得了选民的回应。特朗普的注册
选民将外交政策列为优先事项,也表明特朗普传达的更广泛的
信息引起了共鸣,即把美国放在首位,终结其他国家以牺牲美国
利益为代价的"搭便车"行为,而利己的建制派则被认为未能确
保美国在海外的利益。[4]

　　将这些问题视为"国内问题",将政治经济或失败的战争以
某种方式与国际秩序分离开来,都是人为进行的区分。美国主
导的秩序涉及的方针政策,在设计和影响上既有外部因素,也有
国内因素。例如,气候危机并不是孤立出现的,而是自由秩序狂
热分子追求巨大经济增长和经济繁荣的必然结果,此外,它还与
安全秩序有关。毕竟,五角大楼产生的温室气体之多,甚至超过
葡萄牙、瑞典或丹麦。[5]当然,这并不是废除现代经济或放弃所有
军事力量的理由。相反,它是为了强调自由秩序愿景可以提供
"两全其美"的解决方案。仅把这个问题比作资产负债表的平衡
问题,并不恰当。权力和财富的增加,甚至外交政策的胜利,通
常离不开灰色行径、妥协、和解。任何负责任的治国之道都必须
考虑到这种权衡。

　　同样,如果出现资本主义危机,那么它也必定与国际金融有
关。战后的各种国际金融浪潮主要是由美国及其欧洲盟友组织
和策划的。全球金融危机的核心角色就是西方资本主义国家和
总部设在欧洲的全球银行,其主要驱动力包括跨国经济学说和
外国投资者,这些因素形成了银行间企业资产负债的连锁矩阵
式反应,使自由主义欧元区也受到严重牵连。[6]同样,声称伊拉克

战争和反恐战争与美国追求单极统治地位及其对国际秩序的关注、对霸权主义的追求和对海湾地区秩序的重组并无任何因果关系，也是一种误导。事实上，战争和不平等问题是相互联系的。在制度化的战争时代，80个国家的军事活动强度不一，加剧了不平等和社会紧张局势。[7]自2001年以来，军事冒险行为已经成了"信用卡"战争（"credit card" wars），战争开支完全来自借款而不是税收，作战人员则都是雇佣军。这种资助形式由于转移了大多数公民的直接负担，更容易获得政治上的默许。[8]但这并不意味着后果消失了。富人和金融机构可以通过购买债券来填满自己的腰包，其他人则不得不承担起偿还（越来越难以处理的）债务的财政负担。间接税也是一种累退税（regressive），因为增加的销售税、增值税、消费税和关税更多地落在了中低收入家庭身上，对他们来说，支出所占可支配收入的比例更大。在"巴拿马文件"（Panama Papers）曝光了跨国精英们系统性的逃税行为之后，如果还断言国内的不平等与有关国际政治经济和美国主导的国际金融机构的公共和私人决策无关，就显得有些离奇了。

因此，将国外与国内政治完全分开并不能解决问题。自由秩序出现的危机与国外的失败、国内社会冲突和两极分化，以及国际混乱之间的相互作用有关，彼此之间又会产生恶性循环的效果。特朗普身边核心顾问圈子中的那些好战分子热衷于创造"伟大"，通过与伊朗达成核协议，即联合全面行动计划（the Joint Comprehensive Plan of Action），来拆解奥巴马的政治遗产，故意挑起与伊朗的危机。如果将这种模式置于古典现实主义的漫长而富有悲剧性的历史中，将会看得更为清楚。正如修昔底德（Thucydides）所述，雅典破坏性的政治斗争和放松懈怠最终为灾难性的西西里远征埋下了祸根。

为了保护自由秩序的声誉而把特朗普特殊化和狭隘化的举动，反映出这种世界观具有的"见风使舵"（have-it-both-ways）的特质。一方面，传统主义者认为美国秩序的价值和影响力具有世界历史性意义，它改变了人类的生存境况，所带来的每一次良性的、重大的发展都是它值得称赞的功劳。另一方面，每当出现问题时，他们把这一秩序从责任中剥离开来，将这个在上述方面中无处不在的体系视为无辜：它的权力毕竟是有限的，与错误的发展走向是无关的，即使问题的中心就在华盛顿。更为微妙的说法是，并不强调国内和国外之间的分割，而是认为秩序正在面临瓦解的风险，这恰恰是因为美国领导人缺乏足够的政治意愿来维护和捍卫秩序。如果说从乌克兰到波斯湾再到中国南海的动荡加剧进一步助长了国内的反抗，那么这一切在很大程度上是由于缺乏信念。但这种前后不一致性也不是完全可信的，因为它使秩序不可证伪，走向一种超现实性和抽象性，就如：秩序从无问题，只会被人滥用，而其本质毋庸置疑。历史上，基于这种诡辩的秩序都没有好下场。

特朗普得以当选与他上任之前的世界秩序是根本分不开的，因为特朗普的崛起与奥巴马的政治遗产密切相关，不可能把问题简单地归咎于宣传的失败。[9]无论是在行动还是言辞上，奥巴马总统都与特朗普上台前的秩序有着千丝万缕的联系。奥巴马本人明确认同自由秩序理想。尽管他的标志性竞选主题是"改变"（change），但他最终却提出要保护传统中间派的政治遗产，对他们制定的规范只是进行微调。正如阿齐兹·拉纳（Aziz Rana）所言，作为总统，"奥巴马运用他的个人故事和演讲天赋来捍卫空洞的信条：美国主导地位的正义性、全球市场自由主义的合法性、渐进式改革的必要性、大规模结构性改革的危险"[10]。这使得一些根本问题几乎没有得到任何解决。在美国内陆,有工作的穷人忍受着停滞不前的生活条件,与此同时沿海地区的寡头政治一片繁荣,失败的军国主义却仍然不断扩张,以及国家分裂成了如同敌对部落般的派系。对于这些问题,奥巴马既没有视而不见,也没有消极应对。但是,奥巴马和他的顾问们采取的方法是依靠技术官僚,乐观地相信他们可以让一个本质上体面的秩序更好地运作,这就是他们对秩序本身的一种典型态度。

但特朗普现象真的是一个一次性意外吗?即使特朗普未能在3个摇摆州获得预料之外的微弱优势,事实上,他仍然会凭借获得超过1 400万张选票赢得一个主要政党的提名;尽管会遭到那些"从不支持特朗普的人"以及党内元老和显要人士的强烈谴责,他仍然会在总统选举中吸引超过6 000万美国人的选票。而在他做到这一切的同时,他所面临的竞争对手坐拥美国历史上最庞大的竞选基金——10亿美元,并且得到了全国绝大多数媒体的支持。套用孟德斯鸠(Montesquieu)的话来说,如果在这种情况下,特朗普的当选是一场意外,那么这其中必定存在一个普遍原因,可以解释为何现状如此脆弱,以至于一场意外就足以致其衰落。证明特朗普的当选依赖于偶发事件,或者是归咎于选举人团制度的扭曲,并不能掩盖显而易见的事实:一场更深刻、更剧烈的政治危机正在发生。比较研究表明,普遍的疏离感导致选民普遍脱离了他们在旧的意识形态背景下的党派关系,并越来越倾向于民粹主义诉求。[11]西方民主政治中仍然存在着不尽如人意的部分,即一种比特朗普执政更持久的特朗普主义。它的根源是什么呢?

# 特朗普——凯撒主义者

直言之,战争及其引发的波澜造就了特朗普。特朗普的崛起在一定程度上离不开美国过去 20 年的战争漩涡,以及战争与国家政体之间相互影响的复杂关系。最简单的一点,美国发起的中东战争对于这位独裁煽动家能够赢得总统大选起了不可忽视的作用。最近的一项研究发现:

> (在美国的)每一个社区,牺牲于战争的人数和该社区对特朗普的支持率之间有着显著而有影响的关联……在对于特朗普获胜至关重要的 3 个关键州——宾夕法尼亚、密歇根和威斯康星,如果其入伍士兵伤亡率相对低一些,这 3 个州原本都可能从红变蓝,让希拉里·克林顿入主白宫。[12]

可以肯定的是,即使没有持续的战争,国家也可能在那些蛊惑人心的流氓手中沦为牺牲品。这就像是一个人即使每天抽烟不到 20 支,也有可能患上肺癌。这一形象的比喻是为了说明,利用军事远征来挽救千疮百孔的国家本身就是一种恶习,其后果直接影响到国家政体的核心。

相较于完全摒弃战争,目前发生的一些事情更为复杂。人们对于战争带来的大量军事伤亡以及不平衡的负担感到非常不满,这为特朗普的崛起创造了条件,它表明在美国存在着比反战叛乱更严重的社会矛盾。特朗普的统治模式不能用简单的"孤立主义者"(isolationist)或"反战主义者"等陈词滥调来概括,他的形象更像是一位"凯撒主义者",或者说,"帝政主义者"(Cae-sarist)。凯撒式的人物通常是指那种具有黑暗魅力和军国主义气质的统治者,他们往往具有强烈的大众吸引力。他煽动民众,意在挑战那个高高在上、充满邪恶的压迫者,同时以实际行动建立一个独裁政权。这样的统治者对于武力的过分倾斜、对于腐败的放纵,将破坏共和政体。[13]随着精英主义对于民粹主义的操纵和摆弄,民主生活成了空架子。可以肯定的是,凯撒这一比喻并不完美,因为特朗普的上台并非得益于家族高层职位的继承传统,他也从未在国外行使过军事指挥权,美国法院、国会和市民社会若要抵制他的法令,一定比罗马共和国后期制约其军阀扩张更为容易。

但凯撒主义者这一比喻准确描述了这位总统的野望及行为模式。就像自由秩序本身,特朗普与战争之间存在一种复杂的、有时甚至是不成熟的关系。[14]他上台之后,否定了那些徒劳的、没有尽头的冲突,并宣称美国应该避免无休止的战争,谴责那些利用美国善意的恶意盟友在中东造成了大量伤亡和财富浪费。他还宣称自己是"你所见过的最具军国主义色彩的人"。[15]然而,在特朗普的第一个任期结束之际,他没有终止任何战争,在非洲、中东和欧洲驻扎的军队不仅没有减少,反而增加了。就连他从叙利亚撤出的小规模驻军也被重新部署到伊拉克。特朗普反对的不是军国主义,而是不成功的军国主义,他表现出对硬实力的狂热崇拜。他承诺美国将绝无失败战役,毫不掩饰地追求保持绝对的主导地位,并宣称"我真的很擅长战争。在某种程度上,我喜欢战争,但前提是我们赢了"[16]。这表明特朗普希望仅选择有把握取胜、目标清晰的战争,但这与特朗普政府尝试推翻敌对政权的玩法并不吻合。这种矛盾造成一种不良的长期走向，即外交决策过程越来越像禁卫军。尽管特朗普批评那些倾向于采取永久性军事行动的想法，但他仍然在内阁中任命尖锐的鹰派顾问，如迈克·蓬佩奥（Mike Pompeo）和约翰·博尔顿（John Bolton），并在白宫、国家安全委员会和五角大楼安排现役和前任军官担任高级职位；他甚至单方面授权国防部自行决定美军驻阿富汗部队的规模，并赋予指挥官更大的权力发动无人机空袭。他谴责帝国的过度扩张，但他的决策也加剧了财政失衡，削弱了国务院和外交力量，同时将越来越多的职位交给军方任命的官员。特朗普不断扩大美国在各地的力量，尤其是在大中东地区，将文职和军事人员增长了33%，[17]五角大楼承包商增长了15%，达到53 062人[18]；他造成了与伊朗之间的对抗升级，加强了与沙特阿拉伯和海湾地区君主国之间的关系，并两次轰炸叙利亚以惩罚其使用化学武器。在奥巴马和特朗普担任总统期间（2013年至2017年），美国对该地区的武器销售增长了108%。[19]特朗普和他那些最好战的顾问，剑拔弩张地打击他们认定的流氓国家——委内瑞拉、古巴、伊朗和朝鲜，威胁要惩罚它们，甚至扬言毁灭伊朗和朝鲜。特朗普甚至声称要轰炸阿富汗，将其夷为平地。

特别是，特朗普的以上言行并非出于被迫，而是为了主动展示他本人的实力，表现出一种拿破仑式的威严和引发公众关注的景观。比如他渴望参加法国巴士底日（Bastille Day）国庆阅兵式这样壮观的盛会。[20]7月4日，美国首都华盛顿特区举办了一场由纳税人资助的盛大军事庆典，活动上展示了大量坦克和战斗机，将庆祝的焦点集中于美国的军事总司令形象。通常，美国会在其他时间展示其武装力量，但特朗普选择将这一党派性的军事秀放在庆祝美国国家诞生之日。与其他首都不同，华盛顿的街区，无论在物理上还是意识形态上，都无法承受坦克的重压。

帝国主义的宏伟浮夸、军国主义色彩，以及对待战争缺乏严肃态度，交织在一起，导致了一系列矛盾，这些矛盾在特朗普上台之前恰恰是美国治国方略的一部分。因此，这位威胁要消灭敌手，并批评对手邪恶决定的总统，也渴望参与这些敌人精心安排的、具有历史性意义的和平峰会，并且他相信，展示美国的实力可以迅速让顽固不化的敌人屈服。他放弃军备控制条约，追求远超其他威权领导人的核霸权，其中不少还是他曾经公开表达过钦佩的人，而且不断寻求举行盛大的领导人会谈，以追求谈判和解那一刻带来的荣耀。特朗普希望，一方面以绝不妥协的"最强态势"加以胁迫，另一方面表现出宽宏大量、无条件的公开接触，从而让这些领导人顺从地进行谈判。特朗普有时也会对联盟表现出前后矛盾的行止，比如，他曾羞辱北约盟友，称它们是过时的"搭便车"者，要求它们尊崇自己，然后又不情愿地加强它们的力量，要求它们支持自己对抗敌手。与前几任总统一样，特朗普显然希望盟友成为顺从的追随者，服从美国的要求，并为此大幅增加国防开支，但他却忽视（由此产生的）明显的紧张局势。同与前几任总统一样，特朗普也索求霸权及其带来的特权，但在涉及卫星国的利益时，他又不愿为此买单。

特朗普在战争问题上表现出的前后矛盾，比他的大多数前任都要严重。这完全是一种脾性问题，和问题的实质没有什么关系。他对待武力问题的态度，概言之，就是对公共生活中既有趋势的拙劣模仿。特朗普似乎比大多数总统都更能感受到使用暴力带来的兴奋感，但在其他方面，他又因循守旧。他下定决心要展示实力,树立威严,以一种狭隘的军事化治国方略强调这一特殊时刻存在的异常风险,但同时又注意避免可能承担的责任。特朗普不仅支持酷刑,而且曾在公开场合激动地描述由他授权的军事轰炸。然而,当对手猛烈报复时,他却对此表现出一种仿佛毫不知情的震惊。在他口中,伊朗不是一个拥有合法安全利益的国家,而是一个被"杀戮欲望"驱使的怪物。"当恐怖分子、罪犯或抗议者犯下暴行时,暴行就是恐怖的,施暴者就是非人的。("野兽",这是特朗普常用的词。)而当特朗普一方犯下暴行时,它则是正义的、英勇的,是道德秩序正常运转的证据。"[21]但是,谁又能说这种心态是特朗普独有的?

在这里称特朗普是一名军国主义者,并不是说他一直热衷于战争。相反,特朗普渴望的是宏伟浮夸的帝国权力,他并非一个认真审视战争或战争可能性的军国主义者。针对缺乏大规模报复能力的弱小对手,他在几乎不经内部审查的情况下就扩大战争规模、提高战争强度。他大幅增加了对于阿富汗、索马里的伊斯兰主义者、伊拉克和叙利亚的"伊斯兰国"的空袭次数,并提高了对沙特阿拉伯在也门实施的灾难性打击的援助。特朗普从奥巴马那里继承了远程控制和昼夜不停实施杀戮的手段,加以扩大,还提高了细节的保密程度,以一种例行的方式随时打击远程目标,同时掩盖有关平民伤亡的消息,将对外战争视为国内问题的"消毒剂"。[22]当面对更强大的对手时,情况就不同了。面对那些可以立即攻击美国利益的对手,特朗普会激化危机,但却在作出决定的时刻选择了退缩。例如2019年夏天的伊朗局势,美国通过恐吓威胁、加强制裁和煽动革命等手段加剧了国际对抗之后,特朗普显然不愿扣动扳机,导致进一步的矛盾升级,也不愿在对手具备很强报复能力的地方下令实施空袭。这种铤而走险却又临阵退缩的激情，表明了一种对于战争和力量投射的极其肤浅的理解，丝毫不预先考虑最严重的可能后果。它反映了一种病态的国家安全状态，国家的许多官员和拥护者不希望进入"战争"状态，准确地说，是保持公开威胁、定期使用军事力量，但不宣布任何正式的敌对状态，以控制世界秩序。如果说，自反恐战争以来的大趋势是既强调危机时刻的特殊性，又敦促人们维持正常的日常生活，那么，特朗普则为这种现状增添了影视剧般的效果。他把美国公民变成了被动的消费者——观众，渴望赢得他们的掌声。这种态度将促使中等体量的对手不再说话算话，随着时间的推移还会带来更严重的影响，为美国增加了"下次"兑现威胁的压力。

需要指出的是，总统和总统职位有着很大的区别。实际上，特朗普并不是一个行使权力的个体，而是一个体系的一部分。这个体系既赋予了他集中的权力，又限制了他的选择，这一方面纵容了他鼓吹军国主义的狂妄自大，另一方面又抑制了他否认军事冒险的本能。就像克林顿、小布什和奥巴马等前几任总统一样，特朗普誓言要对美国的大战略进行根本性变革，但却被他任命的官员、专家和维护这一战略的鹰派美国至上主义者轻易地束缚住了。[23]特朗普的前任奥巴马总统曾经明确警告过特朗普，孤立的寡头政治和好战的"华盛顿剧本"（Washington Playbook）这两个倾向的长期发展将是他无法克服的问题。[24]

如果军国主义是对于国家军事力量的过度崇拜以及对于不民主的专制政治倾向的迷恋，那么21世纪的美国军国主义早在特朗普任期之前就存在了，与之相伴的是公共领域走向普遍粗鄙化。[25]区别于典型军权国家的大规模征兵、强制驻军和战时巨额税收，特朗普领导下的美式军国主义没有那么严重，也并未进入正式的宪法程序(国会自 1942 年以来未曾宣战)。然而,这一系列态度和行为并不是一个健康的宪政共和(constitutional republic)国家应有的表现。在特朗普就任之前,美国已经从国外引进了有组织的暴力手段用于反恐战争,加强国内监管,对警察实施军事化武装,[26]同时,将本国边境的执法军事化,将严格的监视升级成严厉的处罚,将移民赶进肮脏的拘留营。无论我们是否接受"双重政府"假说,早在特朗普之前,一个常设性的安全官僚机构就已经存在,情报、军事和执法机构经验丰富的管理人员开始在宪法框架之外进行运作,以约束忙碌和分心的决策者。[27]更广泛的军国主义正在渗透到更多层面的美国文化之中,一种普遍的"战争言论"开始进入日常政治语言和公共话语,这打破了之前的平衡,加剧了两极分化,甚至降低了公民对政治暴力的敏感度。[28]公众仪式也反映出政治和文化的转向。就连美国国家橄榄球联盟也被军事化了,用纳税人的钱在赛前开场白上展示"有偿的爱国主义"(paid patriotism),在一份由鹰派参议员约翰·麦凯恩联合牵头的报告中,这一举动被谴责为浪费和精心设计的噱头。[29]国家橄榄球比赛与军事盛典的"聚旗效应"(rally-around-the-flag)之间建立了某种关联,它们早在特朗普谴责奏国歌时下跪表示抗议的足球运动员之前就已经存在,这一切只是为他铺平了道路。

　　这种政治正确带有扭曲的极端民族主义色彩。国家生活被浓缩为一场戏剧,讲述着战争紧急状态、部落团结对抗外来邪恶势力以及国内的叛乱。这一切一点也不新奇,不妨回想一下2004 年在麦迪逊广场花园举行的共和党大会,从时间上看,当时还处于所谓"自由秩序"盛行的 70 年之内,特朗普还是一名注册的民主党人:

在白宫推动的当代历史建构中,在麦迪逊广场花园一
个又一个演讲者和一个又一个视频的反复讲述中,美国遭
受的巨大创伤("9·11"袭击)被标榜为某种国家财富,是小
布什总统执政合法性和正统性的一切和终极来源。因此,
演讲者不断提及曾经的大规模的死亡和破坏,展示给与会
者和电视观众,不仅没有被当成一件坏事,反而作为一种值
得珍惜甚至庆祝的事情,能够为人们带来团结、树立共同的
目标……于是形成了这样一种叙事模式:鲜血——战
火——上帝——国家——"奇异恩典"(Amazing Grace)。
在麦迪逊广场花园举行的是一场真正的战争宴会,充满了
基督教殉道者的语言。[30]

如果说有什么不同的话,那就是特朗普为这一政治遗产注
入了新的活力,并将其发扬光大,这实际上是一种隐藏在反恐战
争的自负幻想之中的沙文主义,之前的几任总统都试图抵制它。
除了欣然接受反恐战争中的仇外因素,特朗普还将反恐战争扩
大到包括伊朗在内的更多对手,他发现长期战争这一手段非常
奏效,这就包括了 2001 年 9 月放任使用武力授权。[31]其他主要
政党也因此受到很大影响。许多民主党总统候选人担心,在这
个恐怖主义横行的时代,他们会因为这个问题败下阵来,深感压
力之余,为了刷新自身在国家安全方面的资历,他们纷纷强调自
己支持继续确保军事武装霸权,只是要以更有效的方式。

就工具权力和宪法权力而言,特朗普的军国主义倾向加剧
了一个先在趋势,即永久性战争的制度化和通过更大的总统行
政特权扩张军事活动。这一转变的例证之一就是,特朗普未经
国会批准向沙特出售武器。但这种做法大约也是特朗普从前任

身上继承而来的。前几届政府无视"导弹及其技术控制制度"
(Missile Technology Control Regime-MTCR)* 的限制,允许韩
国和沙特阿拉伯等盟友扩大弹道导弹的射程,同时却因为伊朗
进行导弹试验而对其实施制裁。[32]结果就是,国会失去了对于重
要外交政策决策权的掌控,这也对美国国内产生了深远影响。
随着《爱国者法案》(Patriot Act)** 的出台,秘密场所、非常规引
渡和酷刑、大规模法外暗杀和参与侵略附属国等手段进入了一
个新的时代。这些不负责任的秘密权力机构甚至还延伸到了
"国家安全密函"(national security letters),联邦当局可以利用
这种国家权力工具对个人展开审计和调查,同时禁止他们寻求
法律顾问的帮助或通知任何人。与小布什一样,奥巴马的很多
决策绕开了立法机构,凭借越权指令规避《战争权力法》(War
Powers Act)***。在战时扩大总统特权并不是什么新鲜事,早在
林肯时期就引入了不经审判的拘留制度,只是现在的"战争"是
永久性的。反过来,这种做法导致的权力集中与宪法的基本原
则相悖。它损害了国会的宪法权威,削弱了其参与外交决策和
监察行政部门工作方面的权力。宪法中被詹姆斯·麦迪逊
(James Madison)视为最重要的、赋予国会战争权力的最高条
款,在某种程度上由于国会的默许,已经成为事实上的无效条

* "导弹及其技术控制制度"(Missile Technology Control Regime-
MTCR),成形于1987年,旨在防止可运载大规模杀伤性武器(WMD)
的导弹及其相关技术的扩散。——译者注
** 《爱国者法案》是2001年10月26日由美国总统乔治·W.布什签署颁
布的法案。这一法案扩大了恐怖主义的定义,纳入了国内恐怖主义,并
拓展了警察机关可管理的活动范围。——译者注
*** 《战争权力法》规定美国总统有权不经过国会批准,在60天内调动美军
任何部队。——译者注

款。[33]帝国扩张势必侵蚀共和制度,罗马共和国的衰落就是一个标志——这样的历史警告虽然听起来遥远、不完全正确,但仍然有意义。用安德鲁·沙利文(Andrew Sullivan)的话来说:

> 管理罗马这么一个庞大帝国所面临的重压确实削弱了它的民主制度——正如我们的帝国也同样削弱了我们的民主制度一样,赋予总统非凡的权力(包括,如我们所知的,终结地球上所有已知生命的能力)、庞大的监视系统、超乎想象的紧急特权,以及相应的,一个涣散的国会。如果要找一个和伊拉克同等命运的国家,你可以看看罗马人在公元前2世纪与北非的一名国王朱古达(Jugurtha)进行的无休止战斗,后者制造了一场叛乱,罗马花了很长时间才将他击败。[34]

2019年夏天,美国国会就一项禁止向未经授权的伊朗战争提供资金的修正案进行了辩论,以重申国会对总统随心所欲的权力的限制,但当时五角大楼和一些国会议员都谴责这一体系过于坚持原则、过度监察行政行为。军国主义这一概念首先事关公民与国家之间的关系。在这种情况下,这种关系可以被倒置,如果国家不是由文职人员管理,那当然应当由国会监督。例如,共和党参议员汤姆·科顿(Tom Cotton)指责说:"民主党人总是试图在总统和我们的军队应对伊朗问题时使他们束手束脚。"他们希望国会能讨论一下,美国军队在处于危险时应当如何应对。[35]军国主义很少能如此直白。为了提升军队的安全性和战胜能力,为了让军队指挥官能够自行其是,科顿认为国会应当服从。我要再次强调,这并非特朗普时代的突发性事件,而是集中代表了国家安全政治及其对国家忠诚度的考验，随之而来的后果就是，出现了"帝王式总统"（imperial presidency）、宪法平衡遭到削弱，而这正是观察人士长期警告的情形。军国主义并不是一个与国民生活毫不相关的政策领域，相反，它融入了国民基本生活的核心。在战争中，代表国家政体决定杀人或被杀，是最根本的政治行为。

# 特朗普的政治经济学

同安全领域一样，在经济学领域，特朗普也是一种有缺陷的秩序的产物，他曾扬言要废除这种秩序，但实际上却强化了它。特朗普将自己标榜为富豪特权的反对者，在竞选活动中，他不仅利用反犹太主义形象和相关影射，还表现出对于国际资本的不平等和不受约束的全球化扩张的愤怒，并承诺要让那些遭之摧毁的社区走向重生，迎来再工业化（reindustrialization）的辉煌。但在任职期间，特朗普很快就被证实是华尔街和高盛集团的好伙伴，他将他们的一些资深人士安排到政府任职，还废除了一些监管法规，并为高收入者和大型企业制定了减税政策。

助推特朗普登上总统宝座的异化因素，并不能简单概括为物质上的不满。带有某种明显的平等诉求的经济不满是这场反抗的核心。正如两位自由秩序的倡导者承认的那样，与标准地、全面地宣称自由秩序创造了前所未有的"繁荣"恰恰相反的是，在过去几十年的演变过程中，秩序一直在被"操纵"，使上层阶级不断获益，且越发不利于工人阶级和穷人。[36]一方面，秩序的捍卫者称赞它带来持续的经济增长,使大众的生活更长久、更富裕、更美好,另一方面,我们也目睹了这一方案的长期后果,虽然它创造了巨大的财富,但却从根本上使物质生活变得更糟,并激起选民的报复心理。

人们印象中的战后秩序实际上是后冷战时期之后在最近一段时期内形成的经济分配模式,一种基于美国方式的全球化进程。对于盛行了 30 年的政治经济学的历史认知是错误的,它和人们在前几十年接受和期望的安排有着明显不同。事实上,美国霸权的政治经济学不是一种从诞生之日起就形成的一个完整的经济连续体,它在单极时代发生了根本性的转变。美国一改前几十年的政策,承诺不受限制的资本流动和劳动力流动。随着这一突破性的尝试,一种具有创造性活力与持久性的经济秩序受到其拥护者的热烈称颂,但这种秩序也发展成为一种日益危险的不平等的资本主义形式。一个原本追求开放、无边界、国际化的全球化进程,却逐渐变成企业施压争取减税、放松管制、垄断权力和企业福利的托辞,并高度开放发展外包、离岸产业的就业机会。它也滋生出了一种无节制的贪婪文化,宣扬自我满足和自我富裕,"巴拿马文件"中披露的那些隐藏资产以及公开炫耀财富的现象比比皆是。矛盾的是,这个在世界范围内致力于创造、执行和保护新经济秩序的国家,其国内的新自由主义意识形态阵地却正在缩小。州立法权仍然是该体系运行的基础,而对美国竞选资金的放松管制带来了秘密资助和妥协游说,这种寻租行为模式被威斯康星州民主党前参议员拉斯·范戈尔德(Russ Feingold)称为"合法贿赂和合法勒索的不透明制度"。[37]从投资银行到评级机构,金融机构都沦为了系统性腐败的牺牲品,引发了一场全面的经济危机,但腐败的罪魁祸首却几乎没有受到任何惩罚。随着美国大学招生丑闻的曝光，人们发现，就连大学也变得容易受到家族代际特权的影响，接受贿赂，容忍校友家庭的欺诈。在"透明国际"（Transparency International）的国家腐败指数中，美国已跌出最不腐败国家的前 20 名，并成为一个"需要特别关注的国家"（country to watch）。[38]与其他情况更糟的国家相比，虽然这些并不足以使美国没落，但是美国作为山巅之城的典范光辉已经黯淡。

那么这些连锁现象的后果是什么？经济日益金融化和去工业化。事实上，美国已不是一个充满活力的资本主义市场，而是成了一个寡头垄断市场，这带来了危险的后果。当大公司赚得盆满钵满时，工人阶级的工资却停滞不前。沿海城市聚集了大量与科技、金融服务、媒体和游说相关的寡头财富，而越来越多的贫困劳动者不得不在破旧的公共保障住房中勉强度日。一种基本的不公平感蔓延开来。在这个秩序中，犯罪的银行高管可以不受惩罚，被指控的施暴者可能不受起诉，同时较轻的重罪者却被大规模地监禁，这样的秩序很难让人为之辩护。同样，这种秩序也给国际社会带来损伤。尽管美国仍然继续作为一个大国存在，但其国内的民主正在经历空心化，美国变成了一个身患重疾的"病人"，执政的党派受贿腐败，制度的合法性出现裂痕，民众的共同目标感减弱，这一切造成了美国的国际声誉不断下降。[39]

特朗普的治理模式凸显也强化了这种发展倾向。上台前，特朗普曾有过欺诈和逃税的职业经历，而上任后，他一方面谴责腐败的财阀和华尔街特权，[40]另一方面却对超级富豪大加奉承，任命家族成员在政府任职，滥用公共资金，并凭借这些，巧妙地将决策中心从白宫转移到了他的私人府邸。他谴责那些来自外部的不公正批评,并威胁要清除华盛顿的内部人士,同时又进一步向国际社会游说要开放华盛顿政府,甚至向捐赠者提供外交职位。

证明特朗普经济不连续性最有力的论据之一是,他打破传统,重新引入关税作为经济和外交政策的工具。与此同样令人震惊的还有,他以异常鲜明的方式强调了一个自 2008 年以来值得注意的趋势,即重商主义和贸易壁垒的回归——作为地缘政治竞争回归的一部分,美国一边鼓吹自由贸易,一边实行保护主义。在特朗普胜选的 5 个月之前,世界贸易组织和全球贸易预警机构(Global Trade Alert)都警告称,二十国集团(G20)经济体将恢复贸易壁垒,并囤积贸易限制措施。自 2008 年金融危机以来,美国征收了价值 390 亿美元的关税,而世界前 60 大经济体采取了 7 000 多项贸易保护措施,总价值超过 4 000 亿美元。美国和欧盟采取的保护主义措施最多,双方分别超过 1 000 项贸易保护措施,印度远远排在第三位,只有 400 项。[41]就连《跨太平洋伙伴关系协定》也具有排他性,希拉里·克林顿在竞选期间宣布,她将放弃这一协定。

这一次,不同之处再次体现在修辞上。特朗普的"布道"方式有些特立独行。"美国优先"(America First)意味着赤裸裸的零和博弈(zero-sum competition),是对不利的贸易失衡和顺差的积极反击。另一点区别在于他的全情投入,他相信自己独特的讨价还价能力会占上风。几十年来,特朗普一直公开鼓吹这一观点,有利于他的政治—经济时刻终于到来了。他甚至对贸易战的前景表示期待。尽管这种做法的审慎性值得怀疑,因为无限制的贸易战倾向实际上会对非常脆弱的工薪社区造成损害,他们正是特朗普声称要帮助的群体,但这也可以被视为典型的特朗普现象——强调一种长期的结构性转变。在一个竞争日益激烈的多极化世界中，贸易保护主义逐渐抬头，并且考虑到中国崛起这一重要因素，世界已经并将进一步转向的趋势是，出口危及保护力度不足的产业。事实上，随着中国变得越来越富裕，其拒绝开放金融管制是自由国际主义者最失望的事情之一。2000 年，即将卸任的美国总统比尔·克林顿曾经预言，允许中国实现贸易正常化将带来一种良性趋同：

> 我们希望看到一个繁荣的、向美国出口产品开放市场的中国；其人民能够接触到美国的思想和信息；其在国内维护法治，对外则在核不扩散、人权、贸易等一切问题上遵守全球规则，……此举将为美国工人、农民和企业打开一个不断增长的市场，而且，这将比我们现在能采取的任何其他措施都更能鼓励中国走向改革、开放并融入世界。[42]

这些也是美国的政治家共同希望的，无论他们的党派如何。[43]然而，事实并非如此。从经济上参与国际市场不仅未能使中国在政治上实现自由化，也没能使其经济上自由化。未来总统重新倾向于真正减少贸易壁垒的可能性。但是，政坛中的风向正在猛烈地反对这一点，这背后有强大的物质原因（material causes）。

那么，应该如何正确应对中国的贸易重商主义以及全球的贸易不平衡？正如我们所看到的，美国在其所谓自由主义秩序的整个生命周期中一直实行保护主义，特别是在农业方面。现在遭到毁灭性打击的却是美国的制造业基地。工业、企业、投资者、零售商乃至消费者都在进行离岸转移并从中获益——代价就是一度稳定的工作社区变得荒凉。在一个无国界的全球劳动力市场中，在追求廉价进口的做法面前，重申自由经济学这剂灵丹妙药，是一种软弱的回应。在重商主义时代，最审慎的贸易政策可能并非进行一场全面的贸易战。但的确需要一些保护性的国家干预，或许不是以关税的形式，而是以补贴、优惠信贷政策、税收激励或本地成分要求的形式。此外，它还需要取得一种平衡，寻求一种可接受的重商主义水平，又要维系汉密尔顿式（Hamiltonian）的培育新兴工业的传统，本着军备控制的精神，既要保护高价值的本土工业，同时也要缓和国际竞争。[44] 从理智上讲，制定一项审慎的产业政策，需要抛弃过去那种认为无国界自由贸易时代曾经盛行的错觉。

# 衰落前夕

著名的政治现实主义者、已故的罗伯特·吉尔平（Robert Gilpin）认为，伴随着大国及其秩序的衰落，会出现某种知识腐败，这种腐败既是症状也是催化剂：

占统治地位的民族通常相信，他们（或者更确切地说，他们的祖先）创造的世界是正确的、天然的、上帝赋予的。对这样一个民族来说，认为世界是由他们统治并拥有特权的想法可能是不可思议的。他们理所当然地认为，现状的优点与益处是如此明显，所有理性的人都会认可它的价值并支持它的延续。怀着这样的心态，他们既不会为崛起的挑战者的正当要求让步，也不会为保卫其受到威胁的世界做出必要的牺牲。[45]

这并不是对当下时刻的准确描述。毕竟，自由秩序的支持者正因为他们的世界面临黄昏时刻的消亡感到充满了担忧。然而，他们仍然深信自由秩序善良的形象和其带来的好处，因此只能将正在发生的叛乱解释为美国未能兑现自己的承诺而使人们失去了信心。在霸权更多地成为目的而非手段的当下，这些支持者当然呼吁牺牲。而崛起的挑战者可能提出了"正当要求"，但这一点很难被接受。吉尔平的进一步警告更有预见性：不平衡的发展和衰落的过程将导致在枪支、黄油和投资之间进行财富分配的问题上发生"日益严重的政治冲突"，从"良性的增长政治"转变为"恶性的分配政治"。在本书撰写时，美国的债务已经超过其经济规模，然而国防开支仍在飙升，赤字已经达到了创纪录的水平。尽管如此，美国仍然坚持与所有挑战者进行战斗，宣布与欧洲、亚洲、中东和拉丁美洲的对手展开公开竞争。当又一次发生政府停摆时，首都华盛顿感受到了威胁。在这种物质压力下，任何专制主义者的狂妄自大都是多余的。这位公开奉行绝对主义倾向的总统吹嘘说，当应对无情的国内对手时，他得到了"强硬"的军队、警察和摩托车手的支持，他们会以"非常非常糟糕"的方式团结在他身边。当面对媒体的批评，他表达了对于那个经济强劲的、总统"免受批评"的时代的怀念。当在法庭上受到质疑时，他说："我必须解雇法官。"他甚至还考虑过宪法是否能够赋予总统赦免自身的可能性。

这就是共和的起源，它曾经通过推翻暴虐的君主建立起来。正如一些焦虑和悲观人士经常警告的那样，在国外花费大量精力,妄以野心勃勃的条件扩大这一良性秩序,并为此建立各种组织机构,将威胁到国内的自由和良好秩序。仅从这方面来看,美国也被证明毫不例外。

## 注　释

1. Stephen Chaudoin，Helen V. Milner and Dustin Tingley，"Down But Not Out：Liberal International American Foreign Policy"，in Robert Jervis，Francis J. Gavin，Joshua Rovner and Diane N. Labrosse，*Chaos in the Liberal Order：The Trump Presidency And International Politics in the Twenty-First Century*（New York：Columbia University Press，2018），pp.62，83.

2. Michael Fullilove，"We Must Find a New Asia Focus as World Order Changes"，*The Australian*，10 May 2019.

3. Philip Bump，"Donald Trump Will be President Thanks to 80,000 People in Three States"，*The Washington Post*，1 December 2016.

4. Pew Research Centre，*2016 Campaign：Strong Interest，Widespread Dissatisfaction*（7 July 2016），p.32.

5. Neta C. Crawford，"The Pentagon Emits More Greenhouse Gases Than Any Other Part of the US Government"，*Live Science*，12 June 2019.

6. 关于危机的跨国属性,参见 Adam Tooze，*Crashed：How a Decade of Financial Crises Changed the World*（New York：Allen Lane，2018），pp.9，19；关于"连锁矩阵式反应",另见 H.S. Shin，"Globalization：Real and Financial"，BIS 87th Annual General Meeting,转引自 Tooze，*Crashed*，p.618，n.22。

7. Rosella Capella Zielinski，"US Wars Abroad Increase Inequality at Home"，*Foreign Affairs* 95：5（2018）.

8. Jonathan D. Caverley，*Democratic Militarism：Voting，Wealth，and War*（Cambridge：Cambridge University Press，2014）.

9. 特朗普的崛起与之前的秩序之间的联系是马克思主义和保守主义这两种最具挑衅性判断的基础,参见 Perry Anderson，"Passing the Baton"，*New Left Review*（2017），pp.41—64；Victor Davis Hanson，*The Case for Trump*（New York：Basic Books，2018）.

10. Aziz Rana，"Decolonizing Obama"，*N + 1*（Winter 2017），pp.22—27：p.22.

11. 正如罗杰·伊特韦尔（Roger Eatwell）和马修·古德温（Matthew

Goodwin) 在 *National Populism: The Revolt Against Liberal Democracy* (Milton Keynes: Random House,2018),pp.265—266 中所论述的。

12. Douglas L. Kriner and Francis X. Shen,"Battlefield Casualties and Ballot Box Defeat: Did the Bush-Obama Wars Cost Clinton the White House?" 20 June 2017,at http://www.forschungsnetzwerk.at/downloadpub/2017_SSRN-id2989040_usa.pdf.

13. 参见 Robert D. Kaplan,"Trump's Budget Is American Caesarism",*Foreign Policy*,26 May 2017。

14. 参见 Matthew Fay,"Libertarians,Donald Trump,and War",*Niskanan Center*,30 March 2017,at https://niskanencenter.org/blog/libertarians-donald-trump-war/。

15. Tal Copan and Eugene Scott,"Trump Touts 'Militaristic' Policies,Gets Panned by General",*CNN*,13 August 2015.

16. Lauren Caroll,"Super PAC Ad Says Trump Likes War,Even Nuclear,but that Needs Context",*Politifact*,19 June 2016.

17. "Bush-era Officials Reshape Trump Administration: US Troops in the Middle East Reportedly Rise 33%",*Hareetz and the Associated Press*,20 November 2017.

18. "Contractor Support of US Operations in the U.S. CENTCOM Area of Responsibility",January 2019,at https://www.acq.osd.mil/log/ps/.CENTCOM_reports.html/5A_January_2019_Final.pdf.

19. Yahel Arnon and Yoel Guzansky,"A Conventional Arms Race",*INSS Insight* 1074,11 July 2018.

20. "Trump Tells Pentagon 'to top' France Military Parade",*BBC*,7 February 2018.

21. Peter Beinart,"Why Trump Can't Handle the Costs of War",*The Atlantic*,20 October 2017.

22. "The Secret Death Toll of America's Drones",*New York Times*,30 March 2019.

23. 正如我在下列文章中所述:"Why American Grand Strategy Has Not Changed: Power,Habit and the US Foreign Policy Establishment",*International Security*,42:4(2018),pp.9—46。

24. "Remarks by the President in Conversation on Poverty at Georgetown University",12 May 2015,at https://obamawhitehouse.archives.gov/the-press-office/2015/05/12/remarks-president-conversation-poverty-georgetown-

university; Jeffrey Goldberg, "The Obama Doctrine: The US President Talks Through His Hardest Decisions about America's Role in the World", *The Atlantic Monthly*, 317:3(2016), pp.70—90.

25. Andrew Bacevich, *The New American Militarism: How Americans Are Seduced by War*(New York: Oxford University Press, 2005).

26. Christopher J. Coyne and Abigail R. Hall, *Tyranny Comes Home: The Domestic Fate of US Militarism* (Stanford, CA: Stanford University Press, 2018).

27. Michael J. Glennon, *National Security and Double Government*(Oxford: Oxford University Press, 2015), pp.39—65.

28. Robert Myers, "The 'Warspeak' Permeating Everyday Language Puts Us All in the Trenches", *The Conversation*, 6 August 2019.

29. Stephen Baele, "The Real Problem: The Militarization of the NFL", *The American Conservative*, 27 September 2017; Sen. John McCain and Sen. Jeff Flake, *Tackling Paid Patriotism: A Joint Oversight Report* (2015), at http://www.documentcloud.org/documents/2506099-tackling-paid-patriotism-oversight-report.html.

30. Philip Gourevitch, "Bushspeak", *The New Yorker*, 13 September 2004, pp.36—41.

31. Alex Ward, "How the Trump Administration Is Using 9/11 to Build a Case for War with Iran", *Vox*, 14 June 2019.

32. Zachary Zeck, "South Korea Extends Ballistic Missile Range", *The Diplomat*, 4 April 2014.

33. 正如克里斯·普雷贝尔(Chris Preble)在 *Peace, War and Liberty: Understanding US Foreign Policy*(Washington, DC: Cato Institute, 2019), p.121 中所述。

34. Andrew Sullivan, "The Limits of My Conservatism", *Intelligencer*, 16 August 2019.

35. https://twitter.com/SenTomCotton/status/1144295494073618432; 美国国防部的回复参见 2019 年 6 月 26 日美国国防部原副部长约翰·C. 鲁德 (John C. Rood)写给军事委员会主席詹姆斯·M. 英霍夫(James M. Inhofe) 的信件,at https://twitter.com/AlexEmmons/status/1144633957683777536。

36. Jeff D. Colgan and Robert O. Keohane, "The Liberal Order Is Rigged: Fix It Now or Watch It Whither", *Foreign Affairs* 96:3 (2017), pp.36—44.

37. Russ Feingold，"US Campaign Finance Laws Resemble Legalized Bribery. We Must Reform Them"，*Guardian*，8 November 2017.

38. 参见 https://www.transparency.org/country/USA。

39. David Klion，"American Empire Is the Sick Man of the 21st Century"，*Foreign Policy*，2 April 2019.

40. David Barstow，Susanne Craig and Russ Beutner，"Trump Engaged in Suspect Tax Schemes as He Reaped Riches from His Father"，*New York Times*，2 October 2018.

41. Marc Jones，"World Has Racked Up 7,000 Protectionist Measures since Crisis: Study"，*Reuters*，14 November 2017.

42. Bill Clinton，"Expanding Trade, Protecting Values: Why I'll Fight to Make China's Trade Status Permanent"，*The New Democrat*，12:1（2000），pp.9—11.

43. George H.W. Bush and Brent Scowcroft，*A World Transformed*（New York: Random Books，1999），p.89.

44. 参见 Michael Lind，"The Cost of Free Trade"，*The American Prospect*，1 December 2011。

45. Robert Gilpin，*War and Change in World Politics*（Cambridge: Cambridge University Press，1981），pp.166—167.

# 第四章 马基雅维利时刻：前方之路

　　美国秩序过去没有、现在也不可能在国内自由主义偏好盛行的情况下发挥强大的作用。这在一定程度上是因为美国在海外的行动证明，谋求权力将会引起各种约束和压力。美国在2010年7月就尝到了这一矛盾的滋味，当时奥巴马政府和中国都在争取印度尼西亚。作为一个日渐强大和富足的亚洲国家，印度尼西亚还处于半专制政权统治之下。印度尼西亚的一支特种部队（Kopassus）长期以来在东帝汶、亚齐和巴布亚犯下暴行无数。但在此之前，印度尼西亚政府暗示，除非美国解除对该部队的禁令，否则就会拒绝美国总统对雅加达的访问，并与中国发展军事关系。[1]经过一场内部辩论，华盛顿解除了对这支部队的长期禁令。为了与一个国家抗衡，或许有必要容忍另一个国家的非自由行为，这些都是国际生活中存在的严峻选择。如果说像这样的困境还是发生在美国实力强于中国的时候，那么在一个竞争日益激烈的时代，这样的时刻将会越来越频繁。

　　我们已经进入了一个充满权力更迭、政治反抗和多极化竞争的新世界。在这个时代，关于全球领导力的陈词滥调将会被视为缺乏智慧的表现。如今正在拉开帷幕的是一个竞争多极化的世界,在战争的阴影下,大国纷纷扩大和争夺影响力,各国不惜发生流血冲突以谋求话语权,它们争夺的这些议题将重新定义这个世界。美国对于国际主导地位的追逐是基于一个坚定的信念,即自由主义价值观可以使美国免受以往霸权国家遭遇的悲剧性局限。这使得政策制定者对于限制权力感到麻木,忽视了安全困境的问题,对他人应当如何看待权力的主张妄加揣测,对外部秩序如何导致国内的混乱置若罔闻。美国应该把当下正在展开的混乱视为一种"马基雅利时刻"(Machiavellian moment)*。中世纪的辩论曾预料到这样一个时刻,即一个共和国必须考虑它的制度和公民美德如何在一个敌意日益增长的世界中延续下去。美国要实现这一目标,就应该放弃其自由秩序的核心历史主张,也即美国借由其霸权让世界顺从其自由价值观,同时也应该放弃美国或任何一个大国可以主宰全球的想法。正如我们所看到的,战后美国的治国方略有所不同。即使是在美国试图重塑世界的时刻,国际体系及其内在的困境也强加于这个超级大国之上。无论是在行动上还是在结果上,美国"建立秩序"(ordering)的行为从根本上而言是非自由主义的。我们有必要回顾过去,更丰富的历史意识可以拓宽我们对潜在可能性的认识。建立秩序是一个粗暴的、充满背叛的、折衷的过

* 尼可罗·马基雅利(Niccolo Machiavelli,1469—1527)是15世纪文艺复兴时期意大利著名的政治思想家和哲学家,其主要理论是"政治无道德"的政治权术思想。他强调为达目的不择手段的权术政治、残暴、狡诈、伪善、谎言和背信弃义等,只要有助于君主统治就都是正当的。这一思想被后人称为"马基雅利主义"。由于他的政治学说,马基雅利的名字成了"权谋政治家"的代名词。——译者注

程，扩张自由主义的尝试则带来了悲剧性的后果，只有直面这一历史现实，美国才能更好地掌控自己的权力，缓和自己的野心。只有这样，美国才能回归其初衷，思考如何在一个多元世界中确保其宪政共和国（constitutional republic）的利益。在本章中，我将探讨美国的"根本"所在。我也将表明，自由秩序的神话历史总是认为危险来自美国退出全球主导地位，但这无助于理解如何在一个日益多极化的世界中保全美国。最后，我将提出另一条道路。虽然不能提供详尽的政策方案，但我列出了美国可以采取的一些措施，以更好地保障美国自身的安全。


# 危机中的共和政体


美国治国之道的基本目的是"保护美国这个自由国度，维护我们的基本制度和价值观的完整性"[2]，这就意味着其所要塑造的国际环境必须有利于某种特定的生活方式。如果是这样的话，那么就目前的情况来看，美国正处于危险之中。正如上一章所阐明的，唐纳德·特朗普在美国的崛起预示着一场更深层次的危机，国内外的混乱局势相互助长，侵蚀了美国的凝聚力，甚至威胁着美国的理想、社会制度和国家存在的合法性。美国应该意识到，它正面临真正的马基雅维利时刻，它不能仅仅只是修正航向，恢复到特朗普时代之前的默认设置。这个时刻需要更为深刻的思考。在看似永恒稳定之中突然出现的混乱时期被罗伯特·卡根称为"历史的回归"，即一个原本追求道德的国家，突然在外部受到敌对势力的威胁（在卡根的时代，这通常是入侵的威胁），在内部又出现腐败和混乱，这个国家很可能会面临瓦解。[3]在这种情况下，普世道德与伦理道德之间的冲突就显现了，因为公共利益所要求的行为可能会被"私人伦理和宗教价值谴责为不公正和不道德"。[4]

所有的争论都无非旧题重谈。有关自由秩序的争论用世俗化的语言再现了关于公共领域道德和基督教秩序的古老争论。其核心就是佛罗伦萨外交家和政治思想家尼科洛·马基雅维利（Niccolò Machiavelli，1469—1527）代表的传统以及相应的反驳。[5]在马基雅维利看来，政治无外乎于权力的获取和掌控。然而，不负责任的权力滥用会导致混乱和入侵的发生。马基雅维利劝告说，谨慎的君主不能将私人道德应用于公共领域，因为大多数人"都并非好人"。相反，审慎地代表被统治者行使权力，意味着应当采取另一套道德标准——以国家理性为指导。保卫国家要求使用肮脏的手段，尤其是当其受到威胁时。在这样的世界里，道德就意味着一切做法都要以获得"利益"为目的，虽然这在某些情形下会表现为血腥无情或冷酷克制。基督教的慈善行为只适用于私人生活，对国家而言可能是一种危险的放纵。胆怯和被动则可能陷公共利益于危险之中。同样，无端的暴力也可能引发危险的反应，或者威胁到国家的灵魂。对于统治者来说，基督教式的情感必须服从于另一种截然不同的、以公众需要为指导的、冷冰冰的道德。在马基雅维利生活的意大利城邦，竞争激烈、残酷，这种问题就面临着更大的考验。至关重要的是，除了生存之外，人们还关心共和国的健康和自由。事实上，国内的秩序稳定和外来势力的潜在威胁是相互影响的，城邦的衰亡正是源于派系林立。国家要想在这些危机中生存下来，必须研究国家的实际运作，而不是幻想那些"毫无经验可循的、从未真实存在过的共和国或王国"理想。[6]

　　与马基雅维利关于"另一种道德"的简单粗暴的观点背道而驰,基督教的普世主义(universalism)则秉持另一种态度,其诸多驱动因素中既有"对于一个帝国内和平世界的虚假怀旧",也有对"人类救世主"式的普世君主制(universal monarchy)的乌托邦式的追求,或是"将世界重新带回普世教会的临时控制之下的精神上的尝试"。无论是通过宗教裁决,还是通过禁止出版马基雅维利的相关书籍,或是其他更为微妙的削弱其影响力的办法,一致都是借由否定马基雅维利,以确保一种私人道德和公共道德之间保持和谐的超验秩序。

　　就如同中世纪教皇和道德批评家之间的对立关系一样,自由秩序愿景同马基雅维利的公私二元论(public-private dualism)格格不入。自由秩序的支持者反对二元国际秩序的概念,而是期望建立一种由单一领袖驯化的国际秩序。他们坚持认为,美国设计的秩序源于一种德治之道,这种治国之道将良性、利他的自由主义价值观注入国际体系。在威尔逊开创的传统中,美国曾经的确、也有能力通过制度、联盟、自由贸易和远见卓识的领导等方式,以一双干净的手来重塑世界,严格约束自身,不同于以往任何一个霸权国家。正如伍德罗·威尔逊总统在1917年的演讲中告诫参议院的讲话,美国应该为一种超然的秩序而战,为一种"公正而安全的和平"而战,为打造一个"权力的共同体(a community of power)而非权力的平衡"而战。[7]

　　马基雅维利和教皇面临的争论,同样也发生在美国的海外行动问题上。要追求一个变革的世界,一种"没有胜利的和平",就需要在真正的胜利和代表武力的权力之间实现再平衡,这一目标可以部分通过国内的非自由和强制手段实现,最终则在凡尔赛和会上所达成的惩罚性解决方案中达到高峰，这也是马基雅维利强烈推崇的。[8]威尔逊主义是矛盾的：有的人强调伍德罗·威尔逊总统对于国际法和国际制度价值的历史性推动，也有人强调，必要时不惜使用刺刀胁迫也要传播民主自由。[9]我们应该正视这一矛盾关系作为自由秩序的核心问题，而非一味地调和。正如一位历史学家指出的，这种对比反映了"威尔逊安全战略的基本悖论——通过实施强权政治来结束强权政治"[10]。作为美国治国之道的动力引擎，自由主义是嫉妒和偏执的，充满了救世主式的想象。从威尔逊主义到布什主义，如果不加限制地实施自由主义，反而会导向其非自由主义的对立面。[11]粗暴的地缘政治实践者通常认为，他们的终极目标是在美国的监督下打造自由与和平，但要做到这一点，他们必须包容非自由主义的盟友，无情地摧毁自由主义的敌人。这样，一个以建立自由秩序为假定目标的超级大国就可以允许自身坦然地采取冷漠无情的手段。

在讨论自由秩序方面，从21世纪存续了20年的单极霸权就可以看出，马基雅维利式的观点是成立的。世界不可能被驯化，那些想要改造世界的国家反而会受到这个世界的强力约束。美国越努力向世界灌输自由主义价值观，就越消耗其自身实力，损害其内部的自由主义事业。

鉴于这一争论不断复现，我们可以简单概括说明一下美国在如今的"位置"。经过21世纪前20年雄心勃勃的奋斗和追求"领导全球"的持续努力之后，回望过往时，这份失望值得反思。[12]尽管美国曾宣布要消灭具有威胁性的目标，但在绝大多数领域，这一计划都以失败告终，要么未能消灭威胁，要么留下了更大的威胁。美国既不能阻止朝鲜获得可运载的核武器，也未能解除朝鲜的核武器。美国既不能说服俄罗斯服从美国领导下的秩序，也未能促使俄罗斯放弃对乌克兰或格鲁吉亚的帝国化改造，或放弃其国际政治颠覆活动。美国也没能说服中国服从美国主导的亚洲秩序。在阿富汗，美国军队与塔利班的斗争陷入僵局。尽管经过了多年的国家建设，阿富汗仍然是一个盗贼统治的国家，恐怖主义盛行，激进的圣战主义愈演愈烈。美国也未能促成以巴和解。"阿拉伯之春"革命也没有为中东带来稳定与民主。在叙利亚，巴沙尔·阿萨德及其阿拉维（Alawite）派政权仍然掌握着统治权。解放后的利比亚在政治上支离破碎，经济上更加贫穷。而伊拉克，与其说是美国的代理人，倒更像是伊朗的代理人。"伊拉克自由行动"（Operation Iraqi Freedom）引发了教派冲突，催生出"伊斯兰国"这一恐怖集团。在与伊朗和委内瑞拉的统治政权之间关系问题上，美国还在陷入不断的对抗升级。尽管美国对伊朗采取极限施压，甚至以消灭伊朗相威胁，但仍未能阻止伊朗进行导弹试验，以及不断扩大其在中东地区的影响力。美国一直试图创造一种对其有利的、无可挑战的力量平衡局面，但既未能阻止新的挑战，也未能真正改变世界对于竞争性强权政治的依赖。在美国国内，经济政策并没有带来持续稳定的增长，而是导致了全球性金融危机和大衰退。

我们应该清醒地认识到，在美国遭受这些失败时，其实力正处于战后巅峰。也就是说，即便美国拥有其在历史上前所未有的实力，仍可能像当年它在朝鲜、越南或伊拉克一样遭到打击，陷入僵局或失败。而且，在当下的国际环境中，无论是美国，还是其他任何国家，都很难将自身霸权施压于他人。随着美国的相对国力和经济实力的逐渐减弱，它为其承诺需要付出的代价在不断增加。全球单一领导的概念让人回想起那个权力分配向美国一边倒的时代。这些观点背后是一个独特的美国主题，即"沉睡的巨人"（sleeping giant），它假定美国还没有充分发挥其潜在力量，哪怕最近形势已然紧张。而只有特别强大的国家才能承担维护全球秩序这项任务。因此美国的"美国至上主义者"认为，既然美国完全可以负担得起其在世界上的首要地位，那么只要美国能够重振雄心、恢复凝聚力，它就可以很容易东山再起，恢复秩序。美国拥有的巨大潜力不仅源于其自身实力的强大，也得益于其实现霸权的独特历史路径。[13] 与其他大国相比，美国崛起的成本相对较低。美国人大多还记得，1941 年 12 月的珍珠港袭击唤醒了"沉睡的巨人"，直到那时美国才意识到自己真正的潜能。正如丹尼尔·耶金（Daniel Yergin）指出的，"美国领导人深受传教士冲动的传统浸润，坚信自己肩负全球责任，一次次胜利更使他们自信，纵然世界伤痕累累，美国也能免受战争伤害，所以他们迫切要实现自己的天命（mandate of heaven）"[14]。历史上很少出现如此大规模和突然的权力更迭。当对手被毁灭、盟友被消耗殆尽之时，美国则从战争中崛起，掌握了绝大部分主动权。[15] 在工业化和军事动员的推动下，美国经历了前所未有的工业扩张，国内生产总值翻了一番。并且由于美国的工业基础没有遭受过轰炸和封锁，其人均生产力达到了世界最高水平。美国人也因此享有世界最高的生活水平，掌控着全世界的黄金储备，并建立起了布雷顿森林经济体系。以美元作为储备货币，美国拥有了巨大的影响力，同时成为全世界最大的债权国和出口国。美国的远程轰炸机和航母特遣编队拥有绝对强大的力量投送能力。原子能技术也被美国垄断。全世界都需要美国的贷款、武器、专业技术和赞助。美国的快速崛起方式，以及 20世纪中期的世界局势对于决策者意识产生的深远影响，促使人们始终以一种长期思维看待美国的首要地位。这也导致其崇拜者倾向于相信，该秩序面临的主要问题并非系统性的，只是知识或观念层面的。

这种态度忽视了物质条件的重大变化。要知道，经济基础才是权力的根本支柱。普遍的观察认为，财富正在从西方向东方转移。在各个不同的相对衡量标准之下，美国的经济规模都呈现出明显的收缩趋势。以购买力平价（Purchasing Power Parity）衡量，1960 年美国的国内生产总值占全球的 40%，到2017 年，这一比例已降至 15%。[16]据国际货币基金组织估计，到2022 年，这一比例将进一步降至 14.2%。[17]美国不再是最大的贸易国。这种转变一定会产生相应的后果。但这也并不意味着美国的大国地位已经终结。按市场汇率计算，美国仍占有全球国内生产总值的最大份额，美元也依旧是储备货币。美国也仍然是军事上最强大的国家，拥有最大的势力范围和最强的打击力量，并且坐拥庞大的核武库。在人口统计学意义上，美国比它的竞争对手更有凝聚力。并且，衰退的趋势也并非不可逆转。一切都有可能发生：中国经济萎缩，印度经济濒临崩溃，另一场亚洲金融危机来袭，欧洲经济停滞，而美国可能会像里根时代那样在某些领域重占上风。但这一转变确实意味着我们正在见证单极秩序的衰落，即美国主导国际体系的能力正在下降。经济实力的分布已经走过一个拐点，这让美国不太可能再像它在 20 世纪 60 年代那样占据主导地位。例如，尽管中国和印度的内部问题困难重重，但它们已经不太可能回到过去弱小、农业化的情况。随着一个更加多极化的世界浮现，等级秩序更加不稳定，美国的外交地位越发不如从前。它的盟友也开始在很多时候做两手准备，不愿意明确地站队结盟。比如，印度选择与中国形成三角关系；土耳其一再从俄罗斯购买防空武器系统；澳大利亚和英国等盟友则不顾美国的警告，加入了亚洲基础设施投资银行（AIIB），新西兰等其他国家也加入了中国的"一带一路"倡议。

战略环境的转变也在削弱美国的优势。没有哪个对手能够取代美国，成为一个同等量级的超级大国。恰恰相反，由于各种原因，当今世界并不能被任何一个国家独霸。相比曾经短暂的战后时期，如今要想在军事上取得主导地位绝非易事。由于军事技术的扩散在整体上是以防御为主导，从战略上讲，"世界"变得更为宽广，想要实现全面的征服和扩张也变得更加困难。[18]反介入/区域拒止（anti-access/area denial）系统的出现尤其重要，这是一个由传感器、导弹、防空和电子仪器组成的全套系统，可以直接摧毁或造成水面舰艇、基地、卫星、后勤枢纽和地面部队的失效。在亚洲，作为财富增长和大国竞争的焦点，那里已经进入了一个追求海上拦截而非海上控制的时期，跨越水域的征服将遭遇抵抗，变得越来越困难。陆基反舰武器装备的到来——包括信息技术和反舰导弹等远程精确弹药——也使得发现和击沉船只相较掌控公共海域更加容易，哪怕没有蓝水海军*。在快速发展的国际市场上，技术得以迅速传播，任何一个国家都很难长期保持压倒性的力量优势。总的来说，虽然美国目前在军事上比其在欧洲和亚洲的对手更强大，但后者有能力大幅提高美国的打击成本，足以使它们的地区成为一个有争议的大麻烦。此时，双方的力量对比就像一把双刃剑，一方面让美国难以负担扩大自身影响力的成本，另一方面却又可以让美国有足够的力

---

\* 蓝水海军（Blue-water Navy），是指能将海上力量扩展到远洋及深海地区、具备远征作战能力的海军形态，最早萌芽于英国皇家海军的"海上远征能力"。——译者注

量平衡和对抗新崛起的挑战者。

正当国际形势使无可匹敌的霸权成为过去时之际，美国也面临着日益严重的"破产"问题。[19]当一个国家的承诺与其实力和政治意愿发生不平衡或错位，这便是危险状态的信号。在外过度扩张、国内发展乏力、财政紧张、政治混乱等，这些问题会发生恶性循环，累积在一起就会威胁到国家的生存。[20]尤其当它处于一个充满反对与抵抗的环境中时，为了获得日益稀缺的资源，美国许下了过多的承诺。当手段和目的之间的关系越发失衡，这个国家将无法继续前进。

就其目前的组织结构而言，美国的整体战略使其倾向于通过赤字来支付持续战争产生的费用。不断膨胀的赤字已经造成超过美国经济规模的债务水平。由于减税、债务利息、国防建设和国内开支的增加事实上超出了经济增长带来的收入，美国的赤字已经增至每年8 950亿美元。美国国会预算办公室（CBO）警告说："巨额且不断增长的债务前景给美国带来了巨大风险。"[21]根据该警告，到2047年，联邦债务将达到国内生产总值的150%，用于偿还利息的费用所占国内生产总值的份额将翻一番，从1.6%增至3.1%，成为仅次于社会保障和医疗保险的第三大计划。[22]无资金准备的债务和财政失衡等问题会变得更加严重，同时人口老龄化也可能会恶化。特朗普政府没有扭转这一不平衡现象，反而继续减税、重新启动赤字资助的军备建设，加剧了这种不平衡。财政负担沉重，已超过债务占国内生产总值的比例，这阻碍了私人投资，提高了利率，这些因素极大地遏制了经济增长。[23]不断增加的债务负担直接妨碍了美国维持其生活方式的能力，更何况它还要同时承担大量国际承诺。国会预算办公室预计，赤字上升会造成严重后果：利率上升将增加国家对还款能力的担忧，这将进一步推高利率。即使在没有爆发全面危机的情况下，这种风险也会导致美国政府和私人部门的利率与借贷成本上升。这甚至可能导致一场政治危机。面对外国投资者针对美国偿还债务和抑制通货膨胀的能力的怀疑，甚至对美元作为储备货币的怀疑，美国将被迫削减开支，减少福利，提高税收和利率。[24]这一举措或许将引发一场围绕资源的政治斗争，引起国防和福利支出之间的冲突，其严重程度将超过近期的两极分化问题。目前的财政失衡还可能引发又一场金融危机，但这一次，美国并没有足够的外汇储备来应对危机。当然，也有一些人认为，赤字问题目前并不严重，作为一个富有且信誉良好的国家，美国在国际投资市场享有特殊的信任，不必惊慌，可以继续维持其赤字融资模式。尽管这可能是真的，但正如上次全球金融危机所证明的那样，这种试验一旦出错，其风险将是不可接受的。正如德博拉·卢卡斯（Deborah Lucas）所言：

> 万有引力定律并没有被废除。债务，无论对于家庭还是政府，几乎肯定会挤占未来紧迫支出需求时的支付能力。发达国家在和平时期积累的前所未有的高债务水平，与未来照顾老龄化人口时的成本需求，将逐渐形成冲突……相较于未来财政能力消耗到危险的低水平时可能产生的严重后果，日益增长的社会不满情绪根本不值一提。[25]

谈到美国的军事伤亡，"美国至上主义者"通常会认为这些战事伤亡是可以承受的。鉴于阿富汗的伤亡人数几乎肯定不会高于正常训练事故率，马克斯·布特推断，长久的边境战争完全在美国的能力范围之内。[26]至于幸存者出现越来越多的精神和身体创伤,以及非致命伤残在残疾福利、终生护理和家庭收入损失方面产生的代价,例如相应的护理成本可能在未来几十年达到顶峰等,则完全不在这种观点的考虑范围之内。数据显示,平均每天有 20 位军人自杀,远高于一般人口的自杀率。[27]战争也不断折磨着人们的精神,这一点显而易见于老兵观众对那些讲述战争如何损害道德的古希腊悲剧表现出强烈的兴趣,比如索福克勒斯(Sophocles)的《阿贾克斯》(*Ajax*),这部戏剧讲述了一名从特洛伊战争中归来的希腊战士因自杀情绪而陷入崩溃。[28]

此外,美国国内也存在分歧,尤其是对于本国的国际姿态存在严重分歧。公众对于外交政策的态度喜忧参半。彻底的孤立主义情绪已经减弱,大多数人仍然希望美国继续保持唯一的军事超级大国地位,并支持继续维系以条约为基础的联盟。与此同时,大多数人也认为美国"在帮助解决世界问题方面做得太多了",他们更喜欢"共享型"(shared)而不是"单一型"(sole)的领导人。[29]政治精英们主要倾向于单一的领导角色,以及持续的军事活动,并坚称美国在解决世界问题方面不可或缺。

展望未来,美国在海外面临的将是持续不断的战争。尤其是,伴随着人们对秩序的呼唤,战争的可能性正在不断增加。美国现在公开宣布进入大国竞争的时代,[30]空气中都弥漫着一种不祥的宿命论。2019 年 5 月,副总统迈克·彭斯(Mike Pence)告诉西点军校的毕业生,他们"几乎肯定"会亲眼看到战斗的发生,并点名了美国在多个战区的众多对手,包括那些拥有核武器的国家:在阿富汗和伊拉克的激进恐怖分子;在朝鲜半岛和印太地区,"朝鲜仍然对于和平具有威胁性;中国正挑战着美国在该地区的存在";在欧洲,美国要对抗"咄咄逼人的俄罗斯",甚至"在(美洲)这个半球"也存在威胁。[31]彭斯也同样援引了"基于规

则的秩序"。[32]当下，威胁状态持续存在。特朗普政府削减了国
务院的开支，将国防支出提高 9.3%，以保持美国相对于对手的
优势；在加大国防预算的同时，又为富裕阶层实行减税，这些加
在一起造成的预算缺口甚至可能超过经济增长带来的财政效
益。尽管美国在不断强化其主导地位，但或许也正因如此，美国
的盟友也在做两手准备。例如，它们参与亚洲基础设施银行，加
入中国的"一带一路"倡议，反对美国废除"联合全面行动计划"
的伊核协定，拒绝对伊朗实行新一轮制裁措施，与美国的敦促相
比，这些动作全部反其道而行之。[33]再比如，像印度这样的新兴
大国，以及土耳其这样的老牌盟友，也采取了防范措施，它们一
方面与美国分享情报，另一方面购买俄罗斯的 S-400 导弹，并在
批评中国问题方面噤声。[34]

　　一个国家出现衰落的标志之一就是战争和债务形成相互作
用，特别是经常性的战争与不可持续的债务。[35]美国的国防开支
和战备支出，无论在经济或人力方面都是极为昂贵的。据布朗
大学（Brown University）的"战争成本"项目测算，"9·11"事件
后，美国的战争总花费达到了 5.9 万亿美元。[36]传统观点认为，美
国的国防负担（占国内生产总值的 3.6%）在可接受范围之内，而
且低于冷战时期的高点。然而，这是一种误导。首先，国家安全
方面的实际年度支出总体上接近 1.25 万亿美元，[37]在明确提高
的国防预算之外，如果进一步考虑到在军事承包商方面的花费、
当前行动的"战争预算"、核预算、情报、国土安全、退伍军人事务
预算、军事援助项目，以及所有这些债务相应需要偿还的利息和
其中官僚机构的浪费，国家的总体安全投资所占国内生产总值
的真正比率接近 6.5%。

　　其次，美国历史上的高国防预算时期不应该成为现在维持

创纪录国防开支的参照先例,因为这些支出对于冷战时期的美国也是一笔很大的负担。由于艾森豪威尔执政时期发动的朝鲜战争和约翰逊当政时期发动的越南战争,战后美国最高通胀率一直维持在 1953 年的 14% 到 1968 年的 10% 范围内。这种军事上的投资所依赖的是"枪炮 VS 黄油"(guns versus butter)所带来的巨大机会成本。正如艾森豪威尔警告的那样,它代表了对穷人的物质和人力的严重分流,将人类"吊在了铁十字架上"。[38] 在那几十年里,稀缺资源主要分配到军事装备领域,使得五分之一的人口因此处于贫困之中。从生活在乡村的农民和生活在山区的煤矿工人,再到那些移民至北方工业城市的非洲裔和拉丁美裔美国人,他们生活在贫穷和肮脏之中,这些不幸的遭遇也为之后爆发的种族暴力和城市骚乱埋下了种子,几乎摧毁了城市社区。如果说一个国家的内部发展状况显示了这个国家追求全球支配地位的负担能力,那么冷战的先例就是一个警告。此外,美国在遭受 20 世纪 60 年代、80 年代和 2001 年以来的外部冲击之后,依靠赤字资助的大规模军事建设,根本无法代表稳定的繁荣。相反,扩大预算和经常性的账户赤字等手段,带来了不可持续的信贷高潮并最终导致了银行业危机,它们助长了商业周期中具有破坏性的"繁荣/萧条"动态。[39]

最后,衡量国防支出负担的另一个重要指标是,在国内需求迫切之际,它消耗了多少国家产能。军费开支主要是一种消费形式,虽然国防开支也可以刺激经济增长,但与其他种类的投资相比,它对于创造财富的贡献相对较小。[40] 目前的国防开支约占联邦政府总支出的四分之一,它也代表了年度可自由支配支出的最大份额(2019 财年为 1.45 万亿美元)。截至 2017—2018 财政年度,美国国防开支已上升至 53%,预计到 2023 年,特朗普政府的预算将使这一比例上升至 65%。[41] 安全支出总额"超过了 2001 年至 2016 年联邦教育、能源、劳工、内政和交通部、国家科学基金会、国家卫生研究院和环境保护局等部门的支出总和"。[42] 其结果就是，本国的公共基础设施不断恶化。美国土木工程师协会经常报道道路破损、桥梁生锈、铁路和交通系统效率低下的问题。无论是从社会凝聚力角度来看，还是以肉眼可见的衰退迹象衡量，美国在海外扩张自由主义霸权的所有努力，都正在侵蚀美国国内的市民社会和民主政治。所以，该怎么办呢？

## 通往安全之路

信奉自由主义秩序的人从历史经验中总结出一个至高无上的真理：要想得到最安全的保障，只有依靠美国雄心勃勃的领导力。相反，如果美国从追求无可匹敌的统治地位转向只专注国内事务，这种退让只会带来危机。不作为的问题成了主要的关注焦点，至于行动会导致什么问题则不在人们的关心范围内。用约瑟夫·奈的话来说，20 世纪给人们留下的记忆主要是，美国这个超级大国"罔顾日益动荡的世界"，做出种种愚蠢举动。[43] 当然，传统主义者也承认，导致灾祸的原因是多样的。但他们心目中的"原初场景"仍然是以后美国时代作为前景：超级大国放弃了自己的责任，使世界陷入极度的混乱。在这种观点看来，世界是一个脆弱而又相互联系的生态系统。美国在任何地方的撤离、撤退甚至缩减驻军规模，都有可能在世界各处引发危险的连锁反应。这种世界观秉持的逻辑，来自冷战时期影响深远的美国《国家安全委员会第 68 号文件》(NSC-68 号文件)。根据这一文件设想的蓝图,相互联系的世界不仅需要一个对抗特定敌人的宏大战略,还需要一个以大环境为导向的系统性战略来维持总体秩序。NSC-68 号文件中写道:

> 世界日益缩小,各国正面临着核战争的威胁,国际上越发难以容忍无序的状态,因此,仅仅寻求牵制克里姆林宫的图谋是不够的。这一事实迫使美国肩负起领导世界的责任,而这也合乎美国的自身利益。[44]

这样,维护秩序与引领性的首要地位相互绑定,一旦出现问题,尤其是当侵略势力发动攻击时,默认的解释总是美国目前缺乏足够的力量或决心。

美国至上主义者总是带有一种"悲剧感"。[45]对他们来说,悲剧在于一个成功的超级大国竟会罔顾生命的脆弱,忽视社会陷入混乱崩溃的可能性,逃避直面难堪真相的必要性。大国厌倦了自己的责任,妄图从中脱身,却忘记了自己在维持秩序方面的不可或缺性,从而导致了秩序的崩溃。基于这种逻辑,自由秩序的支持者认为,无论是在道德上,还是在战略上,美国都有义务继续保持全球军事霸权。

这种描述世界秩序的方式是建立在对历史进行特定解读的基础之上,通过两个重要的历史事件进行类比,警告人们不要犯孤立主义和绥靖主义的双重错误。前者是第一次世界大战后的威尔逊方案,当时美国的决策者拒绝履行加入联盟或国际联盟的国际承诺;后者是慕尼黑会议事件,一厢情愿的政治家们试图安抚欲壑难填的纳粹德国。这两个错误加在一起,导致了本可以提前消除的危险不断扩大，变成了一个超级威胁；不愿面对残酷现实的老牌大国犯下的错误引发了更严重的战争、种族灭绝和灾难性的后果。这种类比推论隐含着一种违背事实的乐观主张，即机会错失是主要原因。换句话说，它假定政治家们本可以更早、更果断地采取行动，在预见战争的情况下，也许能够从源头上摧毁潜在的威胁。特别是慕尼黑会议这一事例常常被当成一个主要类比事例、一个通用模板，用于说明问题。这样的做法实际上是将一个历史上特殊的非典型事件——一个热衷冒险的狂热军国主义政权接管了一个强大的东道国——当成了具有普适性的可能事件。美国前国务卿奥尔布赖特就反复强调："我倾向于（以）慕尼黑会议（举例）"[46]。这一先例也给政治分析家比尔·克里斯托尔留下了深刻而显著的印象，自 1997 年以来，他曾 61 次在公开场合援引丘吉尔（在第二次世界大战中的做法）和慕尼黑事件来解读外交政策问题。[47]

这种慕尼黑思维模式存在诸多缺陷。[48]首先，它对政策制定者面临的困境给出了一个过于简单化的解释，过于草率地假定预先采取军事行动的巨大挽回性作用。类似的神话叙事还有，美国秉持孤立主义立场导致了珍珠港事件。但事实是，美国在1941 年 12 月 7 日之前并非毫无作为，除了为英国提供武器、资金和物资供应，在大西洋彼岸建立驻军和基地之外，美国已经卷入了不断升级的对日冲突，根本原因是日本对中国的贪婪侵占。从 1941 年 7 月开始，美国对日本实施原材料和石油禁运以及资产冻结，日本因此陷入两难困境，要么放弃帝国主义野心，要么挑战美国权力。美国卷入战争主要并非由于在欧洲采取绥靖政策的失败，而是源于其对太平洋地区实施胁迫和威慑策略的失败。如果美国早早与法国和英国结盟，或者再加上美国在欧洲的驻军,能阻止希特勒的侵略吗?这是有可能的,而且鉴于历史上已采取的政策未能防止战争,这种尝试是可取的。但是,我们还不能确保这种判断就是正确的,因为英法美同盟可能也不足以遏制两次世界大战之间在欧洲根深蒂固的冲突势力,可能也无法抑制法国强烈的希望摆脱对德依赖的好战情绪,也无法打消斯大林对西方资本主义掠夺的恐惧,更不会降低纳粹政权在东方发动种族战争的欲望,无法消除德国领导人的悲观情绪以及面对不断上升的苏联威胁的戒心和算计,因为这两个国家之间的竞争关系不仅存在于意识形态方面,更涉及地缘政治方面,苏联人口是德国的 3 倍,国土面积是德国的 40 倍,彼时苏联还在加速进行工业革命。德国人在这个问题上的态度完全被忽略了。"早期威慑"(earlier deterrence)模型假设,如果美国将军事力量投送到欧洲大陆,德国会选择屈从,保持克制。他们想当然地认为,即便是被他们视为具有病态侵略性的柏林政府,也会非常配合地同意放弃其根深蒂固的、意识形态领域的扩张野心。几乎没有人考虑过,欧洲如果发动军事集结,可能会引发双方势力的螺旋式上升,而非就此打住,德国也不会因此就被诱导从而提前中止行动。

至于英国,他们有充足的战略理由延宕与纳粹德国发生冲突。英国首相内维尔·张伯伦(Neville Chamberlain)及其他人对于异见人士的压制、对于独裁者的无辜评价并非无可指责。但英国当时面临的每个选择似乎都很模糊。刚从大萧条(Great Depression)中恢复的英国,周边存在多个极权主义的潜在威胁,还要应对脆弱的经济、多重承诺和资源稀缺等困境。它试图依靠自己左支右绌的海军和不得不忌惮的盟友来保护帝国在遥远的东亚、地中海和欧洲大陆的广泛利益。同时,在国内,它的人口数量也限制了其任何好战行为。1935 年,财政大臣张伯伦因试图重整军备而被贴上"战争贩子"的标签;到 1940 年,首相张伯伦签订投降协议,又遭到一片谴责。事实上,由于担心造成经济混乱,英国重振军事力量的过程远比预期的要慢。时间是一件至关重要的商品,彼时英国急需时间来建设雷达防空系统和有效的战斗机体系,结果证明,这正是维持英国还能够留在国际竞争的棋局之中的关键。英法苏的伟大同盟能做到这一点吗? 也许吧,但自 1914 年导致第一次世界大战爆发的七月危机以来,这个联盟似乎就一直受到怀疑,各国都不愿将自己捆绑在不信任的其他国家之间的冲突中。即便斯大林在其军官队伍中清除了异己,也没有让人们相信他有能力在东线绝杀希特勒。随后的战争更加印证了这一点,如果要联合苏联摧毁纳粹的威胁,就要对斯大林在东欧的领土要求上采取绥靖政策。

我们无从知晓,在 1936 年进行预防性战争是否一个谨慎的选择。正如英国决策者担心的那样,包括温斯顿·丘吉尔等最强硬的再平衡倡导者在内也担心,在 1936 年的重占莱茵兰*危机(Rhineland remilitarization)中,如果攻击德国,可能会使这一威胁及潜在的各种问题变得更糟。而早期的行动恰恰说明,如果一个政权的领导人自 1933 年执政以来就一直谋划发动大规模战争,那么,一场有限战争并不能在某种程度上扭转这个政权的方向。在国内,它不仅不能削弱反而还会强化纳粹政权,而且,就像 1923 年法国占领鲁尔区一样,并不会给纳粹带来惩罚和威慑的教训。相反,这很可能会激起不满情绪,强化德国修正

---

* 重占莱茵兰,指 1936 年 3 月德国军队重新进驻莱茵兰非军事区的军事行动。——译者注

主义的极端民族主义,加深公众对德意志帝国的同情,"助长希特勒的国内叙事,即德国遭到敌对势力包围,受到阴谋的暗地打击和压制"。[49]虽然丘吉尔在回顾历史时提出了不同观点,但他本人在 1936 年也不主张预防性战争,而是主张在国际联盟(League of Nations)的领导下通过外交、重整军备和集体安全保障等手段确保力量平衡,英国政府也持同样立场。先发制人,而不是被动应对希特勒的行动,将意味着在缺少国内共识与国际支持的情况下发动战争。后来的捷克斯洛伐克危机也并非进攻的良机。1938 年的战争只会浪费澳大利亚、加拿大和南非等国家的参与,因为它们也并不准备为捷克斯洛伐克流血。预防性战争也可能面临美国在经济和物质支持方面的制裁——这一点后来被证明是至关重要的。鉴于这些不确定性和困境,尽管绥靖政策没有阻止战争,但它为英国赢得了宝贵的时间。在思想和合法性的斗争中,它把侵略的责任负担留给了德国。因此,有人认为一场有限战争能够消除纳粹主义这样强烈的民族主义好战势力,这实在是异想天开。

这种类比也带有一定的危险性,因为它过分强调了导致不安全的其中一个原因。实际上,霸权国家陷入灾难的原因是多样的。的确,"失衡"和克制会滋生威胁。但过度平衡——迅速和大规模的武装军备,组建更多的联盟,或发出预防性战争的威胁信号,就像 1914 年的德意志帝国和军事化的欧洲——也会导致灾祸。事实上,在历史上的几次主要战争中,比较普遍的模式并不是绥靖于危险的侵略者以及面对日益增长的威胁反应不足的慕尼黑模式,而是老牌大国试图通过压制一个正在崛起的挑战者来阻止自己的衰落。[50]从长远来看,国家也可能因负担不起的债务和多次参与消耗国力的战争而拖垮自己,比如西班牙的腓力二世（Philip II of Spain）或波兰—立陶宛联合体（Polish-Lithuanian Commonwealth）。霸权国家如果不能预见到力量平衡的变化，未能诊断其根源，也无法做出相应调整，它们就很可能会一落千丈，迅速衰落。[51]历史经验告诉我们，的确有一些策略能够使国家的权力和承诺达到平衡，也能够成功地防止国家遭遇过度扩张、资不抵债或资源枯竭的情况。[52]正如迈克尔·奥汉隆（Michael O'Hanlon）所言：

> 相互竞争的大国会形成不安全、对抗和挑衅的恶性循环，最终引发一场谁也不想要发生的战争。在当今世界，这种危险丝毫不亚于当初面临一个贪得无厌的侵略国家，它可能会不断扩大其胃口和野心，就像在 20 世纪 30 年代和 40 年代纳粹德国和东条（英机）任首相时的日本所做的那样。换句话说，国家之间对小型危机作出过度反应，同软弱和威慑失败一样容易引发战争。[53]

1936 年，在经历了第一次世界大战的磨难后，随着各方的共识转向重整军备，英国的决策者们仍然对这两个选择都饱怀担心。历史学家玛格丽特·麦克米伦（Margaret MacMillan）重申威尔逊模式和慕尼黑模式作为类比，正是为了说明它们在指导意义上的局限性。在她的描述中，历史的悲剧模式都指向同一个方向，即撤退或不作为的愚蠢行为：

> 第二次世界大战的灾难在很大程度上要归咎于民主国家的领导人在两次世界大战之间的几十年里，未能处理好与墨索里尼、希特勒和日本军国主义者等破坏规则的独裁

者之间的关系。人们不禁要问，如果伦敦和华盛顿没有袖手旁观，而是建立起了一个跨大西洋联盟，对法国作出强有力的安全承诺，并在有时间阻止希特勒的初次侵略行动时予以反击，历史将会如何发展。……今天的世界并不能与在两次世界大战的废墟中涅槃重生的世界完全相提并论。然而，随着美国再次将重心转向国内，只关注自己的眼前利益，它可能会忽视或低估民粹主义独裁者和侵略大国的崛起，直到为时已晚。俄罗斯总统弗拉基米尔·普京已经违反了国际规则和规范，克里米亚事件就是最明显的违规，而其他国家——比如土耳其总统雷杰普·塔伊普·埃尔多安（Recep Tayyip Erdoğan）——似乎也打算这么做。随着美国和其他民主国家放弃对世界的责任，小国可能会放弃重建和平国际秩序的希望，转而屈服于邻近的霸权。100 年过去了，1919 年及其后几年的世界局势仍然是一个严峻的警告。[54]

这种控诉存在一定的不妥。虽然她明白今天的世界并不能"完全相提并论"，但这也并未避免麦克米伦作出错误的比较。她忽略了美国试图"对付"日本帝国的计划，这场对抗导致了亚洲的种族灭绝战争。她可能会在 20 世纪 30 年代呼吁对德国和意大利采取边缘政策或预防性战争，因为很显然，她认为这个"好斗的""破坏规则的独裁者"可以轻易地被阻止，而当时的军备重整是不足的。麦克米伦断言，以美国为首的西方如今处于被动地位，这是完全错误的。这一认知忽视了特朗普政府强化美国主导地位的做法，比如在海湾地区实施危险的边缘政策。然后，她的观点隐含了美国同时与中国、俄罗斯和土耳其展开竞争的要求,这表现出对权力限制和制衡必要性的不屑一顾。

在俄罗斯问题上,麦克米伦声称美国面对普京的侵略无动于衷,但事实与此相反,美国在最近两任总统的领导下对俄罗斯实施了更多制裁,驱逐了数十名外交官,增强了在北约的军事部署,并先后向乌克兰提供了非致命和致命性的武器设备。虽然特朗普或许本能地希望对普京政权采取和解态度,但美国对俄罗斯的态度实际上越发敌对。[55]特朗普的顾问、安全机构和国会也在此基础上维持了强硬路线,即视俄罗斯为咄咄逼人的修正主义大国,一心想主宰近邻,摧毁西方联盟。特朗普任命鹰派美国至上主义者和对普京持有异见的人士担任与俄罗斯问题有关的职位,并扩大了制裁范围,包括依据《马格尼茨基法案》(Magnitsky Act)扩大制裁清单。美国司法部已强制将"今日俄罗斯"(Russia Today)电视频道注册为"外国特工"(a foreign agent)。特朗普政府还驱逐了俄罗斯外交官,并为乌克兰、罗马尼亚和波兰提供武器。美国通过增加军队数量、开展更多的演习,加强了北约在波兰和波罗的海国家的前沿存在,并支持北约向黑山和马其顿的扩张,以对抗俄罗斯试图将其旧联盟成员留在巴尔干半岛及抵制欧盟—北约扩张的做法,同时拉拢乌克兰和格鲁吉亚成为未来的北约联盟成员。美国制造低当量核武器,其明确的理由就是要与俄罗斯竞争,以保持自身在核大国中的"领先地位"。美国退出了《中程导弹条约》(Intermediate Nuclear Forces Treaty),部分原因就是在于俄罗斯一段时间以来一直违反该条约,另一部分原因则是为了与中国竞争而放开手脚。针对普京的抗议,特朗普两次授权对俄罗斯的中东附庸国叙利亚进行空袭,而且放宽了在叙利亚的交战规则,打击了那里的俄罗斯军队和雇佣军,并对此大肆宣传吹嘘。美国至今拒绝承认克里米亚是俄罗斯的一部分。这一系列举动在俄罗斯方面造成的最终后果就是留下这样一种印象,即特朗普领导下的美国是不可能与俄罗斯缓和关系的。

如果这些措施还不够,麦克米伦和其他传统主义者应该具体说明美国应该采取哪些更具对抗性的步骤。然而这样的具体政策并未被提出。同时,很多细节也没有真正引起他们的注意,如美国采取强制措施的事实,以及引发危险的不同因素。麦克米伦得出了一个普遍的怀疑论观点,即早期的军事化对抗是有效的,克制是失败的,此刻对于美国而言,唯一值得担心的危险是其可能选择向内收缩,而非好战。这反映了一种世界观,即它只能认知为因孤立而产生的失落。这种简单化的心态和认识论、对于慕尼黑事件的轻率类比,以及妄图扮演(第二次世界大战中的)丘吉尔角色的自我认知,都带来了糟糕的后果。它使决策者陷入轻率好战的思维和行动中,进而就导致了1950年越过"三八线"攻入朝鲜、1956年插手英美占领苏伊士运河、1961年登陆猪湾、1966年侵略越南和2003年入侵伊拉克的灾难性远征。[56]我们应该能预料到,如果继续延续过去的神话叙事,未来也会产生类似的后果。还是让我们考虑一下其他的办法吧。

# 美国该怎么办?

作为一种权力的话语方式,对自由秩序的各种赞歌通常在讨论问题的时候会限定一个狭隘的范围,要么是调整或更新"美国治下的和平"方案,要么任由世界重回两次世界大战的灾难性

时期。这种二选一的讨论显然是错误的。自由秩序的梦想家们
认为他们自身的问题在很大程度上是无辜的，或者认为秩序有
自己的补救办法，解决之道就是更多、更好地运用美国的力量。
他们斥责美国人孤立主义心态的偏狭，谴责其对国际责任的忽
视，呼吁美国重回伟大之路。他们的观点源自美国长期的成功、
对美国潜在实力的假定，以及根植于威尔逊时代和慕尼黑时刻
的神话般的历史记忆。他们认为，为了确保其在国内的安全，美
国必须在海外也推广民主资本主义。结果造成，美国唯一稳妥
的道路就是确保其领导地位、维护联盟和保护商业体系，并对中
国、俄罗斯和伊朗三个主要竞争对手保持武装霸权，希望它们有
一天屈服于美国主导的世界秩序。这种一厢情愿的想法在美国
实力鼎盛时期尚不能产生鼓舞人心的效果。现在，美国与其对
手间的相对实力差距正在缩小，对手们臣服于美国主导地位的
可能性越来越小。那么，美国应该怎么做呢？

　　一些评论家得出结论，美国最好从传统上看重其价值潜力
的部分或全部战区（东北亚、西欧和中东）撤出，转而关注关键的
亚洲地区，或者干脆将军事部署完全撤回本国。[57]一些人认为，
美国可以通过告别地缘政治，转向依靠制衡、核威慑和（地理上
的）距离来保护自己免受威胁，从而更好地保护自己。[58]美国在
这些地区的主要盟友，如日本、德国、英国、法国和韩国，经济富
裕、军事成熟、技术先进，其中两个国家也已拥有自己的核武库。
一个后美国时代的亚洲或欧洲几乎不会形成新的威胁，本地国
家将与崛起的大国保持平衡，而不是随波逐流地倒向它们，再加
上核威慑的存在，将使扩张从开始就几乎没有可能。至于美国，
它将凭借其海洋防线、强大的物质能力和自身的核威慑力量保
持安全。如果制衡是国际关系的初始条件，那么只要美国任由

欧亚大陆的潜在对手各行其是,它们就会为了对付彼此忙得不可开交。彼此在地理位置上的邻近、民族主义以及无政府世界的不安全感,将迫使它们不断地保持平衡与制衡,制约彼此在各自半球/地区之外投送力量的能力。心脏地带大多能够自我检查。这一论点的进阶版本呼吁美国废除其帝国主义战略,放弃地缘政治竞争,在国内重拾国家建设,并着手解决气候变化等共同的国际问题。[59]

在提出"回家"(coming home)这一替代方案之前,我们需要为美国的安全问题给出一个逻辑连贯的解释。美国人应该保护什么,如何保护? 保护的对象,也就是应该被保护起来的东西,不仅仅是生物层面的生存,或者仅仅是力量层面的最大化,而应该是共和制度与自由。在美国最重要的安全思想传统中,最严重的威胁不是被外部力量消灭,而是自我挫败。正如亚伯拉罕·林肯在 1838 年的莱西姆演讲*中预言的那样,"如果我们终究难逃毁灭的厄运",那么这种结局不会来自某个"跨大西洋军事巨头",相反,"我们自己肯定是这个毁灭结局的始作俑者和完成者"。[60]

与此略有不同的是,的确有两种潜在的威胁可能会摧毁这个共和国的特质。首先,将威胁性的军事力量集中部署在国外将可能迫使美国成为一个不自由的驻军国家。在欧亚大陆成为一个敌对的霸权是很危险的,主要还不是因为这可能导致美国遭受直接攻击。而是因为这将威胁到这个国家的共和体制及其政治生活,这种面临攻击的恐惧感将在很大程度上驱使它把自

---

* 1838 年,亚伯拉罕·林肯在伊利诺伊州斯普林菲尔德(Springfield)的一个辩论社团青年学院(Young Men's Lyceum)发表了这篇演讲。——译者注

已变成一个斯巴达国家。尽管美国仍然是一个难以征服或扼杀的目标，而且即便是在这种永久性的紧急状态下它也很可能完全有能力生存下来，但它仍会受到社会军事化和军团化的诱惑，从而选择削弱市民社会、浪费资源，并且由于赋予国家和军事精英过度的权力，这将导致宪法自由的咽喉被紧紧扼住。其次，对于海外权力的过度追求也可能摧毁共和制度，把美国变成一个军事化、过度扩张、永远处于戒备状态的帝国。这两种设想的存在给美国国内关于世界事务的辩论陷入痛苦的困境，尤其是当美国在第二次世界大战期间和战后成为一个"国家安全国家"（national security state）之后。[61]

当下，美国治国之道的任务应该是避开这两种危险：一种是突然撤离造成一个敌对失衡的真空局面，另一种是军事化过度扩张，后者已经在长达 20 年的反恐战争中部分实现。为了保持自己的生活方式，美国仍然热衷于防止敌对势力获得在欧洲或亚洲地区的霸权。为此，美国不必在主宰世界和撤回本国之间作出选择。但它也不能完全放弃地缘政治，因为国际体系迫使其成员在合作的同时也要为安全而竞争。美国应该放弃对全球主导地位的追求，因为这已被证明是弊大于利。它应该停止试图在国外扩张民主资本主义和推动政权更迭，这会在不经意间滋生暴力反击，并反过来破坏其国内的共和体制。试图在全球范围保持霸权，并在每个主要领域压制竞争对手，这将会耗尽美国的精力，同时也会刺激其竞争对手之间谋求合作。同样，美国应该在欧洲和亚洲保留一只手，用来维持有利的力量平衡，而不是无意中制造出需要毁灭的怪物。美国可以通过谈判建立一个新的多极化格局，从而让其体制可以在足够安全的情况下蓬勃发展。

　　美国退回到自己所在的半球,可能会导致一个由中国主导的亚洲,或者更糟——促成一个欧亚联合的对手。中国或俄罗斯目前在实力层面都不是美国的真正对手。但它们确实拥有足够的潜力,或者说其现有能力也足以威胁美国的核心安全利益。尽管俄罗斯在经济上的分量远不如中国,但在适当的条件下,仍可能形成俄罗斯—中国轴心。这种结果可能不会出现,但这种可能性就足以让美国警惕。通常,伴随权力过渡会形成具有竞争性的动态平衡,但有时也会促成帝国主义和权力集团。[62]即使有可能恢复平衡,但我们能有多大信心相信,在没有美国存在的情况下,世界会恢复平衡,而不会形成相互竞争的霸权,从而导致核威慑和常规威慑占据上风? 这是一个关于知识和风险的问题。最好的情况是,现实主义的传统强调事物的不确定性。现实主义对于反恐战争以及在国家建设与联盟扩张方面的冒险举动方面的批评,有一部分就是针对美国一次又一次地假定自己知道的比它所知道的或能知道得更多。从历史上来说,随波逐流的行为不如制衡的方法更加盛行,但也并非从无先例。虽然核威慑的逻辑很强大,但我们不知道它能坚持多久。把赌注押在均势和威慑上是最明智的做法吗?

　　在这种情况下,可以考虑另一种更为审慎的思路,即通过保留前沿地区的力量,以维持一层额外的保护,并在海外延续平衡机制,以防范敌对霸权出现的可能性。这里的"威胁局面"并不是说某个外国势力会实现完全的征服,从而"操纵牌桌"。相反,在没有两极对立的权力竞争的情况下,小国如果不能做到左右逢源,或者其他霸权国家恰当地对其施加了"胡萝卜加大棒"的政策,它们就可能会随波逐流,倒向新的霸权的权威。中国如果继续呈现指数级的增长,可能会证实其有足够的吸引力,足以将亚洲国家置于其支配之下。事实上，我们已经看到美国在该地区的盟友采取了很多对冲行为。当然，一个取得亚洲地区霸权的国家或集团毫无疑问可以成为一个旗鼓相当的对手，一旦以此方式组织起来的亚洲变成竞争性的敌手，则很可能会吓到美国人。这本身就可能引发危险的竞争和对抗，并将从内部削弱共和国的力量。虽然目前出现这样的结果尚且不太可能，但一些地区行为体（actors）有理由相信，美国有足够的能力在整个区域范围内实行强制手段以追求支配地位，至少它跃跃欲试地考虑这一做法。[63]

当然，保持在国外的势力并试图保持领先地位，本身就存在明显的安全风险。就目前的情况来看，鉴于美国默认自身占有前瞻性的主导地位，目前最有可能出现的是第二种情况：随着美国与两个欧亚大国——俄罗斯和中国——的对抗不断升级，以及与伊朗和朝鲜这两个被认定为核扩散"流氓"的潜在对抗，美国正面临着同时与四个对手陷入战斗或冲突的危险。

为了纠正这一危险的前进方向，美国应该采取三个相互关联的重大战略步骤：遏制崛起的中国；分化中国和俄罗斯；减少在中东的干涉。读者可能不赞同这些建议的部分内容，甚或完全反对。如果是这样的话，一个普遍的观点就应该成立：与过去一样，成功的治国之道将需要美国与非自由主义势力讨价还价，并向自由主义原则妥协。为了继续前进，美国需要对其选择的本质有清醒的认识。为了遏制中国，并为了更大的利益与俄罗斯达成协议，以及为了限制承诺范围以符合自身现有实力，美国及其盟友将不得不藐视规则，歪曲原则，背叛民众，进行"黑暗"的交易。历史上的每一次地缘政治竞争都是如此。重复那些与历史无关的咒语不会让丑陋的事实消失，反而会阻碍解决它的努力。

中国、俄罗斯和美国已经处于安全竞争之中。问题是（美国）如何通过保持欧亚大陆的分裂来实现力量平衡。针对中国的扩张制定一项明智的遏制战略将是一项艰巨的任务，这就是一个典型的"金发姑娘"（goldilocks）问题＊，美国需要创造足够的反制力量来限制中国在该地区的主导能力，同时美国又不能采取极具破坏性的傲慢措施，避免使自身再次陷入类似冷战中的险境。

就俄罗斯而言，其整个国家始终处于动员状态，持续强化自身为应对周围边境危机弧圈内发生紧急情况所做的各项准备。[64]无论它是主要受到复仇主义的帝国野心驱动，以期重建其对"近邻"的统治，还是出于防御性原因，目的是阻止欧洲—大西洋世界扩张入其势力范围，它接受了与美国的安全竞争是无可争辩的这一事实。俄罗斯担心这个超级大国在其边境和首都范围内赞助颠覆活动和"颜色革命"。俄罗斯相信战争甚至是大规模战争爆发的可能性，这本身并非一个好兆头。

认识到与对手达成全面交易的任何时机都已经错失，经验丰富的政策人士敦促美国遏制各种形式的修正主义大国，或者迫使流氓国家去核化。[65]其中任何一种努力可能都是合理的，但这些不可能同时进行。美国应该决定谁是它最希望压制或抵制的对手，并按重要级别排序。然后，它应该尝试通过限制竞争条件来减少对手的数量，并在可能的情况下，创造条件让这些对手相互竞争（或各自远离）。从历史上看，分裂对手的做法会打破

---

＊ "金发姑娘"（goldilocks）问题来自英语中的"金发女孩效应"（Goldilocks effect），指凡事都必须有度，不能超越极限。——译者注

近期政策,但并不是彻底的背离。在 20 世纪中期,美国通过与苏联结盟,击败了轴心国;又通过积极促使中苏分裂,在冷战中占了上风。美国还通过与前逊尼派叛乱分子结盟,击败了伊拉克的"基地"组织。

然而目前,美国不仅没有与盟友分裂的迹象,相反,还积极推进联盟国家树立"共同敌人"的观念。在军事上,通过半包围的力量存在,美国将自己置于打击范围内,却仍然继续扩大联盟,容纳更多的势力范围,又通过持续为自己贴上"颜色革命"和推翻政权的幕后支持者的标签,美国使中国与俄罗斯更为紧密地团结在一起,形成了一个实力均衡的联盟。对于这一可能性,俄罗斯的跨机构调查显示,[66]经济互动的有意加强,以及通过联合演习和军售公开宣示的密切军事联系,都表明了一个俄中联盟正在形成,至少两国正在汇聚靠拢。[67]一个联合的欧亚大陆竞争对手可能正在出现。

但这一切并非必然的走向。美国拥有独特的地缘政治优势,即远离欧亚大陆的地理位置。大多数国家,在大多数时候,更关心附近其他陆地国家的潜在威胁,而不是来自遥远的海洋国家的威胁。[68]美国以西半球为基地,在对手"后院"的安全利益要远少于对手自己的,它可以选择采取一种更疏远的姿态。相比之下,俄罗斯和中国是邻国,因此不存在进一步收缩的可能;且两国都是主要的陆基军事大国,从历史上看,这种相似可能会加剧对抗、造成相互恐惧。但中俄对立并不是一个自然而然的情况,只有在适当的条件下,这种对抗才会再次加剧。这并不是在呼吁三边重新结盟,即一个国家同意成为美国的"地缘政治铁锤",与美国合作遏制另一个国家。相反,这是在暗示,美国在某一个战场上提高克制,可以为中俄在另一个战场上的摩擦制造机会。

为了确保俄罗斯和中国保持疏远的距离,从而让美国能够集中精力于稳定东欧战区,美国需要采取一些自由秩序正统主义所不能接受的做法:试图与俄罗斯达成和解,做出重大的相互让步,包括牺牲其东翼的非北约国家的利益,以缓解彼此日益增长的威胁感。[69]为了促进谈判,美国应该恢复政府间对话,以达成新的协议。

对于西方来说,要与俄罗斯相向而行,就意味着至少要取消2008年的《布加勒斯特宣言》(Bucharest Declaration),该宣言承诺在未来某一天将北约扩大至乌克兰和格鲁吉亚。入侵或者是威胁入侵俄罗斯声称的势力范围,对俄罗斯来说是事关生死存亡的大事,其重要性要远甚于哪怕任何一位最强硬的鹰派美国人所理解的意义。俄罗斯对此不仅反复强调,而且付诸实际行动。作为对《布加勒斯特宣言》的回应,俄罗斯在2008年夏天入侵了格鲁吉亚,承认俄罗斯在该国的飞地独立,并轰炸了格鲁吉亚的海岸和首都。2014年,乌克兰的亲俄政府被推翻,作为回应,俄罗斯吞并了克里米亚半岛,并在乌克兰东部发起了一场武装分离主义运动。考虑到联盟自身被摧毁的连带风险,既然美国不可能退出北约,它应该明确重申其对北约国家和波罗的海国家的承诺,就像它正在做的那样。此外,它应该同北约的进一步东扩行动划清界限。虽然没有正式表态,但美国将不得不接受克里米亚已经失去并将被继续掌握在俄罗斯手中,美国的决策者们私下也承认这一点。但这并不一定是俄罗斯大规模扩张的开始。俄罗斯也为在乌克兰的行动付出了相当的代价,这也是因为它在那里拥有高昂的投资,因此帝国的名声也有着不便宜的代价。鉴于各种力量的相互交织,以及俄罗斯继续扩大势力范围的能力受到的限制,恢复稳定的现实基础仍然具备。
美国应该终止过去的对乌政策,那实际上是在迫使民族分裂的
乌克兰人不得不在欧洲—大西洋世界和俄罗斯之间作出选择。
一些人认为,这将导致俄罗斯直接获得更大的势力范围,乌克兰
和格鲁吉亚可能被"芬兰化",迫使一个较小的国家将其外交政
策的控制权割让给一个更强大的邻国,以换取其对内政的控制
权。[70]如果这一建议过于苛求,那么也可以尝试塑造一个在军事
上不结盟的乌克兰,允许顿涅茨克(Donetsk)和卢甘斯克(Lu-
hansk)拥有更大的自治权,从而要求俄罗斯军队和武器从乌克
兰领土上撤出,这将是一个现实且可持续的目标。从更广泛的
层面来说,美国应该停止鼓动谋求俄罗斯民主政权更迭的活动,
在这方面的投入将使其坚持要求停止外国选举干预的说法更加
难以令人信服,而且从其与沙特阿拉伯等更专制的国家打交道
的过程也可以看出,美国完全可以做到这一点。作为主要的安
全保障者,美国还应该要求波罗的海各国政府更为一贯地尊重
俄罗斯民族,这既是一个实际存在的问题,也是俄罗斯实施侵略
的潜在借口。对俄罗斯来说,解决这一问题的手段至少包括结
束针对西方民主国家的破坏行动、选举干预和有针对性的暗杀
行动。这将需要双方共同致力于网络约束,同时也会涉及就双
边核战略平衡重新展开谈判。

很难保证俄罗斯愿意合作,但这值得一试。俄罗斯长期的
经济停滞,以及它在应对对抗中承受的现有压力,意味着它可能
会对一种新的、成本更低的双边关系持开放态度。以美国为首
的国家对俄罗斯的制裁对其经济造成了严重的消耗和损害,增
强了俄罗斯可能在非核心问题上作出让步的动机。如果这扇大
门完全关闭,那么,俄罗斯为了避免长期衰落,很可能会转向中

国,成为后者又一个战略合作伙伴。事实上,这已经成为事实。虽然俄罗斯的实力还不足以在欧洲争夺霸权,但它足以为地缘政治竞争增添显著的筹码。在包括武器出售、共同边界问题以及运用其在联合国安理会的否决权等多个方面,俄罗斯有能力分散中国的注意力,也可以扩大或减少其整体势力范围。

与俄罗斯不同,当前的中国体量庞大、财力雄厚,同时又有足够的决心直接挑战美国的领先地位。即便不能在全球范围内做到这一点,但至少在亚洲地区是完全可以的,这一切也正在发生。亚洲是 21 世纪强权政治的中心舞台,中国现在无疑正在挑战美国在"印度—太平洋"地区的主导地位,而美国正在进行反击。如果说这两个亚太地区大国曾经有机会通过谈判达成一项共享权力的协议,这个时机大概已经错过了。[71] 中华人民共和国或许不会像苏联那样对全球构成意识形态挑战。到目前为止,它也无法与美国的总体实力相匹敌。但是,如果从决心上来看,似乎中国一方更有优势。由于身处竞争激烈的亚洲,鉴于其在该地区拥有更大的利益关系,再加上其自身的历史因素,中国比美国更关心亚洲,也愿意承担更大的风险。中国的制度也受益于快速的经济增长,这使其在庞大的人口中暂时获得了合法性,也使其能够通过购买大幅提升军事能力,成为一个难以对付的军事目标。如果两国开战,尽管美国最有可能获胜,但对付如今的中国仍然意味着巨大的成本。更主要的危险不在于中国会试图直接攻击美国。相反,权力平衡的逐渐转变可能会导致其他国家跟风转向。这还有可能导致一个危险的"既成事实"时刻,即中国夺取领土,并将应对此举的压力放在美国身上,迫使美国在危险的军事升级和屈辱的让步后退之间作出抉择。因此,美国正面临这样的选择:要么退出并将这一领域留给亚洲国家,让它们根据自己的选择进行合作或竞争，相信美国在安全方面的其他优势将有能力继续保障其安全；要么继续留在亚洲，并采取聪明的遏制战略。

所谓聪明的遏制战略应该如何展开呢？美国及其盟友已经在一些政策领域采取了谨慎的措施，严格审查来自敌对势力的国有企业的投资，以防止敌对势力控制关键的国家基础设施，并严密检视自身的数字防御系统和相关对策，以应对敌对势力的网络渗透。[72]美国还可以利用军事攻防平衡的全面改变，使中国难以把自己的力量强加于其他国家。幸运的是，这些正在削弱美国军事优势的力量，也使得对手在面对坚强抵抗时难以扩张。它使亚洲国家具备了迫使侵略者付出沉重代价以挫败其攻击的手段。[73]这也可以作为威慑"既成事实"侵略的一种重要方式，即中国将在美国会发动报复行动的门槛之下发动有限规模的重点攻击，有选择地打击美国的盟友，或者仅引发利害关系有限的危机，迫使美国作出让步。部署一些小型"绊索"（tripwire）部队，使中国在不攻击美国军队的情况下更难攻击较小的盟友，将有助于阻止"既成事实"手段，从而使更多层次的受保护部队得以部署在其射程范围内。加强亚洲国家的反介入/区域拒止（A2/AD）能力 * 也是保持大致平衡的重要手段，可以使各国在面对中国的优势时仍能保证足够的安全，不至于放弃抵抗或"跟风"。这将包括以足够的武器武装台湾，使其成为一只"带刺的豪猪"。一个可以给两栖进攻者造成重大损失的目标。当然，这些做法只有在盟国的合作下才能奏效。美国的保护措施将帮助盟友做

---

\* 反介入/区域拒止（A2/AD）能力是为应对突发事件，在划定的禁区内限制或阻止第三方外部势力介入干预的能力。——译者注

出选择：如果一个更强大也更有实力的国家能够支持它们，那么它们在自家"后院"抵制霸权崛起就会更有意义。

为了维持亚洲战略平衡，并在不发生失控或冲突升级的情况下遏制中国，美国将需要与其他非永久盟友的平衡力量达成合作，其中将包括马来西亚和印度尼西亚这样的新兴中等国家，以及印度这样的第二梯队大国。就像分化中国与俄罗斯一样，此举将使美国不得不达成非自由的协议。为了达到遏制中国的目的，并在此过程中获得其他新兴国家的支持，美国可能不得不牺牲另外一部分国家的利益：例如，限制或压制针对印度在克什米尔地区侵犯人权问题的批评，或者针对印度尼西亚在其群岛内进行群体镇压的做法进行消息封锁并保持沉默。为了保持与中国的竞争足够稳定，并为今后一旦扩张的外部限制明确之时保留讨价还价的余地，美国应该放弃鼓动中国内部政权更迭。为了防止朝鲜的核武库和导弹计划成为引发灾难性战争的导火索，美国将不得不学会接受朝鲜拥有核弹这一政治现实，放弃迫使朝鲜裁军或导致其内部崩溃的失败努力，转而尝试建立一种稳定的威慑关系。考虑到中美两国在经济上的相互依赖，遏制手段必然导致经济增长的放缓，这将是代价的一部分。在公共基础设施等对安全能力至关重要的领域，限制中国国有企业的进入以及来自中国的投资将是必要的。

明智的遏制战略将有意识地区别于冷战时期的激进思路，谨慎地试图维持一种平衡，尽力遏制中国的扩张，同时又不把竞争变成一场没有地缘政治边界的普遍斗争。避免小规模、无止境的"山火战争"（brushfire wars）将是谨慎遏制的一个重要部分，同时也是最为困难的部分。"山火战争"指的是一种类似于小规模交战的冲突，但伴随着扩张和日益增长的野心，这种冲突没有时间限制，亦没有明确的目标。这类战争通常发生于推翻一个危机四伏的暴虐政府，或创立和扶持一个腐败软弱的政权。有可能它们一开始是为了减少人道主义灾难或稳定战区，结果却造成意想不到的代价。这类战争通常会持续至另一种"大国"情结占据上风，即担心丧失大国信誉。与决策者的预期相比，这些微小的冲突可能而且往往会造成重大的伤亡和经济损失，而且"大国总是有可能误判，后知后觉地发现自己卷入一场旷日持久的血腥僵局"。[74]

在一场安全竞赛中，人们很容易认为所有冲突都有可能产生相互牵连，最终沉迷于挽回面子和发动战争以重建大国信誉。大国最好避免卷入缺乏具体的、可实现的政治目标的连续战争，尤其是那些旨在消灭缺乏地理边界的"主义"的战争。同样，美国应该尽可能抵制诱惑，不以战争塑造整体力量平衡，或以此向全球观众展现实力。这样的斗争很可能被扩大至国际化，因此会持续更长时间，也更血腥，因为其他国家会参与实施干预，不放过榨干竞争对手力量的机会。[75]事实上，卷入一场残酷的小规模战争将会给对手带来远距离消耗自己的机会。回想一下，法国曾经支持美国革命者反抗大英帝国；第二次世界大战期间，英国支持南斯拉夫、希腊和阿尔巴尼亚反叛分子反抗纳粹占领；苏联帮助越共叛乱分子对抗美国；以及美国支持国际"圣战"者组织在阿富汗对抗苏联。这种"山火战争"也可能牵连与赞助人利益不协调的附庸国政权。近代史就是关于利益"不协调"问题的一个历史提醒。[76]如果说有什么不同的话，那就是卷入一场对手实力较弱但意志坚定的长期战争，此时意志上的不平衡会有利于对手，更有可能消耗自己宝贵的资源，转移外交精力，展现出的不是实力而是疲态，从而加剧国内分裂，并暴露出一国的实力局限性。事实上，一场旨在达到"多米诺骨牌"效应的战争可能会在大都市的中心引发一场政治危机，反而危及最初维持海外竞争所需要的国内共识。[77]

在美国政府内部，也有人提议分化俄罗斯和中国，与其中一个达成共识，抵制另一个，但对此一直存在争议。两党安全专家达成的共识仍是假定美国只有超越所有竞争对手才足以解决问题，并认为目前的问题在于手段不够或权力运用低效，他们因此呼吁分配更多资源并加以明智利用，从而维持美国的主导地位。几乎没有人考虑过，追求支配地位可能正是问题的根源。例如，2018 年国防战略委员会（National Defense Strategy Commission）的报告认为，主导地位显然属于美国的国家利益。报告抱怨说，当美国的实力面临对手的挑战时，由于国防开支的减少，美国的军事优势和同时发动战争的能力遭到削弱，并建议政府在削减津贴的同时增加开支。[78]

即使是美国也不能毫无疏漏地在多条战线上对付每一个对手。在这些对手的"后院"开展军事行动的成本，将超过美国军队过去几十年来遭受的损失。在多条类似战线上冒险提升自己的实力，将招致多种危险，并会使国家不堪重负。如果在这种情况下，当前奢侈的开支并不足以买到足够的安全或军事优势——事实可能并非完全如此——那么就不能把失败归结于军事支出的投入不足，更不能归结为未能成功牺牲国内公民生活的质量来服务于追求海外主导地位的军事目标，五角大楼一贯设想的"双重战场战略"（two-war standard）已经越来越难以达到。相反，问题恰恰在于对于霸权的追求本身，以及在于未能在承诺和实力之间达成平衡。

试图同时压制每一个对手会驱使敌人采取联合行动，形成敌对联盟。这种做法可能也不会成功。防止朝鲜核扩散已经足够困难，但如果中国拒绝在实施制裁方面进行合作，这一任务将变得更加困难。同时进行的多线竞争也会分散美国的资源、注意力和时间，它将加剧国防、消费和投资问题上的资源稀缺压力，从而引发一个两极分化的问题：优势到底是用来干什么的？这个问题的出现又将破坏支持优势所需要的国内共识。与此同时，基础设施和教育投资的减少首先会破坏在海外开展竞争的经济基础。总之，不分青红皂白的竞争可能会催生出美国传统大战略中最令人担忧的事情——一个充满敌意的欧亚联盟被持续动员起来对抗其敌对联盟，导致共和国被视为一个非自由主义的驻军国家。如果美国的大国前景面临问题，那么问题不在于国防预算的规模，也不在于美国所掌握资源的实质分量，更不在于民众不愿行使领导权。相反，问题在于这些能力要服务于什么样规模以及相应的政策。解决这个问题的办法在于，美国应该采取措施减少对手的数量。

在分化俄罗斯和中国的同时，美国还应该限制自身在中东的投入。那些主张对这一毫无回报的地区采取更多克制的人，在美国是否应该撤军的问题上看法各不相同。一些人主张从海外撤军，但仍保持中东在打击范围内，让美国仍然充当最后的平衡者。其他人则主张减少陆地的驻军。还有一些人，包括笔者在内，则主张从该地区全面撤出，仅保留最低限度的外交存在。但所有人都同意的是，美国在该地区的承诺已造成过多的成本和风险，却没有得到足够的回报，该地区的国际影响力也正在下降，在当地投送的驻军、基地以及持续不断的军事活动并不能确保增强美国的安全，反而在许多方面削弱了美国的安全。20 年来永久性战争的经验是针对权力局限性的一种教育，也是对条件反射式干涉主义的一种警告。正如嘉南·加内什（Janan Ganesh）＊所说：

> 从这段历史积累的经验可以得出一些判断。已经可以肯定地说，美国缺乏足够的资源和智慧，也得不到其国内民众的支持，去对另一个半球那些几无民主传统的国家的命运指手画脚。始终找不到离开的好时机，这绝不是继续维持现状的理由。[79]

美国负担不起，也无需改变顽抗的中东社会，去追求政权更迭或"彻底消除恐怖主义的反恐愿景"。[80] 除了在特殊情况下，占领国家并不能实现以可承受的代价稳定局势或结束冲突，反而会进一步催化新的冲突。

我们需要回归适度的、传统的反恐手段，即结束反恐战争，并将这项任务委托给有协调能力和耐心的国际警察来进行，这个过程中可能会出现或多或少的歧视性的武力行为。这样一来，从一个重要性日益下降的舞台上彻底退出的决定就是令人信服的。如果说，这一点对于今天的美国而言仍然要求过高的话，它至少可以与其地区盟友发起建立"一张白纸"的政策关系。美国可以借以退出的假设，要求其盟友规划如何重新开始双边关系，以及将采取何种不同的行事方式。美国应该进行一次"感到痛苦的重新评估"。

除了这些重大的地缘政治举措，美国还应该在国内采取其

---

＊ 嘉南·加内什是英国《金融时报》双周刊专栏作家和副主编。——译者注

他措施，加强国内治理、提升社会凝聚力和健全治国能力。其中包括重申国会在外交政策中的作用，恢复国会对战争决策的适当审查，以制衡权力过大的行政部门。这些措施还将包括结束军事行动的财政赤字，让战争回归公民问责制。按照辛普森-鲍尔斯（Simpson/Bowles）2010年赤字削减报告的思路，这将需要进行财政调整，该报告概述了六项改革，以减少3.8万亿美元的联邦赤字。简而言之，在制定一项新的宏大战略时，美国应该在国内重建联盟，进行更多协商，增加储蓄，减少借贷和支出，恢复其谈判能力，弱化军武在其治国方略中过于中心的地位。

# 大 事 件

以上概述的各项措施基本能反映公众的意见。面对我们这个两极化的时代，大多数人更倾向于在政治、经济和外交之间找到一个折中方案。他们更愿意在恢复国内宪政的同时，限制人们对于鼓动政权更迭的自由主义远征冒险的热情。他们不希望看到贸易战升级，但也相信，国际市场的野蛮力量应该得到驯服，并寄期望于通过混合经济在国内提供一些保护性干预，并在贸易协定中加强劳工保护。原则上他们重视联盟，以及部分海外的势力范围，但希望美国调整现有的承诺和联盟，停止扩大，并将一些负担转移给富裕的盟友。他们支持建立强大的国防力量，但也赞同应当提高军事行动的门槛。在国土安全问题上，他们希望超越建墙与开放门户的选项非此即彼的简单化讨论，而是在慷慨的人道主义与边境安全之间达到平衡。他们怀疑，美国与沙特阿拉伯及其海湾地区君主国集团之间建立的关系是否真的符合热爱自由的国家的核心利益或价值观。他们认为，美国应该尝试寻找与对手打交道的另一条道路，而不是一味地收缩或无限制地升级对抗。他们也认可，美国应该继续成为我们世界的主要塑造者，但在一个财富和权力发生转移、竞争更加激烈的星球上，这种单一领导或首要地位已不再可能出现。

然而，一直在制定外交政策的并不是广大民众。如果美国想要审慎地调整自身定位，就需要外交政策建制派接受以上想法，并为其赋予足够的合法性。要使重新评估外交政策成为现实，美国必须考虑到削减开支、转移负担、限制承诺、适应潜在对手，并在不同对手之间寻找自身的第三方定位。为了做到这一点，决策者可以借鉴美国传统整合资源和目标的现实主义思维。正如塞缪尔·亨廷顿（Samuel P. Huntington）所总结的那样，要解决野心和实力之间的差距，国家可以：

> 尝试重新界定自身利益，并据此将对外承诺降至它们现有能力可以维持的水平；尽量多利用外交手段减少威胁；提高盟国对保护本国利益的贡献；增加自身资源，这通常意味着增强军事力量、提高军事预算；开发更低价的替代资源，从而用同等资源产出更多的生产力；设计更有效的战略，以充分发挥自身能力，从而确保在相同投入下获得更大的资源产出。[81]

美国至上主义者经常把任何规模的撤军都视为全球收缩的前奏。美国从越南撤军时，他们也是这么认为的。尽管美国在越南战争中的失败并没有让俄罗斯相信美国将放弃西欧，就像苏联在阿富汗的血战并不意味着华约只是纸老虎一样。谨慎地撤退可能是成功实现再平衡的前奏。中美关系的历史证明了这一点。回想一下，美国从其在越南的多米诺骨牌式的战争中撤出后，与中国达成默契，加强了美国在亚洲的主导地位，促成中国停止在该地区支持革命。

如果美国仍然坚持虚构的、难以实现的历史标准，那么采取任何收缩举措都将是不可能的。如果自由主义秩序的愿景仍然占据上风，那么即使是考虑一种克制的替代方案也会被视为背叛。这种怀旧情绪还伴生出了一种有害的还原论，主张在首要地位或者说全球领导地位与闭关锁国之间做出错误的选择。

如果美国能够抛开长期积累的预设想法，它就能采取必要措施恢复其偿付能力。为了重新调整其实力、承诺以及改善公众舆论，美国可以结束其在大中东地区浪费的永久战争计划，并减少插手该地区的事务；通过审慎的收缩、削减和负担转移来降低赤字；分化对手（如俄罗斯、伊朗和中国），而不是促使它们团结在一起；通过适当的包容或遏制来应对和管理不同的外部威胁；重建外交能力；通过示范而不是推行的方式来促进共和民主；恢复威慑在美国安全战略中的核心地位。美国有能力做到这些，只是它很难充分、及时地实现以上转变。霸权主义的习惯是在几十年的力量增长中形成的一种肌肉记忆，很难摆脱。外交决策建制派已经表现出对于美国大战略转变的抵制，并且正在产生效果。尽管盟友、旁观者和美国批评人士可以敦促美国从它的单极时代有序且体面地缓缓退出，但就美国在国际中的地位来看，这样一个大国很难优雅地衰落。因此，我们难以保持乐观。

## 注 释

1. Elisabeth Bumiller and Norimitsu Onishi, "US Lifts Ban on Contact with Indonesia's Kopassus Special Forces", *New York Times*, 22 July 2010; Philip Dorling and Nick McKenzie, "Obama Caved In on Kopassus", *Sydney Morning Herald*, 17 December 2010.

2. Graham Allison, "What Should Be the Purpose of American Power?", *The National Interest*, 19 August 2015.

3. 正如 J.G.A. 波科克(J.G.A. Pocock)在下书中所述: *The Machiavellian Moment: Florentine Political Thought and the Atlantic Republican Tradition* (Princeton, NJ: Princeton University Press, 1975), pp.31—49, 156—183;也参见 Robert Kagan, *The Return of History and the End of Dreams* (New York: Atlantic, 2008)。

4. Michael Ignatieff, "Machiavelli Was Right", *Atlantic Monthly* 312:5 (2013), pp.40—44.

5. 参见 Jonathan Haslam, *No Virtue Like Necessity: Realist Thought in International Relations since Machiavelli* (New Haven, CT: Yale University Press, 2002)。下文中关于"背道而驰的另一种道德"的观点引自此书第 36 页。

6. Niccolò Machiavelli, *The Prince*, trans. Tim Parks(London: Penguin, 2009), esp.ch. 15, p.60.

7. Woodrow Wilson, An Address to the Senate, 22 January 1917, *The Papers of Woodrow Wilson*, vol. 40 (Princeton, NJ: Princeton University Press, 1966—94), p.536.

8. 参见 John A. Thompson, "Woodrow Wilson and Peace without Victory: Interpreting the Reversal of 1917", *Federal History*(2018), pp.9—25。

9. John A. Thompson, "Wilsonianism: The Dynamics of a Conflicted Concept", *International Affairs* 86:1(2010), pp.27—48.

10. Ross A. Kennedy, *The Will to Believe: Woodrow Wilson, World War I, and America's Strategy for Peace and Security*(Kent, OH: Kent State University Press, 2009), p.102.

11. 此处的深入讨论,参见 Michael C. Desch, "America's Liberal Illiberalism: The Ideological Origins of Overreaction in US Foreign Policy", *International Security* 32:3(Winter 2007/2008), pp.7—43;关于自由主义与帝国主义的联系,也参见 L.E. Ambrosius, "Woodrow Wilson and George W. Bush: Historical Comparisons of Ends and Means in Their Foreign Policies", *Diplo-*

*matic History* 30(2005)，pp.509—543；David M. Kennedy，"What 'W' owes to 'WW'"，*The Atlantic* 30：5(2005)，pp.36—40。

12. 改写自 Hugh White，"What's So Great About American World Leadership?"，*The Atlantic*，23 November 2016。

13. 正如约翰·汤普森（John A. Thompson）在 *A Sense of Power：The Roots of America's Global Role*（Ithaca，NY：Cornell University，2015），pp.25—56 中所论述的。

14. Daniel Yergin，*Shattered Peace：The Origins of the Cold War and the National Security State*（New York：Penguin，1978），p.197.

15. 更多内容可参见 Paul Kennedy，*The Rise and Fall of Great Powers*（New York：Random House，1989），pp.357—60。

16. Mike Patton，"US Role in Global Economy Declines Nearly 50%"，*Forbes*，29 February 2016，at https：//www.statista.com/statistics/270267/united-states-share-of-global-gross-domestic-product-gdp/.

17. The estimate of Joseph M. Parent and Paul K. MacDonald，"The Road to Recovery：How Once Great Powers Became Great Again"，*Washington Quarterly* 41：3(2018)，pp.21—39，n.2.

18. Steven Van Evera，"A Farewell to Geopolitics"，in Melvyn Leffer and Jeffrey W. Legro，eds.，*To Lead the World：American Strategy after the Bush Doctrine*（Oxford：Oxford University Press，2008），ap.11—30；Patrick Porter，*The Global Village Myth：Distance，War and the Limits of Power*（Washington，DC：Georgetown University Press，2015），pp.148—194.

19. 参见 Michael J. Mazarr，"The Risks of Ignoring Strategic Insolvency"，*Washington Quarterly* 35：4(2012)，pp.7—22。

20. Walter Lippmann，*US Foreign Policy：Shield of the Republic*（Boston，MA：Little，Brown，1943），pp.69—70；Samuel P. Huntington，"Coping with the Lippmann Gap"，*Foreign Affairs* 66：3(1988)，pp.453—477；Patrick Porter，"Beyond the American Century：Walter Lippmann and American Grand Strategy，1943—1950"，*Diplomacy and Statecraft* 22(2011)，pp.557—577.

21. Congressional Budget Office，*The 2018 Long-Term Budget Outlook*，p.1.

22. Congressional Budget Office，*The 2017 Long-Term Budget Outlook*，p.39，at https：//www.cbo.gov/publication/52480；Joseph Lawler，"Budget Office：Debt on Track to Double in Next 30 Years，Substantial Risks for the Nation"，*Washington Examiner*，26 June 2018；Doug Bandow，"The One

Reason America Can't Police the World Anymore: Washington is Broke", *The National Interest*, 26 December 2018.

23. Manmohan S. Kumar and Jaejoon Woo, "Public Debt and Growth", IMF Working Paper, WP/10/74, July 2010, at http://www. imf. org/ external/pubs/ft/wp/2010/wp10174.pdf; Carmen M. Reinhart and Kenneth S. Rogoff, "Growth in a Time of Debt", *American Economic Review* 100:2 (May 2010), pp.573—578, at http://www. ycsg. yale. edu/center/forms/ growth-debt.pdf; 萨利姆·弗思(Salim Furth)在"High Debt is a Real Drag", *Heritage Foundation Issue Brief* No.3859, 22 February 2013 中也进行了讨论。

24. Jonathan Kirshner, "Dollar Primacy and American Power: What's at Stake?", *Review of International Political Economy* 15:3(2008), pp.418—438; Christopher Layne, "This Time It's Real: The End of Unipolarity and the *Pax Americana* ", *International Studies Quarterly* 56:1 ( 2012 ), pp.203—213.

25. 转引自 *Foreign Affairs* 98:2(2019): "Should Washington Not Worry about the Budget Deficit?", at https://www.foreignaffairs.com/ask-the-experts/2019-04-16/should-washington-not-worry-about-budget-deficit。

26. Max Boot, "Why Winning and Losing Are Irrelevant", *Washington Post*, 30 January 2019.

27. Nikki Wentling, "VA Reveals Its Veteran Suicide Statistic Included Active-Duty Troops", *Stars and Stripes*, 20 June 2018, at https://www. stripes.com/news/us/va-reveals-its-veteran-suicide-statistic-included-active-duty-troops-1.533992; Neta C. Crawford, "United States Budgetary Costs of the Post-9/11 Wars Through FY2019: $5.9 Trillion Spent and Obligated", 14 November 2018, at https://watson. brown. edu/costsofwar/files/cow/imce/ papers/2018/Crawford_ Costs% 20of% 20War% 20Estimates% 20Through% 20FY2019.pdf, pp.23—29.

28. Bryan Dorries, *The Theatre of War: What Ancient Tragedies Can Teach Us Today*(New York: Random House, 2016).

29. Pew Research Center, *Public Uncertain, Divided over America's Place in the World*, 5 May 2016, pp.11—19, at https://www.pewre-search. org/wp-content/uploads/sites/4/2016/05/05-05-2016-Foreign-policy-APW-release.pdf.

30. President of the United States, *National Security Strategy of the United States of America*(2017), pp.2—3; US Department of Defense, *Sum-*

*mary of the 2018 National Defense Strategy of the United States of America：Sharpening the American Military's Competitive Edge*（2018），pp.1—3；Secretary of Defense James N. Mattis，"Remarks by Secretary Mattis on the National Defense Strategy"，19 January 2018，at https：//dod. defense. gov/News/Transcripts/Transcript-View/Article/1420042/remarks-by-secretary-mattis-on-the-national-defense-strategy/.

31. "Remarks by Vice President Pence at the West Point Graduation Ceremony"，25 May 2019，at https：//www.whitehouse.gov/briefings-statements/remarks-vice-president-pence-west-point-graduation-ceremony/.

32. "Remarks by the Vice President Aboard USS *Ronald Reagan*"，19 April 2019，at https：//www. whitehouse. gov/briefings-statements/remarks-vice-president-aboard-uss-ronald-reagan/.

33. Van Jackson，"Power，Trust，and Network Complexity：Three Logics of Hedging in Asian Security"，*International Relations of the Asia-Pacific* 14：3(2014)，pp.331—56；Leonid Bershidsky，"Reality Check：Europe Won't Roll Over on Iran"，*Bloomberg*，10 May 2018.

34. Atman Trivedi and Aparna Pande，"India is Getting Cold Feet about Trump's America"，*Foreign Policy*，30 August 2018.

35. 正如保罗·肯尼迪在谈到腓力二世或路易十四时指出的那样,见"American Power Is On the Wane"，*Wall Street Journal*，14 January 2009。

36. 据尼塔·C. 克劳福德(Neta C. Crawford)对所有与战争相关支出的评估,包括但不限于对国防部的拨款,涵盖"海外应急行动"专项基金、借款利息、退伍军人福利和伤残支出:"United States Budgetary Costs of the Post-9/11 Wars Through FY2019：＄5.9 Trillion Spent and Obligated"，14 November 2018，p.2，at https：//watson.brown.edu/costsofwar/files/cow/imce/papers/2018/Crawford_Costs%20of%20War%20Estimates%20Through%20FY2019.pdf。

37. 参见 William D. Hartung and Mandy Smithberger，"America's Defense Budget Is Bigger than You Think"，*The Nation*，7 May 2019；Jeff Stein，"US Military Budget Inches Closer to ＄1 Trillion Mark，as Concerns Grow over Federal Budget"，*Washington Post*，19 June 2018；Craig Whitlock and Bob Woodward，"Pentagon Buries Evidence of ＄125 Billion in Bureaucratic Waste"，*Washington Post*，5 December 2016。

38. President Dwight Eisenhower，"The Chance for Peace"，speech given to the American Society of Newspaper Editors，16 April 1953.

39. Thomas Oatley, *A Political Economy of American Hegemony: Build-ups, Booms and Busts* (New York: Cambridge University Press, 2015).

40. 关于国防开支对就业的影响,参见 Robert Pollin and Heidi Garrett-Peltier, *The US Employment Effects of Military and Domestic Spending Priori-ties*, Political Economy Research Institute University of Massachusetts, Am-herst, December 2011, at https://www.peri.umass.edu/fileadmin/pdf/pub-lished_study/PERI_military_spending_2011.pdf。

41. "Trump Budget Request Takes Military Share of Spending to Historic Levels", 15 February 2018, *National Priorities Project*, at https://www.na-tionalpriorities.org/analysis/2018/trump-budget-request-takes-military-share-spending-historic-levels/.

42. Jeffrey D. Sachs, "The Fatal Expense of American Imperialism", *Boston Globe*, 30 October 2016.

43. Joseph S. Nye Jr, "Will the Liberal Order Survive?" *Foreign Affairs* 96:1(2017), pp.10—16: p.10.

44. NSC 68, "A Report to the National Security Council", Executive Sec-retary, 14 April 1950, *Naval War College Review* 27:6(1975): pp.51—108, Section B.

45. Hal Brands and Charles Edel, *The Lessons of Tragedy: Statecraft and World Order* (New Haven, CT: Yale University Press, 2019), pp.62, 140.

46. Barbara Cosette, "A Political Diplomat: Madeleine Korbel Albright", *New York Times*, 6 December 1998.

47. Jonathan Chait, "61 Times Bill Kristol Was Reminded of Hitler and Churchill", *The National Interest*, 29 April 2015.

48. 参见 Gerhard L. Weinberg, "No Road from Munich to Baghdad", *Washington Post*, 3 November 2002; Christopher Layne, "Security Studies and the Use of History: Neville Chamberlain's Grand Strategy Revisited", *Security Studies* 17(2008), pp.397—437; Norrin Ripsman and Jack S. Levy, "Wishful Thinking or Buying Time? The Logic of British Appeasement in the 1930s", *International Security* 33:2(2008), pp.148—181; David A. Bell, "The Sound of Munich", *The National Interest*, 25 April 2016。

49. 参见 Scott A. Silverstone, *From Hitler's Germany to Saddam's Iraq: The Enduring False Promise of Preventive War* (London: Rowman & Littlefield, 2019), p.259。

50. 参见 Dale C. Copeland, *The Origin of Major Wars* (Ithaca, NY: Cor-

nell University Press, 2000)。

51. Jonathan Kirshner, "Gilpin Approaches War and Change: A Classical Realist in Structural Drag", in G. John Ikenberry, *Power*, *Order and Change in World Politics* (Cambridge: Cambridge University Press, 2014), pp.131—161.

52. Paul K. MacDonald and Joseph M. Parent, "Graceful Decline? The Surprising Success of Great Power Retrenchment", *International Security* 35: 4(Spring 2011), pp.7—44; T.V. Paul, ed., *Accommodating Rising Powers*: *Past*, *Present*, *and Future*(New York: Cambridge University Press, 2016), p.21.

53. Michael O'Hanlon, "Farewell to General Mattis", *The Hill*, 21 December 2018.

54. Margaret MacMillan, "Warnings from Versailles", *Foreign Affairs* 98: 1 (2019), at https://www.foreignaffairs.com/articles/europe/2019-01-08/warnings-versailles.

55. Nicholas K. Gvosdev, "US—Russia Relations Are Stuck on Repeat", *The National Interest*, 16 July 2018; Joshua R. Itzkowitz Shifrinson, "Trump and NATO: Old Wine in Gold Bottles?" *H-Diplo*, 29 September 2017.

56. 参见 Yuen Foong Khong, *Analogies at War*: *Korea*, *Munich*, *Dien Bien Phu*, *and the Vietnam Decisions of 1965*(Princeton, NJ: Princeton University Press, 1992)。

57. Eugene Gholz, Daryl G. Press and Harvey M. Sapolsky, "Come Home America: The Strategy of Restraint in the Face of Temptation", *International Security* 21:4(Spring 1997), pp.5—48; Barry R. Posen, *Restraint*: *A New Foundation for US Grand Strategy*(Ithaca, NY: Cornell University Press, 2014); Christopher Layne, *The Peace of Illusions*: *American Grand Strategy from 1940 to the Present* (Ithaca, NY: Cornell University Press, 2006); John J. Mearsheimer and Stephen M. Walt, "The Case for Offshore Balancing", *Foreign Affairs* 95:4(2016), pp.70—83; Christopher A. Preble, *The Power Problem*(Ithaca, NY: Cornell University Press, 2009).

58. Steven-Van Evera, "A Farewell to Geopolitics", in Melvyn Leffer and Jeffrey W. Legro, eds., *To Lead the World*: *American Strategy after the Bush Doctrine*(Oxford: Oxford University Press, 2008), pp.11—30.

59. Chalmers Johnson, *Dismantling the Empire*: *America's Last Best Hope*(New York: Henry Holt 2010); Stephen Wertheim, "Is It Too Late to

Stop a Cold War with China?", *New York Times*, 8 June 2019.

60. 转引自 Greil Marcus, *The Shape of Things to Come: Prophecy and the American Voice*(New York: Faber, 2006), pp.8—9。

61. 此处的"两种设想",参见 Michael J. Hogan, *A Cross of Iron: Harry S. Truman and the Origins of the National Security State 1945—1954* (Cambridge: Cambridge University Press, 1998), pp.463—465; Michael Lind, *The American Way of Strategy: US Foreign Policy and the American Way of Life*(Oxford: Oxford University Press, 2006), pp.3—43; Robert J. Art, "The United States, The Balance of Power, and World War II: Was Spykman Right?", *Security Studies* 14:3(2005), pp.365—406。

62. 参见 David Kang, "Power Transitions: Thucydides Didn't Live in East Asia", *Washington Quarterly* 41:1(2018) pp.137—154; Paul Schroeder, "Historical Reality vs. Neo-Realist Theory", *International Security* 19:1 (1994), pp.108—148。

63. 例如,相对于美国,中国的国内生产总值已经超过苏联,因此就潜在潜力而言,它已经成为世界秩序的另外"一极";而俄罗斯,尽管在其内部存在弱点,但它仍然拥有一个能够威胁地球上任何行为体的核武库,拥有与德国相当的购买力平价 GDP,更重要的是,它不害怕动用国家权力带来的所有杠杆(即使产生局势升级的风险),并且愿意承受国内贫困的代价,以捍卫其受到威胁的利益。

64. Andrew Monaghan, *Russian State Mobilisation: Moving the Country onto a War Footing*(Chatham House: Russia and Eurasia Programme, May 2016), pp.7—14.

65. Ely Ratner, "There is No Grand Bargain with China", *Foreign Affairs* 97:6(2018); Michael McFaul, "Russia As It Is", *Foreign Affairs* 97:4 (2018), pp.82—91; Eric Brewer, "Can the US Reinstate Maximum Pressure on North Korea?" *Foreign Affairs* 97:6(2018).

66. Alexander Gabuev, "Why Russia and China Are Strengthening Security Ties", *Foreign Affairs* 97:5(2018).

67. Jamil Anderlini, "China and Russia's Dangerous Liaison", *Financial Times*, 9 August 2018.

68. Jack S. Levy and William R. Thompson, "Balancing on Land and Sea: Do States Ally Against the Leading Global Power?" *International Security* 35:1(2010), pp.7—43: p.33.

69. Robert David English, "Russia, Trump and the New Détente: Fixing

US—Russian Relations", *Foreign Affairs* 96:2(2017); Graham Allison and Dimitri K. Symes, "A Blueprint for Donald Trump to Fix Relations with Russia", *The National Interest*, 18 December 2016.

70. Peter Beinart, "America Needs an Entirely New Foreign Policy for the Trump Age", *The Atlantic*, 16 September 2018.

71. 就这样,我不再相信那些"妥协者"的说辞;参见 Jonathan Kirshner, "The Tragedy of Offensive Realism: Classical Realism and the Rise of China", *European Journal of International Relations* 18:1(2010), pp.53—75; Hugh White, *The China Choice: Why We Should Share Power*(Melbourne: Black Ink, 2012); Charles Glaser, "A US—China Grand Bargain? The Hard Choice Between Military Competition and Bargaining", *International Security* 39:4(2015), pp.49—90; Graham T. Allison, *Destined for War: Can America and China Escape the Thucydides Trap* (New York: Houghton Mifflin, 2017); Lyle J. Goldstein, *Meeting China Halfway: How to Defuse the Emerging US—China Rivalry*(Washington, DC: Georgetown University Press, 2015)。

72. John Hemmings, *Safeguarding our Systems: Managing Chinese Investment into the UK's Digital and Critical National Infrastructure* (London: Henry Jackson Society, 2017); Francine Kiefer and Jack Destch, "What Congress is Doing to Stop Russian Hackers Next Time", *Christian Science Monitor*, 5 June 2017.

73. 正如埃里克·赫金博瑟姆(Eric Heginbotham)和雅各布·L.海姆 (Jacob L. Heim)所写,参见 "Deterring without Dominance: Discouraging Chinese Adventurism under Austerity", *Washington Quarterly* 38:1(2015), pp.185—199;另见 Michael Beckley, "The Emerging Military Balance in Asia: How China's Neighbours Can Check China's Expansion", *International Security* 42:2(2017), pp.78—119。

74. Sebastian Rosato and John Schuessler, "A Realist Foreign Policy for the United States", *Perspectives on Politics* 9:4(2011), p.807.

75. Jeffrey Record, *Beating Goliath: Why Insurgencies Win*(Washington, DC: Potomac Books, 2007).

76. Stephen Biddle, "Afghanistan's Legacy: Emerging Lessons of an Ongoing War", *Washington Quarterly* 37:2 (2014), pp. 80—81; Alexander Downes and Jonathan Monten, "Forced to be Free? Why Foreign-imposed Regime Change Rarely Leads to Democratization", *International Security*

37:4(2013), pp.90—131.

77. Robert Jervis, "Domino Beliefs and Strategic Behaviour", in Robert Jervis and Jack Snyder, eds., *Dominoes and Bandwagons: Strategic Beliefs and Great Power Competition in the Eurasian Rimland* (New York: Oxford University Press, 1990), p.43.

78. National Defense Strategy Commission, *Providing for the Common Defense: The Assessment and Recommendations of the National Defense Strategy Commission* (2018), pp.vi, 6, 25.

79. Janan Ganesh, "Washington's Consensus is Dangerously Interventionist", *Financial Times*, 6 February 2019.

80. Elbridge Colby, "How to Win America's Next War", *Foreign Policy*, 5 May 2019.

81. Samuel P. Huntington, "Coping with the Lippmann Gap", *Foreign Affairs* 66:3(1988), pp.453—477.

# 后记　当下面临的选择

　　展现在我们眼前的是一个权力斗争日益激烈的世界。因此，建立世界秩序可能会变得更为困难。美国也将因此面临更加痛苦的选择，背叛它自身的价值观，甚或背叛它的伙伴和盟友。要想成为这个世界的掌舵者，无论是维系基于规则的自由主义秩序这一虚幻神话，还是继续塑造美国作为单一全球"王座"天然占据者的形象，都不是万能的。历史已经证明这样的战略愿景令人失望。它们使美国陷入如今的困境。继续坚持同样的神话只会产生同样的结果，即加剧美国的过度扩张、刺激两极分化，加重疲惫状态。

　　还有一种观点需要回应。自由秩序的支持者们通常不会如此书写，但会在最后关头提出反对。他们会说："当然，你说得对。所有这些'基于规则'的秩序都是一种装模作样的游戏。它其实是一个更为黑暗的故事。"这座秩序的大厦刚一倒塌就又重建好了。当然，他们也说："但我们需要自己的神话。"美国历史中也存在过等级制度、虚伪和暴力。然而，我们需要一个走出国门、领导世界、解决问题的美国。或者，正如一位国防部副部长

233

所说:"全球事务错综复杂,我们需要有足够的智慧和远见,才能所向披靡。"[1] 人们认为,对过去的真相过于坦诚会损害美国的使命感。美国确有种种缺陷,但它有一颗自由主义的良心,至少从逻辑上说,美国给世界带来了希望。如果我们用苛刻的审视扼杀了它,那么世界还剩下什么? 有人会问,如果连善意温良的故事都失去了,我们如何教育年轻人走向社会去做善事? 过度关注美国的黑暗面难道不是适得其反吗?

令人感到讽刺的是,这些人抱怨说,我们应该转移注意力,多讲美国故事,让世界重新变得迷人,但他们几乎没有认真思考他们到底遗漏了什么。这些抱怨来自同一种世界观,它以理性、专业知识和启蒙的力量来对抗后真相时代的野蛮。就这样简单地复述过去的神话,不允许任何鲁莽地打断,对我们没有好处,这也不符合历史的规律。他们认为世界上的问题需要用热情来解决,但这样的观点并没有产生与此美好愿望一致的良好结果。20世纪乌托邦主义的代价就是集中营这样的产物。革命无产阶级、上帝的选民、天定命运等,在这些令人兴奋的神话的推动下,人类几乎毫无底线地做出各种野蛮行为,时不时引发混乱。国际关系中的许多问题是无法解决的,只能忍受。追求一次性的解决方法,往往会引发更进一步的问题。世界上还有一些地区仍然经受着所谓大国善意、友好军事行动、煽动叛乱和结构性调整计划带来的致命影响。在我们这个时代,世界各国的一些竭力之举却加深了难民危机,催化了跨国圣战主义的扩散。

他们认为,我们应该通过讲美国故事来激励人们"到任何需要的地方",以一种年轻的利他主义精神走进战壕为国家奉献,在那里"他们会激情满怀地无私奉献",[2] 但这种态度正是问题之一。如果不加以制止和反思,自由主义秩序的思想就会带来危害。它提出了"我们是谁"这一极具迷惑性的问题,声称共识性的国际主义定义了秩序,而它黑暗的一面却被视为反常的,并不能反映其本质,这种态度无疑只会造成自满、粗心大意或更糟的结果。在对"全球领导力"高歌称赞数十年后,是时候以更清醒的眼光来重新进行审视了。

作为学者,即便不以消除各种神话叙事为己任,也应当帮助驯化这种冲动,警惕这种纯洁本质的说法,保持人文讽刺的活力。只有正视历史的黑暗,我们才能将注意力转而集中在决策者现在面临的现实选择及其可能产生的后果上。其他大国讲述的本国叙事也同样危险且具有误导性。但如果西方不愿意正视自己的过去,他国又怎会如此做?

自由秩序叙事的核心是对于美国独特性的焦虑。一个令人不安的历史事实潜伏于各种赞美之词的掩盖之下,那就是美国也不能幸免于历史的兴衰模式。它是一个宪政共和国,但也是一个帝国,它的帝国统治也可能摧毁其原本的共和制。历史上许多其他国家也曾被这一问题困扰,即共和国如何在一个充满敌意的世界中确保自身安全。我们还记得罗马,一个几乎连年处于永久性战争的国家,如何摧毁了自己的共和国。财富越来越集中,军事活动越来越频繁,宪法的约束力被瓦解。在党派纷争的年代,领主们自诩为人民的护民官,对抗邪恶的精英阶层,将利刃直指国家。当然,美国不是罗马,近年也没有罗马一般规模的战争或军事动员。但在过去的 20 年,美国的战争已经走向常态化,不宣而战几乎已是例行公事。现如今,美国被破坏性的党派之争缠身,一个喜欢炫耀武力的腐败总统当权,他的私人法庭腐蚀着公共领域,加剧了国内冲突和国际危机的螺旋式上升。以暴力建立的秩序总是会留下痕迹。

这些问题自古就有,那些最具洞察力的代表性见证者仍然是我们最好的灵感来源。罗马帝国时代著名的历史学家、文学家和演说家塔西佗出生在外省一个贵族家庭,虽然拥有权力地位,但他同情当时饱受帝国痛苦的"蛮族人"。同时,罗马帝国内部滋生的腐败、军队的肆意妄为、对凯旋纪念碑的狂热、独裁者的专制恐怖,这一切令他担忧。塔西佗的目的不是反对罗马在国外发挥实力。但作为一名曾在前线服役的罗马元老院议员,他认为帝国的扩张应当不仅是一场虚无主义的宏大行动。如果说他的责备带有目的,那么他是要戳穿那些蒙蔽人们眼睛的甜蜜谎言和矫揉造作。他力图毫不留情地揭露霸权的残暴行为,更形象地说,就是为了"让人们亲眼目睹"(suboculus subbitiono)。[3]为了看清楚摆在我们面前的选择和要付出的代价,是时候睁开双眼了。

## 注　释

1. Amaani Lyle, "DOD Must Meet New Challenges with Smaller Force, Fox Says", US Department of Defense, American Forces Press Service, 7 April 2014, at http://archive.defense.gov/news/newsarticle.aspx?id=122001.

2. Rupert Brooke, "Peace", 1914, at http://ww1lit.nsms.ox.ac.uk/ww1lit/education/tutorials/intro/brooke/ipeace.

3. Peter Wiseman, "Domitian and the Dynamics of Terror in Classical Rome", *History Today* 46:9(1996), pp.19—24.

**图书在版编目(CIP)数据**

自由秩序的虚假承诺/(英)帕特里克·波特
(Patrick Porter)著;姜一丹译.—上海:上海人民
出版社,2023
书名原文:The False Promise of Liberal Order
ISBN 978 - 7 - 208 - 18236 - 3

Ⅰ.①自…　Ⅱ.①帕…②姜…　Ⅲ.①国际关系-研
究　Ⅳ.①D81

中国国家版本馆 CIP 数据核字(2023)第 071437 号


**责任编辑**　史桢菁
**封面设计**　COMPUS·道辙


**自由秩序的虚假承诺**
[英]帕特里克·波特 著
姜一丹 译　周丽娅 校

出　　版　上海人民出版社
　　　　　　(201101　上海市闵行区号景路 159 弄 C 座)
发　　行　上海人民出版社发行中心
印　　刷　上海商务联西印刷有限公司
开　　本　635×965　1/16
印　　张　15.75
插　　页　2
字　　数　170,000
版　　次　2023 年 8 月第 1 版
印　　次　2023 年 8 月第 1 次印刷
ISBN 978 - 7 - 208 - 18236 - 3/D·4116
定　　价　69.00 元

# "知世"系列